Jean-Baptiste Labat

Des Pater Labats aus dem Orden der Prediger Mönche

Mit vielen Kupferstichen

Jean-Baptiste Labat

Des Pater Labats aus dem Orden der Prediger Mönche
Mit vielen Kupferstichen

ISBN/EAN: 9783743478350

Hergestellt in Europa, USA, Kanada, Australien, Japan

Cover: Foto ©Lupo / pixelio.de

Weitere Bücher finden Sie auf **www.hansebooks.com**

Des Pater Labats,

aus dem Orden der Prediger Mönche,

Abhandlung

vom Zucker,

dessen Bau, Zubereitung, und mancherley
Gattungen.

Nach der neuesten Pariser Ausgabe übersetzt,
und mit verschiedenen Zusätzen und einem
Register versehen,

von

Georg Friederich Casimir Schad.

Mit vielen Kupferstichen.

Nürnberg,

bey Gabriel Nicolaus Raspe, 1785.

Ad res pulcherrimas ex tenebris ad lucem erutas alieno labore deducimur.

SENECA.

Dem

Wohlgebohrnen

Herrn, Herrn

Johann Paul
von Cobres;

berühmten

Wechsel=und Handelsherrn,

in der,

des Heil. Römischen Reichs freyen Stadt

Augsburg;

Meinem hochgeneigten Gönner.

Wohlgebohrner Herr!

Hochgeneigter Gönner!

Nicht allein das vortreffliche Naturaliencabinet, sondern auch insbesondere, die noch weit herrlichere, ja so zu sagen vollständige Sammlung, aller, in und außer Deutschland gedruckten Bücher, welche das weitläuftige Feld der Naturgeschichte nach seinem ganzen Umfange zum Gegenstande haben: alles dieses, sage ich, beweißt ohne Widerspruch, daß Sie auf der rühmlichen Spur ihrer gelehrten Landsleute, eines Aldrovandins, Gravens Marsiglt, Donati, Tozzetti, und anderer berühmten Naturforscher des reitzenden Italiens, mit schnellen Schritten einhertretten, ja solche vielleicht noch in manchen Stücken zu übertreffen suchen.

Eben so groß sind die Verdienste welche sich Euer Wohlgebohrn um die Litteratur dieser oben erwähnten Wissenschaft erwarben, und dadurch zeigten, daß Sie diesen kostbaren und reichen Bücherschatz, der mit den seltensten alten und neuen Schriften in diesem Fache prangt, nicht, gleich vielen begüterten Bibliotheckensammlern, bloß zur Schau, und als einen Theil des

übri=

übrigen zum Luxus gehörigen Hausrathes, sich angeschafft haben, sondern auch in der That zu benutzen wissen: da Sie im Jahre 1781. auf eigene Kosten, ein Verzeichniß davon, unter dem passenden Tittel: Deliciae Cobresianae, welcher Dero edeln Charakter vortrefflich ausdrückt, in zween groß Octavbänden ans Licht tretten ließen.

Mit der äußerlichen geschmackvollen Pracht dieses eben erwähnten Verzeichnisses, wodurch sich der einsichtsvolle Verfasser, der die Gelehrsamkeit mit der Handlung, auf eine so glückliche Art zu verbinden weis, den größten Ruhm erworben hat, stimmt dessen innere Brauchbarkeit vollkommen überein. Es ist nämlich nicht allein sehr genau und sorgfältig nach den Classen eingetheilt, sondern es sind auch fast bey jedem einzelnen Werke, zwar kurze, doch richtige Urtheile über den innern Werth, mit Anführung der übrigen gelehrten Monathsschriften, wo es angezeigt zu finden ist, beygesetzt, und wird daher immer ein unschätzbares Handbuch

buch für die Litteratur der Naturgeschichte bleiben.

Alles dieses zusammen genommen, wird, glaube ich, meinen Entschluß hinlänglich rechtfertigen, Euer Wohlgebohrn gegenwärtige deutsche Uebersetzung von des berühmten Pater Labats Abhandlung über den Zucker, dessen Bau, Zubereitung, und mancherley Gattungen, gehorsamst zu widmen, und dadurch zugleich ein öffentliches Zeugniß meiner ganz besondern Hochachtung gegen Dieselben, an den Tag zu legen.

Ich schmeichle mir nicht ohne Grund, von Dero bekannten Gütigkeit deswegen Verzeihung zu erlangen, und habe die Ehre mich Zeitlebens zu nennen,

Euer Wohlgebohrn

gehorsamer Diener;
Georg Friederich Casimir Schad.

Bey dem Verleger dieser Reisen sind nachfolgende neue Bücher fertig worden:

Icones plantarum medicinalium: Abbildung der
Arzneykräuter, des fünften hunderts zweites
Funfzig, mit dreyfachen Registern über sämmtli-
che fünf hundert, auf holländisch Pappier ge-
druckt, und mit Farben erleuchtet, gr. 8. 4 Rthl.

— dieselben, auf deutschen Pappier, unbemahlt:
1 Rthlr. 8 ggr.

Labats, Abhandlung vom Zucker, dessen Bau, Zubereitung und mancherley Gattungen, mit vielen
Kupferstichen, 8. 1 Rthlr.

Linne, des Ritters von, vollständiges Pflanzensystem
12ter Theil, in welchem die Gräser beschrieben
sind, mit Kupf. gr. 8. 2 Rthlr.

Naders, Johann, Raupenkalender, oder Ver-
zeichnis aller Monathe in welchen die Raupen nebst
ihrem Futter zu finden sind, gr. 8. 8 ggr.

Ono-

Onomatologia medico-practica, Encyklopädisches Handbuch für ausübende Aerzte, in alphabetischer Ordnung, 3r Band, gr. 8.   3 Rthlr.

Siebmachers, Johann, großen, vollständigen Wappenbuchs, 7tes Supplement, Fol.   2 Rthl.

In Commission:

Beyträge zur populären Rechtsgelehrsamkeit, 2ten Bandes 3tes Stück, 8.   6 ggr.

Geschichte der Deutschen für die Jugend, 5tes Bändchen, 8.   8 ggr.

Rosenmüllers, Dr. J. G. Predigten über die Leidensgeschichte Jesu, 3te Sammlung, gr. 8. 5 ggr.

Nebst den übrigen Stiebnerischen Verlagsbüchern.

Vorbericht des Uebersetzers.

Labats Nachrichten, oder Abhandlung vom Zucker, deſſen Bau und Zubereitung, ſollten zwar, wie ich in dem Vorberichte des vierten Bandes bereits angezeigt habe, erſt nach Vollendung des ganzen Werks, als ein Supplement ans Licht tretten, um die Folge des Tagbuchs ſeiner Reiſen dadurch nicht zu unterbrechen: allein es hat dem Herrn Verleger anderſt beliebt, und ſie erſcheinen jetzo, dagegen der fünfte Band noch dieſen Sommer vor Michaelis wird fertig werden.

Unſer Verfaſſer hat alles was den Zuckerbau und deſſen Fabricirung betrift, aus eigener Erfahrung, ſo genau und umſtändlich beſchrieben, daß er in der That dieſe Materie vollkommen erſchöpft zu haben ſcheint. Er hat aber auch fremde Nachrichten dabey benutzt, und insbeſondere die vortreffliche Geſchichte des Zuckers, welche man dem erfahr-

)(nen

nen und berühmten Ingenier Caylus zu danken hat. Man findet daher in diesem Werke alles beysammen, was vorher in vielen
Büchern nur zerstreut, ja nicht selten un-
richtig anzutreffen war, oder nur immer hiervon könnte gesagt werden.

Indessen kann dieses Werk vorzüglich
zweyerley Gattung von Leuten nicht genug
empfohlen werden: nämlich den Inhabern
der Zuckerraffinerien, deren viele in unsern
deutschen Seestädten, noch weit mehr aber
in Holland anzutreffen sind, und hiernächst
den Kauf und Handelsherren. Erstere können ganz zuverläßig manche ihnen vorher unbekannte Handgriffe daraus erfahren, und
zu ihren großen Nutzen anwenden.

Die Herren Kaufleute hingegen, denen
es ohnehin, wie Labat an verschiedenen Stellen seiner Abhandlung ganz richtig bemerkt,
größtentheils an genugsamer Aufklärung und
Einsicht fehlt, da sie ihre Geschäfte Hand-
werks und Maschinenmäßig erlernen und
treiben, können aus diesen Nachrichten ebenfalls großen Nutzen schöpfen. Sie werden
nämlich die vielfältigen Betrügereyen der erstern,

ſtern, vollkommen daraus einſehen lernen, und
alſo um deſto beſſer gegen allen Schaden auf
ihrer Hut ſeyn können.

Es werden aber dieſe Nachrichten auch
noch andern Perſonen nützlich ſeyn, vorzüglich dem ſchönen Geſchlechte, welches ja ohnehin
die Süßigkeiten beſonders liebt; desgleichen
ſolchen Leuten, welche ſich mit der Kochkunſt
und dem Backwerke beſchäftigen. Ueber-
haupt aber, und in ganzen genommen, wird
es gewiß niemand reuen, ſich ſolche anzuſchaf-
fen und durchzuleſen.

Ich, meines Theils, habe alle Mühe angewendet, dieſe Nachrichten, deren Ueberſetzung wegen der vielen darinnen vorkommen-
den ganz beſondern Kunſtwörter, nicht geringen Schwierigkeiten unterworfen war,
dem Leſer ſo angenehm und deutlich zu machen, als es ſich nur immerhin wollte thun
laſſen. Dieſerwegen habe ich alles in Kapitel eingetheilet, da unſer Verfaſſer nur ſehr
wenige Abſchnitte gemacht hat, welches für
jeden Leſer nicht anderſt als höchſt unange-
nehm und ermüdend ſeyn mußte.

Vorbericht des Uebersetzers.

Um den Gebrauch dieses nützlichen Werkes auf alle Weise zu erleichtern, hat man auch für gut befunden, ausser dem vorangesetzten Inhalte der Kapitel, noch ein besonderes vollständiges Register aller hierinnen enthaltenen Merkwürdigkeiten beyzufügen. Eben daher wird auch gegenwärtige Uebersetzung dem Originale um ein merkliches vorzuziehen seyn.

Noch kann ich bey dieser Gelegenheit nicht unberührt lassen, daß aus einem Irrthume, auf einigen der erstern Bögen, der Wurm V. Band, ist gesetzt worden, welches man also wegzustreichen sich wird gefallen lassen. Uebrigens hoffen wir beyderseits, ich, und der Herr Verleger, unsern Endzweck, etwas zum Nutzen des Lesers hierdurch beyzutragen, vollkommen erreicht zu haben. Geschrieben im Försterischen Garten vor Nürnberg, den ersten März des Jahres 1785.

Inhalt.

Inhalt
der Kapitel.

Seite

Erstes Kapitel. Geschichte des Zuckers überhaupt, und der verschiedenen Meynungen von dessen ursprünglichen Vaterlande. Bestimmung des Zeitpancts von Errichtung der Europäischen Zuckerfabricken in Westindien.　1

Zwentes Kapitel. Unterschied zwischen den Zucker und gewöhnlichen Schilfrohren, und wie erstere beschaffen seyn müssen. Beschreibung der Zuckerrohre.　12

Drittes Kapitel. Welches Erdreich sich an besten zum Baue der Zuckerrohre schickt, und wie es beschaffen seyn muß.　16

Viertes Kapitel. Art die in neu umgerissene Felder gepflanzten Rohre zu behandeln. Wie man das Land worinnen Zuckerrohre sollen gepflanzt werden, zurichten und in viereckigte Plätze abtheilen muß.　21

Fünftes Kapitel. Beste Art die Zuckerrohre einzusetzen und zu pflanzen. Unter welchen Bedingungen die Nachbarn einander mit Zuckerrohrpflanzen aushelfen. Welches die bequemste Zeit ist solche zu pflanzen und abzuschneiden.　28

Sechstes Kapitel. Wie alt die Zuckerrohre seyn müssen bis sie können abgeschnitten werden

)( )(

Inhalt der Kapitel.

den, und in welcher Jahrszeit, oder Witterung dieses an bequemsten geschiehet. 35

Siebentes Kapitel. Von der Vorsicht welche man anwenden muß, damit die Zuckerrohre nicht von den Negern und Ratten verzehrt werden. Art die Ratten auf den Inseln zu fangen, und warum die Katzen hierzu nicht tauglich sind. Nöthige Sorgfalt
auch andere vierfüßige Thiere von den Zuckerrohrfeldern abzuhalten, wie solches aus verschiedenen angeführten Begebenheiten erhellt. 41

Achtes Kapitel. Wenn man die Zuckerrohre wieder frisch pflanzen und düngen muß.
Zu welcher Zeit die Zuckerrohre blühen. Beschreibung dieser Blüte. Wie und zu welcher Zeit und Anzahl man die Zuckerrohre
abschneiden und in Packete binden soll. Was
der Commandeur hierbey zu thun hat. 54

Neuntes Kapitel. Von den Zuckermühlen;
ihren verschiedenen Gattungen; ihrer Bauart und Einrichtung. 63

Zehntes Kapitel. Art die Zuckermühlen zu
versehen. Wie viel Leute hierzu erfodert
werden, und worinnen eines jeden Verrichtung eigentlich bestehet. Was unter den
Bagacen verstanden wird, und wozu man
solche brauchen kann. Mancherley traurige
Zufälle welche sich in den Zuckermühlen zu
eräugen pflegen. Grausame Todesart womit

Inhalt der Kapitel.

Seite

mit die Engländer ihre Negersclaven und die
Caraiben, in den Zuckermühlen bestrafen.
Vorsicht deren man sich in Ansehung der
Neger und Negerinnen welche in den Zucker-
mühlen arbeiten, zu bedienen hat.   90

Eilftes Kapitel. Ausserordentlich harte Arbeit in einer Zuckersiederey und Eintheilung
der Zeit daselbst. Auf welche Art der Verfasser seine Neger ernährt hat. Wie man
in einer Plantage die Zeit zur Arbeit einzutheilen pflegt. Große Reinlichkeit welche in
den Mühlen erfodert wird, und wie solche
müssen gesäubert werden. Verbesserte Einrichtung derselben durch den Verfasser. Von
ihrer Bewegung durch Pferde, oder Ochsen,
und ihrem Geschirre.   101

Zwölftes Kapitel. Mühlen deren man sich
in Brasilien bedient. Von den liegenden
Mühlen, ihrem Nutzen und Fehlern. Sonderbarer Rechtshandel zu Martinicke, über
einen Esel und Serganten, beyde gleiches
Namens.   118

Dreyzehntes Kapitel. Beschreibung der
Wassermühlen, und ihrer Bauart.   126

Vierzehentes Kapitel. Von Einrichtung
der Zuckersiedereyen überhaupt: insbesondere aber, von ihren Oefen und mancherley
Kesseln derselben.   133

)( )(2   Fünf-

Inhalt der Kapitel.

Seite

Fünfzehentes Kapitel. Von dem übrigen Geräthe einer Zuckersiederey: nämlich Kühlkesseln (rafraichissoirs); Rabenschnäbeln (becs de corbin); Löffeln; Schaumlöffeln; Durchschlagkästen (caisses à passer); Seihtüchern (blanchets); Laugenfässern; Pfriemen (poinçons); und Zuckermessern (couteaux à sucre). Art den Zucker zu probiren ob er vollkommen ausgekocht ist, oder nicht. 162

Sechszehentes Kapitel. Von den verschiedenen Arten der Zuckerformen, und was hierbey noch zu beobachten ist: desgleichen von den Lampen und ihrem Oele in den Zuckersiedereyen. Beschaffenheit der Absteckeisen (louchets) und übrigen Geräthschaften, die in einer Zuckerfabrick erfodert werden: nicht weniger von den Schirmdächern der Oefen. 177

Siebenzehentes Kapitel. Von den mancherley Gattungen Zucker; der Verschiedenheit des Zuckerrohrsaftes, und wie solcher überhaupt muß gereinigt und zubereitet werden. Unterricht für Kaufleute, die vielen Betrügereyen welche in Ansehung des Zuckers und der hierzu benöthigten Geräthschaften begangen werden, zu erkennen, und sich dafür zu hüten. Allerley Beobachtungen über den Preis des Zuckers auf den Inseln zu Ende des vorigen Jahrhunderts, und den hieraus entstandenen großen Gewinn der Raffinirer.

Nach

Inhalt der Kapitel.

Seite

Nachricht vom Ursprunge des mit Thonerde
gereinigten Zuckers (sucre terré), und der
Fabricken worinnen weißer Zucker verfertigt
wird; wie auch von dem großen Handel der
zu Anfang dieses Jahrhunderts auf den Ame-
ricanischen der Krone Frankreich zuständigen
Inseln damit getrieben wurde, und wie lang
solcher gedauert hat.   188

Achtzehntes Kapitel. Von dem mit Thonerde gereinigten Zucker (sucre terré), und
was hierbey zu beobachten ist. Vorsicht die
man in Ansehung der Seihtücher (blanchets),
und Zuckerformen zu beobachten hat. Wie
man diese Formen anfüllt, den Zucker darinnen herumrührt, solche endlich öffnet, und
durchsticht. Von den Reinigungshäusern
(purgeries), ihrer Bauart, und ihrem Gebrauche. Art den Zucker aus den Formen
abzulösen (locher). Woraus man erkennt
ob der Zucker schön weiß wird, oder nicht,
und wie man die Formen ordentlich im Reinigungshause hinstellt. Von den Zapfen der
Zuckerformen (fontaines des formes), und
wie man die Böden formirt. Wahres Mittel
die ächte Rouanische Thonerde von der unächten zu unterscheiden: wie solche muß zubereitet, und über die mit Zucker angefüllten
Formen gelegt werden, auch was sonst noch
dabey zu beobachten ist. Beschreibung der
Trocknungshütte (etuve), und weitere Be-

)( )(3   arbei-

Inhalt der Kapitel.

Seite

arbeitung dieses Zuckers, bis er gestoßen,
durchgesiebt, und endlich fest in die Tonnen
eingestampft wird. Erfindung deren sich der
Verfasser bedient, seinem Zucker ein weißeres
und schöneres Ansehen zu verschaffen.   224

Neunzehentes Kapitel. Vom durchgeläße:
nen Zucker (sucre passé), und seinem Ur:
sprunge. Misbräuche welche sich bey dessen
Verfertigung eingeschlichen haben, und wie
ihnen kann abgeholfen werden. Auf welche
Art die Engelländer solchen zubereitet haben. 271

Zwanzigstes Kapitel. Von dem Syrop und
Schaumzucker. Zu welcher Zeit man den
Zuckerschaum und die Syrops abkochen muß.
Verkaufspreis der groben Syrops aus den
Cisternen. Vom Zucker aus den groben
Syrop der Formen, und großer Nutzen wel:
chen man von diesem Zucker hat. Vom Zu:
cker der aus den feinen Syrops verfertigt
wird, und wozu der Syrop von den Syrops
kann gebraucht werden. Von dem Schaum:
zucker, und welche Vorsicht man hierbey an:
zuwenden hat. Geschichte eines Capitains
und Kaufmanns von Nantes.   276

Ein und zwanzigstes Kapitel. Vom Raffi:
natzucker. Anzahl der Kessel in den Zucker:
raffinerien. Art den Zucker auf den Inseln
zu raffiniren. Großer Unterschied zwischen
den ausländischen und französischen Raffini:
rern,

Inhalt der Kapitel.

Seite

rern, in Anſehung ihrer Brauchbarkeit;
Mittel deren ſich der Verfaſſer bedient hat,
ſeine Raffinirer fleißiger zu machen: nebſt
verſchiedenen andern Bemerkungen über die
Güte, Schönheit, und übrige Eigenſchaften
der mancherley Zuckergattungen.   292

Zwey und zwanzigſtes Kapitel. Vom Königszucker, und deſſen Zubereitung. Geheimes Kunſtſtück des Verfaſſers, dem Zucker
einen Blumengeruch zu geben: nebſt einigen
andern Bemerkungen über dieſen Zucker.   305

Drey und zwanzigſtes Kapitel. Vom geſtampften Zucker (ſucre tappé) und der Art
ihn zu verfertigen. Schlechte Beſchaffenheit dieſes Zuckers, und woraus ſolcher zu erkennen iſt.   309

Vier und zwanzigſtes Kapitel. Vom Kandyszucker, und wie man ſolchen verfertigt.
Urſprung und eigentliche Bedeutung des
Wortes Caſſonade, und was hierunter für
ein Zucker verſtanden wird.   311

Fünf und zwanzigſtes Kapitel. Ertrag einer Zuckerfabrick, und was ſonſt noch dabey
zu beobachten iſt. Art den Zucker zu wiegen,
und das Gewicht und den Preis zu berechnen.
Aus welchen Holze die Zuckertonnen verfertigt werden, und wie ſolches in guten Stand
zu erhalten iſt. Von den Faßbindern, welche in einer Plantage nöthig ſind, und ihrer

Ar-

Inhalt der Kapitel.

Seite

Arbeit, besonders was die Faßböden anlangt.
Verschiedene Arten der Liannen woraus man
die Faßreife macht.   Nöthige Vorsicht wegen der Tonnen zu dem ungeläuterten Zucker.   315

Sechs und zwanzigstes Kapitel.   Von dem
Brandteweine der aus den Zuckerrohren verfertigt wird, und dessen Zubereitung.   332

Sieben und zwanzigstes Kapitel.   Verzeichniß der Anzahl von Negern welche in einer
Plantage gebraucht werden.   339

Acht und zwanzigstes Kapitel.   Von den
mancherley Verrichtungen dieser eben bemerk-
ten Anzahl von Negern.   340

Neun und zwanzigstes Kapitel.   Von dem
Aufwande welcher erfodert wird, hundert und
zwanzig Neger, in Essen und andern Nothwendigkeiten zu unterhalten,   und was für
Misbräuche dabey vorgehen.   366

Dreyßigstes Kapitel.   Kostenberechnung einer mit hundert und zwanzig Negern versehenen Plantage.   Vorschläge des Verfassers,
den Platz zur Anlegung einer Plantage geschickt einzutheilen, nebst verschiedenen andern, die Oeconomie und Handlung betreffenden Nachrichten, und Erinnerungen.   380

La-

Pater Labats

aus dem Orden der Predigermönche,

Nachrichten vom Zucker,

dessen Bau, Zubereitung, und mancherley Gattungen.

Erstes Kapitel.

Geschichte des Zuckers überhaupt, und
der verschiedenen Meynungen von dessen
ursprünglichen Vaterlande. Bestimmung
des Zeitpuncts von Errichtung der Europäischen Zuckerfabricken in
Westindien.

Der Zucker, dessen in allen Welttheilen eine so große Menge verbraucht wird, ist
eigentlich der Saft eines Rohrs, oder Schilfs,
der, wenn er gereinigt, abgekocht, gebleicht,
und getrocknet ist, durch die ganze Welt verführt wird, und sich so lang hält, als man
ihn für der Feuchtigkeit, oder dem Wasser, bewahrt, worinnen er zerschmelzt. Seiner ganz
außerordentlichen Süßigkeit wegen, könnte man
denselben nicht unrecht ein süßes Salz nennen.

Dies

Dieſes Zuckerſchilf, oder Zuckerrohr, ſtammt
urſprünglich, wie man ſagt, aus Oſtindien.
Ich glaube aber man würde ſich richtiger aus-
drücken, wenn man blos ſagte, daß es dort
von ſelbſt und ohne gepflanzt zu werden, wie
in andern Ländern das dürre Schilf, wächſt.
Von hier ſollen, wie man behauptet, die Spanier und Portugieſen, die erſten Pflanzen gebracht, und ſie auf der Inſel Madera und den
Canarien zu bauen angefangen haben, von da
ſie ihre Art nach Neuſpanien und Braſilien
verpflanzten, nachdem ſie die neue Welt entdeckt
und erobert hatten. Dieſes iſt die Meynung
ſehr vieler Perſonen welche Amerika beſchrieben
haben: vielleicht aber hatte nur der erſte Schrift-
ſteller dieſen Gedanken, welchem alle übrige
gefolgt ſind, und ihm nachgeſchrieben haben,
ohne ſich weiter darum zu bekümmern, ob ſeine
Nachrichten gegründet waren oder nicht.

Der Verfaſſer der natürlichen Geſchichte
des Cacao und Zuckers *), macht den Schrift-
ſtellern

*) Der Verfaſſer dieſer Geſchichte, welche 1720.
zu Amſterdam bey Heinrich Strick in groß 12.
mit Kupfern zum Vorſcheine gekommen iſt,
und den Tittel hat: Hiſtoire naturelle du Cacao et du Sucre; nennt ſich Herr von Cailus,
und war Generalingenieur aller franzöſ. Inſeln und des feſten Landes in Amerika, wo
er ſich funfzehen Jahre lang aufhielt. Ueberſ.

stellern über die Eigenschaften des Cacao den Vorwurf, daß sie einander bloß ausgeschrieben haben, ohne zu untersuchen ob die Meynung welche sie annahmen, ihren Beyfall verdiente, oder nicht. Nichtsdestoweniger hat er selbst den nehmlichen Fehler begangen, wenn er in seiner Abhandlung von den Zuckerrohren, ihren Ursprung aus Ostindien herleitet, wobey er sich auf Rauwolfs *) und Hieronymus Benzons Zeugnisse beruft. **)

A 2 Ich

*) Leonhard Rauwolf, ein sehr geschickter und erfahrner Arzt, war zu Augspurg gebohren, und studirte auf den berühmtesten hohen Schulen Frankreichs und Italiens. Als er wieder nach Hause gekommen war, trat er 1573. seine Reise nach den Morgenländern an, wovon er 1576. zurück kam, sich darauf der Religion wegen nach Linz wendete, und endlich 1606. zu Hatvan in Hungarn, als Feldmedicus starb.

Seine Reise ist 1582-83. in vier Theilen in 4to zu Lauingen herausgekommen, wovon der vierte Theil, welcher sich nicht bey allen Exemplarien befindt, bloß eine Abbildung der Pflanzen enthält, worinnen ich aber keine Figur des Zuckerrohrs, so wenig als im Werke selbst, etwas von ihrem Ursprunge, antreffen konnte. Uebers.

**) Hieronymus Benzo, ein Mayländer, hat sich

Ich habe auch in der That eingesehen, daß
ich in einen beträchtlichen Irrthum würde gerathen seyn, wenn ich gesagt hätte, die Zuckerrohre welche man in Amerika hat, kämen ursprünglich aus Ostindien, von da sie zuerst nach Madera,
und den Canarischen Inseln, hierauf aber nach
Amerika wären gebracht worden. Ohne mich
weiter bey jenem aufzuhalten, was zu Madera,
und auf den Canarischen Inseln kann geschehen
seyn, als welches gar zu meiner Absicht nicht
gehört, habe ich nur alzuviele, und meines
Bedunkens zu unumstößliche Gründe, um noch
einen Augenblick länger zu zweifeln, daß die
Zuckerrohre auf den Inseln und dem festen Lande von Amerika, eben so einheimisch sind, als
sie es vielleicht in Ostindien seyn mögen.

Thomas Gage ein Engelländer *), der im
Jahre 1625. nach Neuspanien gereißt ist, berichtet,

sich funfzehen Jahre lang, nämlich von 1541
bis 1556. in Amerika aufgehalten, und nach
seiner Zurückkunft eine brasilianische Geschichte
in seiner Muttersprache ans Licht gestellt, welche hernach sowohl ins lateinische, als ins
deutsche ist übersetzt worden, und noch immer
geschätzt, auch selten angetroffen wird. Uebers.

*) Thomas Gage war kein Engelländer, wie
Labat hier vorgiebt, sondern ein Irrländer,

und

richtet, daß ihnen die Wilden, als sie auf der
Rehde von Guadeloupe gelegen wären, unter
mancherley Gattungen von Früchten, auch
Zuckerrohre gebracht hätten.   Nun haben die
Spanier ganz unläugbar niemals eines Daumens breit Land auf den kleinen Inseln angebaut, welche deswegen Antillen heißen, weil
man solche eher findt, als jene von Portoricco,
Sant Domingo, Cuba, und Jamaica, sonst
die großen Inseln genennt, wenn man von
Europa, Asia, und Africa kommt.

Nun haben sie zwar alle kleine Inseln, als
sie solche auf der zweyten Reise Christoph Co-
lombs entdeckten, mit Schweinen besetzt, damit
ihre Flotten, wenn sie um neuen Vorrath von
              A 3   Lebens-

und trat in Spanien in den Dominicaneror-
den. Im Jahre 1625. ward er als Missiona-
rius nebst andern nach Mexico geschickt, und
durchreißte beynahe den größten Theil der
Spanischen Besitzungen in Amerika, woraus
er 1637. heimlich entfloh, nach Engelland
gieng, und daselbst zur protestantischen Kirche
sich wendete. Seine Beschreibung von Neuspanien, die er 1655. zu London Englisch
herausgab, ist auch ins französische, und sehr
schlecht ins deutsche übersetzt worden. Sie
wird noch immer geschätzt, und macht sich jetzo
ganz selten. Uebers.

Lebensmitteln einzunehmen sich bey diesen Inseln
aufhalten würden, jederzeit frisches Fleisch daselbst finden möchten: daß sie aber Zuckerrohre
dort sollen gepflanzt haben, wird niemals jemand der einen gesunden Verstand hat, in den
Kopf kommen; denn an einem Orte Zuckerrohre pflanzen, und zugleich Schweine dahin setzen, wäre eben so viel, als mit einer Hand,
wieder zerstören was man mit der andern gebaut
hat, weil kein Thier den Zuckerrohren mehr
Schaden zufügt, als die Schweine.

Ueberdieses braucht es, wie man in der Folge dieser Abhandlung sehen wird, eine ziemliche
Zeit den Boden umzureißen und zu reinigen,
um Zuckerrohre hineinzustecken, solche zu warten, und vom Unkraute zu säubern, so lang bis
sie ohne weitere Pflege wachsen. Hieraus nun
eben kann der Schluß gemacht werden, daß von
den Spaniern niemals dergleichen ist vorgenommen worden, da sie sich auf diesen Inseln niemals länger verweilt haben, als nöthig war
ihre Schiffe mit frischen Wasser und Holz zu
versehen.

Noch mehr! aus was Ursach sollten wohl
die Spanier an solchen Oertern Zuckerrohre gepflanzt haben, wo sie niemals die Absicht hatten, sich niederzulassen, noch viel weniger aber
Zuckerfabricken anzulegen. Wollte man aber
allen-

allenfalls sagen, es hätten solche die Indianer nach Abreise der Spanier gebaut: so würde dieses eine sehr schlechte Kenntniß der angebohr= nen Gemüthsart der Caraiben verrathen, wel= che um so mehr abgeneigt sind, nur die gering= ste Mühe anzuwenden eine Pflanze zu bauen, die ihnen unbekannt ist, da sie sich kaum ent= schließen mögen einige Stunden auf den Bau solcher Pflanzen zu wenden, deren sie doch nicht wohl entrathen können.

Noch ein deutlicheres Zeugniß, und wel= ches unwidersprechlich beweißt, daß die Zucker= rohre in Amerika einhemisch sind, ist jenes des Franz Ximenes, in seiner zu Mexico gedruckten Abhandlung, von den Eigenschaften und Kräf= ten der Pflanzen in Amerika, wo er versichert, die Zuckerrohre wüchsen in der Gegend des Sil= ber, oder de la Plata Stromes, von selbst, und ohne gebaut zu werden, und zwar so an= sehnlich, daß sie in Betracht ihrer Dicke und Höhe, Bäumen ähnlich wären. Aus den Ri= tzen, welche zu gewisser Jahreszeit in die Schel= fe des Rohrs gemacht würden, zöge die Son= nenhitze den Zucker heraus, wie man aus ver= schiedenen Bäumen das Gummi tropfen sieht, welche sich in den Jahrszeiten wo die Sonne weit heftiger sticht als sonsten, davon entle= digen.

Johann

Johann de Lery, ein Calvinistischer Prediger, der sich im Jahre 1556. zu dem Befehlshaber Villegagnon ins Kastell Coligny verfügte, welches auf einer Insel des Jenner, oder Janeirostromes in Brasilien, unter dem drey und zwanzigsten und einen halben Grade mittägiger Breite, war angelegt worden, versichert, daß die Zuckerrohre in der Gegend dieses Stromes, allenthalben in großer Menge gefunden würden. Nun ist es eine ganz ungezweifelte Wahrheit, daß sie von den Portugiesen nicht konnten gepflanzt werden seyn, weil sie sich damals noch nicht in dieser Gegend niedergelassen hatten, und erst nach der Abreise der Franzosen dahin gekommen waren: es muß also nothwendig hieraus geschlossen werden, daß sie von Natur, und ohne Wartung dort gewachsen sind.

Der Franciscanermönch Hennepin, und andere Reisende, welche uns Beschreibungen des Mississipistromes geliefert haben, melden, daß in den niedern Gegenden, beym Ausflusse dieses Stromes, sehr schöne Zuckerrohre, und zwar in großer Menge von ihnen sind angetroffen worden. Johann de Lät *) berichtet im ersten Buche

*) Johann de Läet, ein Niederländischer Historicus, war von Antwerpen gebürtig, und starb 1649. als Director der Westindianischen Com-

Buche seiner Geschichte von Amerika, die Zuckerrohre wüchsen von Natur auf der Insel
Sant Vincent, einer von den Antillen, unter
dem dreyzehenten Grade nordlicher Breite, welche von den Caraiben bewohnt wird.

Diejenigen Franzosen, welche sich zuerst zu
St. Christoph, Martinicke, und Guadeloupe
niedergelassen haben, fanden daselbst an verschiedenen Gegenden Zuckerrohre. Von diesen
selbst gewachsenen und im Lande erzeugten Zuckerrohren, sind nun alle diejenigen Arten fort-
gepflanzt worden und entstanden, welche man
heut zu Tage baut, und Zucker daraus verfertigt.

Indessen haben wir die Kunst den Zucker
heraus zu bringen, den Portugiesen und Spaniern, diese hingegen, den Einwohnern von
Ostindien zu verdanken. Sie hatten es nämlich in diesen Ländern gelernt, indem sie sahen
A 5 wie

Compagnie. Außer vielen andern historischen und
geographischen Schriften, welche jetzo ganz selten angetroffen werden, hatte er auch großen
Antheil an den sogenannten Elzevirischen Re-
publicken in 32., und stellte 1633. zu Leyden
in groß Folio, Novum orbem seu descriptio-
nem Indiae occidentalis libri XVIII. cum ico-
nibus et tabulis geographicis, ans Licht, als
wovon hier eigentlich die Rede ist. Uebers.

wie die Indianer den Saft aus diesen Rohren
preßten; wie sie ihn reinigten, kochten, und
endlich in Zucker verwandelten. Dieses haben
sie mit nach Haus gebracht, und zu erst auf der
Insel Madera und den Canarischen Inseln,
hierauf aber an allen denjenigen Oertern in Ame=
rika, eingeführt, wo ihre Niederlassungen sicher
genug waren, daß sie an eine solche Manufactur
denken konnten. Man hat aber daselbst diese
Manufactur auf einen so hohen Grad der Voll=
kommenheit gebracht, daß die in Amerika fa=
bricirten Zucker, schon seit langer Zeit die ost=
indianischen an Schönheit und Güte unendlich
übertreffen.

Die Spanier und Portugiesen, haben in
Neuspanien und Brasilien, lang vorher ehe
sich die übrigen Europäer auf den Antillen nie=
derließen, Zucker gemacht. Man darf also,
ohne sonderlich zu fehlen, den Anfang der Spa=
nischen und Portugiesischen Zuckersiedereyen,
gegen das Ende des Jahres 1580. setzen: denn
vor dieser Zeit waren sie nur einzig und allein
darauf bedacht gewesen, das Land zu erobern,
Gold und Silberbergwerke zu entdecken, Per=
len fischen, und Taback machen zu lassen. Die
Pflanzung der Zuckerrohre folgte erst nach dem
Tabackbaue. Da nun diese letztere Pflanzen=
gattung das Feld ziemlich aussaugt, mußte man
hierzu

hierzu frisches Land urbar machen: man nahm
also zur Pflanzung der Zuckerrohre nur diejenigen Felder, welche täglich zu mager wurden,
als daß Taback darauf wachsen konnte.

Engelländer und Franzosen, haben sich erst
im Jahre 1625. zwischen den beyden Wendezirkeln niedergelassen, und es vergiengen ziemlich viele Jahre ehe sie im Stande waren an
eine Zuckerfabrick zu denken. Sie legten sich
Anfangs bloß auf den Tabacksbau, alsdann
aber Indigo, und Baumwolle zu pflanzen.
Die Engelländer waren die ersten welche zu St.
Christoph Zucker machen konnten, und man
findt in ihren Geschichtbüchern aufgezeichnet,
daß solches um das Jahr 1643. geschehen ist,
welches ihnen die Franzosen auf der nämlichen
Insel kurz darauf nachzumachen nicht unterließen.

Zu Guadeloupe geschahe es erst im Jahre 1648.
unter der Aufsicht derjenigen Holländer, welche
nach ihrer in Brasilien erlittenen Niederlage,
dahin ihre Zuflucht genommen hatten. Etwas
später als zu Guadeloupe, wurde zu Martinicke
Zucker gemacht: auf der Insel Barbados hingegen, ohngefähr um die nämliche Zeit als zu
Sant Christoph. Die Anzahl der Zuckerplantagen wird auf den Inseln täglich grösser, und
die Verfertigung des Zuckers immer vollkomme-
ner.

ner. Ich werde also diejenigen Kenntniſſe, wel=
che ich durch eine zehenjährige unabläßige Ar=
beit in dieſer Sache erlangt habe, nunmehr mit=
zutheilen befliſſen ſeyn.

Zweytes Kapitel.

Unterſchied zwiſchen den Zucker und ge=
wöhnlichen Schilfrohren, und wie erſtere
beſchaffen ſeyn müſſen. Beſchrei=
bung der Zuckerrohre.

Das Zuckerſchilf, oder Rohr, iſt von dem
gewöhnlichen Schilfrohren, welche man
am Ufer der Teiche und anderer moraſtigen
Gegenden findt, bloß darinnen unterſchieden,
daß letzteres eine härtere oder trockenere Haut,
und ihr Mark keinen Saft hat: dahingegen die
Rinde an den Zuckerrohren niemals ſonderlich
hart, und die ſchwammichte Materie mit ſehr
vielen Safte, oder Feuchtigkeit angefüllt iſt,
deſſen Süßigkeit und Menge ſich nach der Güte
des Bodens worinnen ſie gepflanzt ſtehen, ih=
rer Lage an der Sonne, der Jahrszeit wo man
ſie ſchneidt, und nach ihrem Alter richtet.

Auf dieſen vier Umſtänden beruht alſo
hauptſächlich ihre Höhe, Dicke, Güte, Schwie=
rigkeit,

rigkeit, oder wenige Mühe welche man hat, ihren Saft zu reinigen, kochen, und in Zucker zu verwandeln. Mithin sind die Rohre nach Beschaffenheit des Bodens, dick oder dünn, lang oder kurz: auch je nachdem sie der Sonne ausgesetzt sind, mehr oder weniger zuckerig. Die Jahreszeit worinnen man solche abschneidt, füllt solche mehr, oder weniger mit Safte, und ihr Alter macht sie tauglicher oder untauglicher daß man guten Zucker heraus bringen kann.

Die Blätter am Rohre, sind lang und schmahl. Sie haben nur eine einzige Ader, welche das Blatt in der Mitten, die ganze länge hinab, theilt, und an dürren Blättern ziemlich zerbrechlich, bey frischen, oder nur welken hingegen, überaus zähe ist. Beyde Seiten des Blattes sind scharf, und so zu sagen, mit kleinen, fast unmerklichen Zähnen besetzt, welche die Haut verletzen, wenn man gegen den Strich mit der Hand darüber fährt.

Diese Blätter kommen gemeiniglich nur oben an der Spitze des Rohrs zum Vorscheine: dahingegen jene Blätter, welche an den verschiedenen Knoten, wo das Rohr zu wachsen aufgehört hat, bey jedem höhern Schuße sogleich herunter fallen. Wenn man also diese Knoten mit Blättern besetzt sieht, so ist dieses ein Kennzeichen daß das Rohr entweder gar nichts

nichts taugt, oder doch wenigstens noch lang
nicht zeitig ist. Die guten Zuckerrohre haben
daher oben am Gipfel nur einen Busch von
sieben bis acht Blättern.

Das Rohr lauft aber nicht durchaus in ei=
nem Schusse fort, sondern wird durch Knoten
abgetheilet, welche der Ansatz, und so zu sa=
gen der Stiel der Blätter sind. Diese Knoten
sind hart, und haben nur sehr wenig Mark.
Beyde Theile des Rohrs, welche durch einen
solchen Knoten getrennt werden, haben durch
einen leeren Raum der mitten im Knoten ist,
Gemeinschaft miteinander. Dieser Raum ist
zwar mit der nämlichen schwammigten Materie
ausgefüllt, als der übrige Theil des Rohres,
welche aber viel dichter, härter, und gefärbter
ist, und wenn solche gekauet wird ungleich besser
schmeckt, je reifer und ausgekochter sie zu seyn
scheint.

In Ansehung des Abstandes dieser Knoten
von einander, ist keine gewisse Richtschnur vor=
handen: je besser der Boden ist worinnen sie ste=
hen, um so viel weiter sind sie entfernt, und
das Rohr hat folglich desto mehr Saft, weil
die Knoten weniger enthalten als die andern
Theile des Rohrs. Mithin je grösser ihre
Anzahl ist, um so weniger Platz findet sich für
den Saft.

Man

Man hat Zuckerrohre geſehen, welche nach
abgeſchnittener Spitze, noch vier und zwanzig
Pfunde wogen. Dieſes iſt aber etwas ganz auſ-
ſerordentliches, und gar nicht als ein Kennzeichen der Güte des im Rohre enthaltenen Saftes anzuſehen, ſondern vielmehr ein Beweiß
von der fetten wäßrichten Beſchaffenheit des
Bodens, der einen rohen, nicht ſonderlich zucke-
rigten Saft, voller Waſſer im Ueberfluſſe hervorbringt, womit folglich viel Zeit und Holz
verſchwendt wird, ohne jemals weder vielen
noch ſehr guten Zucker daraus zu erhalten.

Sobald nun die Zuckerrohre eine Länge von
ſieben bis zehen Fuß erreicht, und zehen bis
fünfzehen Linien im Durchſchnitte haben; wenn
ſie ſchön gelb ſind, ihre Schelfe, platt, dürr,
und zerbrechlich iſt; wenn ſie ſchwer werden, und
ihr Mark ins graue, oder vielmehr ins bräun-
lichte fällt; wenn ihr Saft, ſüß, klebricht, und
gleichſam als ob er ein wenig gekocht wäre, iſt:
alsdann läßt ſich ſagen daß ſie vollkommen ſind,
und man darf ſicher hoffen, daß man einen ſehr
ſchönen Zucker, in großer Menge, und ohne
ſonderliche Mühe, herausziehen wird.

Drit-

Drittes Kapitel.

Welches Erdreich sich an besten zum Bau der Zuckerrohre schickt, und wie es beschaffen seyn muß.

Das schicklichste Erdreich, solche Zuckerrohre als ich oben beschrieben habe, hervorzubringen, ist ein leichter, lockerer, tiefer, und so abhängiger Boden, daß kein Regenwasser darauf kann stehen bleiben: der vom Aufgange bis zum Untergange die Sonne hat.

Fettes, und sehr starkes Erdreich, bringt zwar hohe und überaus dicke Rohre: allein sie sind fast beständig grün, und mit einem wässerigten, nicht allzusüßen Safte angefüllt. Ihr Saft ist fett, schwer zu reinigen, und zu kochen, und der herauskommende Zucker beständig weich, nicht allzu körnigt, und der Gefahr unterworfen; wässerigt, und zu Marmelade oder Asche zu werden.

Diejenigen Felder, welche nicht Grund genug haben, und wo die Wurzeln der Rohre, bald einen Tuffstein oder einen andern Felsen erreichen, dergleichen mehrentheils in den ausgesogenen Feldern des niedern Landes zu Martinicke und Guadeloupe zu geschehen pflegt, tragen nur kleine Rohre wie Schlotten (rottins), voller

voller Knoten. Diese Röhrchens sind von ge=
ringer Dauer, weil ihre Wurzel austrocknet,
und zuletzt verbrennt.

Wenn unterdessen diese Felder in den ersten
Monathen nachdem die Rohre sind gepflanzt
worden, und auch hernach manchesmal, bis zu
ihrer vollkommenen Zeitigung, Regen haben,
wird es niemals fehlen, daß sie sich nicht mit
einem sehr guten, überaus süßen und klebenden
Safte füllen sollten. Es gehört aber eine
große Fertigkeit dazu, wenn man guten Zucker
daraus machen will: denn da er, bevor man ihn
noch aus dem Rohre preßt, beynahe schon aus=
gekocht ist, hat man keine Zeit ihn zu läutern
und abzuschäumen. Ueberdieses hat der Saft
schon die völlige erfoderliche Dicke (cuisson),
man sieht sich also genöthigt Wasser in die
Kessel zu gießen, um seine Wallung zu dämpfen,
damit die Lauge den Saft von den Unreinigkei=
ten womit er vermengt ist, scheiden, und sol=
che als einen Schaum in die Höhe treiben kann.
Auf diese Art muß gleich beym ersten Sude im
Kessel verfahren werden, und man wohl acht
haben ja niemals kaltes Wasser in den aufge=
kochten Saft zu gießen, indem sich sonst die
Unreinigkeiten zu fest an die Körner kleben wel=
che zu entstehen anfangen, und den Zucker da=
durch so fett machen, daß man schlechterdings

nicht im Stande ist, ihn jemals weiß zu machen.

Die niedrigen sumpfigten Felder, welche so zu sagen mit dem Seeufer einerley Höhe haben, dergleichen zum Beyspiele jene von Grandeterre und den Säcken zu Guadeloupe, einige Gegenden von Martinicke, und beynahe alle Englische und Holländische Inseln sind, bloß Sant Christoph, Jamaica, und verschiedene andere Gegenden ausgenommen. Alle diese Felder bringen zwar, sage ich, schöne, lange, dicke, und schwere Rohre: da es aber diesen Feldern niemals an Salz und Salpeter mangelt, theilen sie diesen Fehler auch den darauf wachsenden Zuckerrohren mit, wovon der Zucker niemals schön weiß werden kann. Sein Korn, welches in den ersten Tagen seiner Zubereitung, stark, hell, und durchsichtig ist, wird allgemachs, weich, dünn, und wie Staub, oder Brey, verliert auch, wenn man es durchs schmelzen zu reinigen sucht, vieles von seinem Gewichte.

Die rothen und starken Felder, dergleichen man in Cabesterre zu Martinicke, vom rothen Strome, bis zu jenem des Robertsackes: ferners zu Guadeloupe, von dem großen Flusse in Cabesterre, bis zum Lezardstrome sieht, tragen schöne, lange, und dicke Rohre, welche mit einem ziemlich zuckerichten Safte angefüllt sind,

sind, wenn man solche in der guten Jahreszeit, das ist vom Anfange des Jenners, bis zu Ende des Julius, abschneidt. Nun sind sie zwar hart zu kochen, und wenn man sie aus Nachläßigkeit nicht rein genug hält, oder gar, noch bevor sie vollkommen reif sind, abschneidt, ist ihr Saft grün und roh, folglich schwer abzuschäumen. Das bequemste was sie an sich haben, ist, daß sie zwanzig bis dreyßig Jahre ausdauern, ohne wieder frisch gepflänzt werden zu dörfen: ihre Sprossen sind nach Verlauf dieser Zeit noch eben so gut, als da man solche zum erstenmale abgeschnitten hat.

Wenn man diese Rohre zur Verfertigung des ungeläuterten Zuckers nimmt, geben sie einen körnigten Zucker, der sich über das Meer verführen, und reinigen läßt, woraus man hernach, wiewohl er grau ist, dennoch einen sehr weißen Zucker in Menge erhält. Ich weis aus langer Erfahrung, daß zwey und ein Viertelpfund ungeläuterten Zuckers, welche in unserer Plantage zu St. Jakobsgrund waren gemächt worden, ein Pfund raffinirten Zucker liefern, ohne die Sirops zu rechnen, welches die Güte dieses Zuckers, und den großen Gewinn welchen die Raffinirer daraus ziehen können, augenscheinlich beweißt.

Die

Diejenigen Felder, welche im Holze, oder auf hohen Bergen liegen, sind dem Regen, starken Thaue, und den Nachtfrösten unterworfen: da sie nun beynahe gar nicht von den Sonnenstralen erwärmt werden, bringen sie nichts als dicke, sehr wässerigte, grüne, und nicht sonderlich zuckerreiche Rohre, die einen fetten rohen Saft haben, der hart zu kochen, und abzuschäumen ist, womit viel Zeit und Holz verschwendt wird. Dieses ausgenommen, ist der Zucker welcher daraus gemacht wird, fest, hat ein grobes hartes Korn, behält seine durchs kochen erhaltene Dicke (cuisson), und läßt sich gern weiter führen, und reinigen.

Kurz zu sagen, alle neue Felder, das ist solche, worinnen niemals etwas ist gepflanzt, oder gesäet worden, wenn man sogleich nachdem sie von den Bäumen womit sie angefüllt waren, gereiniget sind, Zuckerrohre hineinsetzt, tragen überaus dicke Rohre, und zwar in großer Menge. Nun sind zwar diese Rohre mit vielen Safte angefüllt, allein er ist fett, roh, wenig zuckerreich, und überaus schwer zu kochen, oder zu reinigen.

Vier-

Viertes Kapitel.

Art die in neu umgerissene Felder gepflanz=
ten Rohre zu behandeln. Wie man das
Land worinnen Zuckerrohre sollen gepflanzt
werden, zurichten, und in viereckigte
Plätze abtheilen muß.

Ich habe mich bisweilen selbst in dergleichen
Umständen befunden, besonders aber zu
Guadeloupe. Als ich nämlich ein frisches
Stück Land mehr als eine Stunde vom Seeufer,
hatte umroden, und mit Zuckerrohren besetzen
lassen, mußte man über die Menge, Dicke,
und Höhe dieser Rohre erstaunen, da sie gleich=
wohl erst vor sechs Monathen waren gepflanzt
worden. Nichtsdestoweniger ließ ich solche in
diesem Alter abschneiden, und nachdem ich so
viel als zum pflanzen nöthig war, davon zurück
behalten hatte, aus den übrigen Aquavit ma=
chen, und den Platz mit Feuer anstecken, um
die Stoppeln dadurch verzehren zu lassen, deren
Fäulung die Fettigkeit des Bodens nur noch
vermehrt würde haben.

Vierzehen Monathe nach diesem Schnitte,
ließ ich aus diesen frisch gewachsenen Sprossen
weißen Zucker machen, dessen Güte vollkom=
men mit der Schönheit, welche nicht grösser

seyn

seyn konnte, übereinkam. An einem einzigen
Stamme habe ich an die sieben und sechszig
Sproſſen gezählt. Ihre Länge erſtreckte ſich
von zehen bis auf ſiebzehen Fuß, im Durchſchnitte aber hatten ſie einen Zoll, bis gegen
zwanzig Linien hin: ich ließ ſie alſo wie Stangen, in ganzen auf Wägen, oder Schubkarren laden, ohne ſolche feſt zuſammen zu binden. Man
bekam von ihnen den ſchönſten Zucker der in dieſem Reviere noch jemals war zum Vorſcheine gekommen, ungeachtet es den Ruhm hat, daß
hier der ſchönſte Zucker auf den Inſeln verfertigt wird.

Das nämliche habe ich zu Martinicke gethan, und mich, ſo wohl als andere denen ich
es gerathen habe, jederzeit gut dabey befunden.
Man ſträubte ſich zwar Anfangs in etwas meinem
Rathe zu folgen, da man das Abſchneiden dieſer Zuckerrohre, für einen offenbaren Verluſt
anſah: wenn man aber die Sache etwas genauer
betrachtet, ſo erhellt leicht, daß ein ſehr an-
ſehnlicher und reiner Gewinn dabey herauskommt. Denn erſtlich können die in ein fri-
ſches Feld gepflanzten Zuckerrohre, nicht eher als
nach achtzehen bis zwanzig Monathen zeitig
werden. Hat man ſie nun nach ſechs Monathen, und vierzehen bis funfzehen Monathe ſpä-
ter, nochmals abgeſchnitten, ſo macht dieſes
höch-

höchstens einen Unterschied, oder Aufenthalt von
ein paar Monathen, welche in Ansehung des
Nutzens den man dabey findt, guten Zucker,
und zwar in Menge zu machen, anstatt des
schlechten, den man mit schwerer Arbeit, und
Verbrauchung sehr vielen Holzes, würde erhal=
ten haben, gar nicht in Rechnung dörfen ge=
bracht werden.

Zweytens, sind die Zuckerrohre welche man
nach sechs Monathen abgeschnitten hat, deswe=
gen nicht ganz verloren: man bedient sich der=
selben Aquavit daraus zu machen, welches eine
sehr gute Waare ist, und frisches Land damit
zu besetzen, als wozu sie sich wegen ihrer Dicke,
und der Stärke ihres in viel grösserer Menge
vorhandenen Saftes, ungleich besser schicken denn
andere Zuckerrohre.

Drittens endlich, wird dem Erdboden die
überflüssige Fettigkeit dadurch benommen, und
er gleich von diesem ersten Schnitte an, tüch=
tig gemacht gute Zuckerrohre hervorzubringen,
welches vielleicht in fünf bis sechs andern nicht
geschehen möchte, weil die von den Rohren
nach Verhältniß ihres Wachsthums abfallende
Blätter, noch ehe die Rohre abgeschnitten wer=
den, verfaulen, und das Feld, dem man doch die
übermäßige Geilung zu benehmen sucht, neuer=
dings düngen.

B 4

Noch

Noch ehe man die Zuckerrohre pflanzt, muß das Feld worein man sie setzen will, vorher sorgfältig gereinigt werden. Es ist aber nicht genug die Liannen welche man daselbst findt, bloß abzuschneiden, man muß sie vollkommen ausreißen, indem sich diese schädlichen Pflanzen stark vermehren, um die Zuckerrohre schlingen, solche bedecken, und endlich ganz zu Boden drücken. Was aber die Baumstöcke anlangt, so ist es eben nicht nöthig diese Mühe anzuwenden, es müßte denn weiches Holz seyn, dessen Stöcke wieder frische Sprossen treiben. Diese muß man ausreißen, oder sie auf eine solche Art abbrennen, daß alle Feuchtigkeit welche sie enthielten, und wodurch sie neue Reiser nachschieben könnten, vollkommen davon würde ausgetrocknet werden.

Wenn nun das Feld wohl ist gereinigt worden, und entweder ganz flach ist, oder einen sanften Abhang hat, kann man nichts besseres thun, als es in Vierecke, jedes zu hundert Schritten, einzutheilen, und zwischen diesen Quadraten, einen Weg, achtzehen Fuß breit, frey zu lassen, damit die Schubkarren, oder Wägen durchfahren können, welche die Zuckerrohre abholen, und so oft welche abgeschnitten sind, nach der Mühle führen.

Ich

Ich wurde aber durch mancherley Ursachen
bewogen, mein Grundstück so oft es nur geschehen konnte, auf dergleichen Art abtheilen zu
lassen. Erstlich, verhindert diese Eintheilung
des Erdbodens in verschiedene Stücke, daß, wenn
allenfalls ein Viereck sollte in Brand gerathen,
sich das Feuer nicht in die übrigen Stücke ausbreiten kann. Denn da es in diesen Gängen
keine Materie findt, wodurch es ein benachbar-
tes Viereck erreichen könnte, muß es nothwendig von selbst aufhören: ja, wenn auch der
Wind die Flamme dahin führen sollte, würde
man allemal mehr Zeit haben, als erfoderlich
wäre solches zu löschen.

Zweytens, wird dadurch verhütet, daß die
Schubkarren nicht in die Zuckerrohrfelder hinein
kommen, wie es zu geschehen pflegt, um die
Zuckerrohre welche sie in die Mühle führen,
daselbst aufzuladen. Nichts ist schädlicher, und
verderbt so viele Rohre, als die Füße der
Ochsen, und die Wagenräder welche über die
Stengel fahren, wovon man erst unlängst die
Sprossen abgeschnitten hat, besonders wenn es
regnet, und der Erdboden dadurch ist erweicht
worden.

Die Erfahrung giebt nämlich, daß man
jederzeit in der Bahn welche die Karren gemacht
haben, frische Zuckerrohre nachpflanzen muß,

B 5   und

und daß solche Rohre nicht so geschwind wach=
sen, als die Reiser welche aus einem Stengel
der seine Wurzeln hat, treiben. Sie werden
von jenen die neben ihnen stehen, erstickt, als
welche viel schneller aufschießen, und ihnen die
Luft benehmen, daß sie verdorren müßen. Eben
daher pflegt es zu geschehen, daß die Zucker=
rohrfelder, durch die Straßen welche man ohne
Verstand und Ueberlegung mitten hindurch macht,
dünner werden, und zuletzt ganz ausgehen.

Wenn hingegen das Feld nur hundert
Schritte ins Gevierte hält, sind die Rohrbün=
del leicht an den äußersten Rand des Wegs zu
tragen, weil von der Mitte des Grundstücks
bis zum Wege, nur ohngefähr funfzig Schritte
seyn mögen, welches in Ansehung des Vor=
theils der sich dabey findt, daß man seine Zu=
ckerrohre jederzeit in guten Stand hat, und
nicht ohne Unterlaß frische pflanzen darf, eben
keine sonderlich starke Arbeit ist.

Drittens, kann der Herr leichter die Arbeit
seiner Leute untersuchen, und nachsehen ob ihn
die Vorgesetzten und Neger nicht betrügen, wel=
ches nicht selten zu geschehen pflegt wenn sie
Gelegenheit hierzu finden. Sie laßen es näm=
lich bloß dabey bewenden, die Rohre welche ne=
ben am Wege stehen, vom Unkraute zu reini=
gen, oder mit frischer Erde zu versehen, und

laßen

laſſen dagegen die in der Mitten ſtehende, wo man weder durchſehen noch ſelbſt hinkommen kann, ungeſäubert, voller Unkraut, Lianen, und leerer Pläße, liegen, welches mit der Zeit den völligen Untergang der Rohre nach ſich zieht.

Der vierte Beweggrund hierzu, iſt die Verſchönerung des Wohnplaßes, in welchem Falle ein jeder vernünftiger Mann nicht unterlaſſen wird ſich dieſe Anmuth zu verſchaffen, wenn ſie mit irgend einigen Nußen kann verbunden ſeyn. Man kann nämlich längſt der Wege hin, Angoliſche, oder ſiebenjährige Erbſen pflanzen, als ſehr angenehme und nüßliche Sträuche, welche Alleen und Spaßiergänge formiren. Die Plantage des Herrn de Rochefort, im kleinen Sacke von Guadeloupe, war ganz auf ſolche Art abgetheilt. Ich ſelbſt habe dergleichen Eintheilung allenthalben wo es der Plaß nur erlauben wollte, beobachtet.

Wenn man aber die völlige Breite dieſer Wege nicht gern unbenußt haben will, läßt man bloß einen kleinen Fußpfad auf jeder Seiten, um der Arbeit nachſehen, und die Erbſen pflücken zu können. Alles übrige wird mit Manioc oder Patates beſeßt, je nachdem man eines oder das andere nöthig hat. Hierbey iſt bloß zu beobachten, daß man keinen andern als

weißen,

weißen, oder Weidenmanioc dahin pflanzt, damit er noch ehe man die Zuckerrohre abschneidt, zeitig wird, und ausgerissen werden kann.

Ungeachtet die Zuckerrohre auf Mornen, oder den Abhang der Mauerbeete gepflanzt wer= den, welche zu steil sind, als daß man darauf herumgehen könnte: darf man dennoch diese Abtheilung zu machen, um der drey ersten, oben angezeigten Ursachen willen, nicht unterlassen. Nur muß man ja nicht vergessen, an den be= quemsten Plätzen Wege frey zu lassen, damit die Karren durchfahren können.

Fünftes Kapitel.

Beste Art die Zuckerrohre einzusetzen und zu pflanzen. Unter welchen Bedingungen die Nachbarn einander mit Zuckerrohr= pflanzen aushelfen. Welches die bequem= ste Zeit ist solche zu pflanzen und abzuschneiden.

Wenn nun der Grund auf solche Art einge= theilt ist, muß man ihn mit der Schnur abstecken (aligner), das ist eine Schnur längst des Platzes hinausspannen, und mit der Spitze eines Stabs, den Strich welchen die Schnur macht,

macht, auf den Boden bezeichnen, um die Zuckerrohre in gerader Linie pflanzen zu können.
Nachdem das Erdreich gut ist, oder nicht, werden die Reihen mehr oder weniger von einander
entfernt. Bey einem vollkommen guten Boden, kann auf allen Seiten, von einer Reihe
zur andern, vierthalb Fuß Platz gelassen werden. Wenn aber das Feld mager, oder bereits
ausgesogen ist, und man alle zwey Jahre wieder frische Rohre pflanzen muß, ist zwischen
jeder Reihe auf allen Seiten, ein Raum von ein
paar Schuhen überflüssig hinreichend.

Diese Art das Feld einzutheilen, braucht
zwar etwas mehr Zeit, als wenn man die Reihen und Gräben nur auf gerathewohl und ohne
Richtschnur macht. Sie hat aber dagegen die
Bequemlichkeit, daß, wenn die Zuckerrohre
nach der Linie gepflanzt werden, solche leichter
zu jäten sind: indem die zwischen den Reihen
gestellten Neger, besser das Unkraut und die
Liannen sehen, und desto weniger Mühe haben,
die Schlangen, welche zu Martinicke nur allzu
häufig angetroffen werden, zu entdecken, und
sich dafür zu hüten.

Der Herr, oder sein Oberaufseher, können
auch von einem Ende des Feldes bis zum andern, freyer übersehen, was daselbst zu thun
ist, wie die Neger arbeiten, und ob sie nicht

von

von der Arbeit gehen, um zu schlafen, welches so
leicht nicht wahrzunehmen ist, wenn die Rohr-
gebüsche unordentlich durcheinander stehen, da
sie alsdann einander bedecken, und zu gleicher
Zeit die Fehler der Arbeiter sowohl als die Mängel der Arbeit verbergen. Ueber dieses arbeiten
die Neger, wenn sie nur einmal dazu gewöhnt
sind, auf diese Art viel leichter und schneller als
sonst. Ich wenigstens habe sie allenthalben
wo ich arbeiten ließ, eingeführt, und mich jederzeit gut dabey befunden.

Wenn nun die Abmessung des Platzes nach
der Schnur geschehen ist, stellt man jeder Linie
gegen über, einen Neger, oder Negerinn.
Auf den Stiel ihrer Haue bemerkt man, wie
viel sie zwischen jeder Grube die sie machen sollen, Raum lassen müssen, und die Arbeit wird
alsdann angefangen. Eine jede Grube muß
funfzehn bis zwanzig Zoll lang, und so breit
als die Haue seyn, welches gemeiniglich vier
bis fünf Zoll beträgt, dahingegen sie niemals
tiefer als sieben bis acht Zoll ist. So wie die
Neger welche die Gruben machen, auf den Linien fortrücken, folgen junge Neger, oder andere, die keine stärkere Arbeit verrichten können,
hinten nach, und werfen in jede Grube ein paar
Stücke Zuckerrohr, funfzehn bis achtzehn
Zoll lang.

Die-

Diesen Schera, um mich eines solchen Ausdruckes zu bedienen, folgen andere Neger mit Hauen, welche die beyden Stücke Zuckerrohre, eines neben dem andern, und zwar auf eine solche Art zurecht legen, daß jederzeit diejenige Spitze, welche neben dem Obertheile des Rohrs zu liegen kommt, drey Zoll hoch aus dem Erdboden hervorragt, und auf der entgegenstehenden Seite, mit der Spitze des andern Stückes das nämliche geschieht, worauf die Gruben mit der ausgeworfenen Erde wieder angefüllt werden.

Diejenigen Stücke Zuckerrohr welche man in den Erdboden legt, werden gemeiniglich oben von der Spitze des Rohrs genommen, ein wenig unterhalb des Ansatzes der Blätter, und funfzehen bis achtzehen Zoll lang gemacht. Je mehr sie Knospen, Reiser, oder wie man auf den Inseln zu sagen pflegt, Augen haben, desto mehr darf man hoffen daß sie Sprossen treiben, und um so schleuniger Wurzel fassen werden.

Niemals weigern sich die Nachbarn, einander Zuckerrohre zum pflanzen zu geben. Da es aber lange Zeit erfodert, bis man die dussersten Theile des Zuckerrohrs abschneidt, und in Packete bindt, schickt ein jeder der einige nöthig hat, seine Neger zu dem Nachbar der

sie

sie ihm giebt, damit sie dessen Negern, von den Rohren welche in die Mühle kommen sollen, abschneiden, und die Rohrspitzen zum pflanzen zubereiten helfen.

Ich für meine Person habe zwar niemals jemand deswegen verbunden seyn mögen, wiewohl mich aber anderntheils auch nicht weigerte, jenen die mich darum ansprachen, diese Gefälligkeit zu erzeigen. Wenn ich aber Pflanzen nöthig hatte, ließ ich ein Zuckerrohrfeld abschneiden, indem ich überzeugt war, daß die Köpfe der gepflanzten Zuckerrohre niemals so schöne Rohre hervorbringen, als diejenigen Stücke, die mitten aus dem Rohre selbst geschnitten werden, welche mehr Saft, und folglich auch mehr Stärke haben, um dicke kräftige Wurzeln und Schößlinge treiben zu können.

Die eigentliche Zeit zum pflanzen, ist die Regenzeit, von ihrem Anfange, bis auf zwey Drittheile derselben. Der Erdboden ist alsdann feucht und mit Wasser getränkt, die Wurzeln und Keime welche der Stock treibt, dringen leichter im Erdboden, wo die Feuchtigkeit ihren Wachsthum befördert, und ihnen allen nöthigen Nahrungssaft verschafft. Dagegen aber, wenn man sie bey trockenen Wetter pflanzt, so verzehrt und zieht der spröde und gleichsam verbrannte Erdboden, allen Saft der Pflanzen

an

an sich, welche in kurzer Zeit so dürr werden,
als ob sie in einem Backofen wären gesetzt worden. Die sorgfältige Beobachtung dieses Un-
terschieds der Jahrszeiten, kann also nicht sorgfältig genug empfohlen werden, da hiervon der
gute oder schlechte Wachsthum abhängt.

Nach fünf bis sechs Tagen sieht man sie
schon hervorstechen und treiben. Ja sie bringt,
je nachdem der Stock, das Erdreich und die
Witterung gut beschaffen sind, zusehends Blätter
und Sprossen. Alsdann muß es aber schlechterdings nicht verabsäumt werden, das Unkraut
und die Liannen, welche im frischen oder feuch-
ten Erdreiche jederzeit in Menge zu wachsen pflegen, auszujäten, indem hierinnen vorzüglich
die Wartung der Zuckerrohre besteht. Wenn
sie allein den Saft aus dem Erdboden an sich
ziehen können, vermehren sie sich und erlangen
ihre vollkommene Größe: dagegen sie, wenn
Unkraut oder Liannen darunter stehen, nur
klein wachsen, und so zu sagen aus der Art
schlagen, weil das Unkraut alle Fettigkeit des
Bodens aussaugt. Vor allen Dingen darf
man dergleichen Kräuter nicht in Saamen schießen lassen, denn sobald die Saamenkörner durch
den Wind können weggeführt werden, zerstreuen
sie sich allenthalben, und verderben ein ganzes
Stück Feld. Es erfodert also eine sehr fleißi-

ge Wartung, bis die Rohre das ganze Feld um
sich herum bedecken, und andere allenfalls auf:
geschossene Kräuter ersticken können. An al:
lermeisten sind die Liannen zu fürchten, weil sie
sich um die Zuckerrohre schlingen, darüber hin:
aus steigen, und solche endlich ersticken. Es
ist also nicht hinreichend, sie mit dem Karste
abzuhauen, sondern man muß auch die Wur:
zeln ausreißen, indem sie, wenn nur das
mindeste davon im Erdboden zurück bleibt, ganz
ausserordentlich stark wieder einwurzeln und sich
vermehren.

Wenn nun die Zuckerrohre bald Anfangs,
nachdem man solche gepflanzt oder abgeschnit:
ten hat, zwei bis dreymal vom Unkraute sind
gereinigt worden, läßt man sie fünf bis sechs Mo:
nathe lang, ruhig stehen. Alsdann geschieht die
letzte Bearbeitung derselben, um das Unkraut
und die Liannen auszureißen, und weg zu neh:
men, welche ungeachtet aller angewendeten Mü:
he solches zu verhindern, seitdem wieder gewach:
sen sind, worauf sie bis zu ihrer vollkommenen
Reifung unberührt stehen bleiben.

Sech=

Sechstes Kapitel.

Wie alt die Zuckerrohre seyn müssen biß sie
können abgeschnitten werden, und in welcher Jahrszeit, oder Witterung, dieses
an bequemsten geschiehet.

Es läßt sich aber der Zeitpunct wenn die Zuckerrohre sollen abgeschnitten werden, nicht
gewiß bestimmen: in diesem Stücke irrt der
größte Theil der Einwohner. Sie stehen nehm-
lich in dem Wahne, daß, wenn vierzehn oder
fünfzehn Monathe nach dem ersten Schnitte
eines Zuckerrohrfeldes verlaufen sind, solche
schon wieder im Stande sich befinden zum andernmale geschnitten zu werden. Nach diesem
Grundsatze also schneiden sie solche, und alsdann geben diese noch nicht vollkommen zeitige
Rohre, ganz natürlich, nur einen fetten rauhen
Saft, der schwer zu reinigen und zu kochen ist.
Dergleichen üble Folgen, welche ich bey
meinen Nachbarn, noch ehe mir die Aufsicht
über unsere Güther aufgetragen wurde, beobachtet hatte, gaben mir Anlaß mancherley Betrachtungen darüber anzustellen. Ich wurde
gewahr, daß ein Zuckerrohrfeld welches ein Jahr
hindurch den schönsten Zucker den man sich
nur wünschen konnte, hervorgebracht hatte,

E 2   das

das nächstfolgende Jahr, ungeachtet die nehm=
lichen Zuckerrohre und Arbeiter vorhanden wa=
ren, einen sehr mittelmäßigen Zucker lieferte.
Ich sprach hierüber mit einigen Rafinirern, wel=
che mir sagten, die Zuckerrohre kämen in diesem
Stücke mit allen übrigen Pflanzen und Bäumen
überein, deren Früchte ja ebenfalls nicht immer
von einerley Güte wären.   Aber ich konnte mit
dieser Antwort nicht zufrieden seyn, suchte also
die Ursache dieser Veränderung zu ergründen,
und fand, daß sie einzig und allein aus dem
Mangel der Zeitigung herrühre.   Als ich nun
im Stande war diese Meynung durch Erfah=
rungen beweisen zu können, ließ ich mehrere
Gattungen von Rohren unterschiedlichen Alters
abschneiden und den Saft daraus kochen, und
wurde durch die mancherley Versuche, welche
ich damit anstellte, in meinen Gedanken be=
stärkt.

Diesemnach muß man, noch ehe die Zucker=
rohre abgeschnitten werden, vielmehr auf ihren
Grad der Vollkommenheit und Reife, als auf
ihr Alter sehen: indem die im Jenner abgeschnit=
tenen Rohre, die völlige Hitze und Dürre der
trockenen Jahrszeit haben auszustehen gehabt,
welche tief in dem Julius hinein dauert, und sie
den größten Theil dieser ganzen Zeit über, im
Wachsthume zurück gehalten hat, wo sie wegen
Man=

Mangel an Feuchtigkeit nichts als schwache
Sprossen treiben konnten. Man darf also ihr
Alter keineswegs von demjenigen Zeitpuncte her
rechnen, in welchem sie mit aller Gewalt an=
gefangen haben zu treiben, und nicht mehr in
ihrem Wachsthume sind aufgehalten oder ge=
hindert worden.

Nun treiben sie zwar, so bald sie nur sind ab=
geschnitten worden, wieder frische Knospen und
Reiser: allein man darf diesen schwachen Schuß
für nichts anders als für ein Ueberbleibsel des=
jenigen Saftes ansehen, der in Bewegung war
das noch vollkommene Rohr zu nähren, und
seinen Wachsthum zu befördern. Dieses pflegt
auch fortzudauern, nachdem es schon ist abge=
schnitten worden, ja es könnte mit eben solchen
Nachdrucke und Regelmäßigkeit anhalten, wenn
das Erdreich worinnen die Wurzeln stecken, der
brennenden Sonnenhitze nicht ausgesetzt wäre,
und vom Regen oder häufigen Thaue angefeuch=
tet würde: wohingegen aber die Wärme, da
sie nicht mehr von ihren Blättern bedeckt sind,
durchgedrungen, ihren Saft ausgetrocknet, und
ihnen dadurch die Mittel benommen hat, fri=
sche Spröslein zu treiben, und zu nähren.

Ich weis zwar wohl daß die Blätter, welche
man, nachdem die Rohre sind abgeschnitten wor=
den, auf dem Felde liegen läßt, den Stengel

C 3   für

für der Sonnenhitze zu bewahren dienen: man
muß aber auch zu gleicher Zeit eingestehen, daß
es nur ein sehr schwacher und nicht allzudauer-
hafter Schutz ist.   Gesetzt auch, man nimmt
diese Strohblätter nicht hinweg, um sie unter
den Kesseln zu verbrennen, wie es in sehr vielen
Zuckersiedereyen zu geschehen pflegt, so sind sie
doch in weniger als zween oder drey Tagen, so
dürr und eingeschrumpft, daß sie nicht den mindesten Sonnenstral mehr aufhalten können.
Der ganze Nutzen also, welchen man von ihnen erwarten dürfte, wäre darinnen bestanden,
daß sie die Hitze verhindert hätten, diese paar
Tage über, nicht so gerade hin auf den frischen
Abschnitt des Rohrs zu fallen, als wodurch alles Mark nebst den darinnen übrig gebliebenen
Safte schlechterdings hätte können verzehrt werden, welches unfehlbar den Verlust des ganzen
Stockes würde nach sich gezogen haben.

Diejenigen Zuckerrohre aber, welche zu
Ende der trockenen Jahreszeit, das ist in den
Monathen Junius und Julius sind abgeschnitten worden, genießen die Wohlthat des Re-
gens, wodurch nicht allein das Erdreich befeuch-
tet wird, sondern auch die Rohre selbst, erhalten dadurch beynahe sogleich die nöthige Erfri-
schung, wodurch dem Stocke aller Saft zufließt,
welchen sie gebrauchen um neue Sprossen trei-

ben

ben und nähren zu können. Daher kommt
es, daß man in den Monathen September und
October, die im Junius und Julius geschnit-
tenen Rohre, eben so groß und voll sieht, als jene die im Jenner und Februar sind abgeschnitten
worden. Da es nun ein Irrthum wäre, wenn
man bey Erblickung dieser Rohre sagen wollte,
daß sie zu einer Zeit sind geschnitten worden: so
würde es ein anderer nicht minder großer Fehler seyn, vorzugeben, die zum erstenmale abgeschnittenen Rohre, könnten deswegen, weil
schon vierzehn bis funfzehn Monathe seitdem
verlaufen wären, hernach wieder von neuem
geschnitten werden. Nicht minder würde man
irren, wenn man sagen wollte, die zuletzt abgeschnittenen Rohre hätten ihre Vollkommenheit
erreicht, weil sie eben so hoch und dick, als
die erstern sind, ungeachtet sie sechs Monathe jün-
ger wären.

Es ist also die Pflicht eines Zuckersieders
oder Rafinirers, keine andere Zuckerrohre zu
nehmen, als welche er zuvor gekostet, und auf
das sorgfältigste untersucht hat. Dieses muß
aber, wie ich behaupte, nicht blos auf dem äussern Rande des Zuckerrohrfeldes, wohin die
Sonne ohne Hinderniß ihre Stralen werfen,
und sie folglich eher hat zur Reise bringen können: sondern im Mittelpuncte, und an verschie-

C 4 denen

denen Stellen geschehen, wo des Schattens wegen, den die Zuckerrohre einander machen, die
Sonne nicht so stark als oben am Rande ihre
Wirkung äußern konnte.   Wenn nun nach dieser vorgenommenen Untersuchung, noch einiger
Zweifel übrig bleibt, muß ein kleiner Versuch
angestellt werden, sollte es auch nur in einem
Kessel geschehen, um nicht ein ganzes Zuckerrohrfeld, und hiernächst noch ein anderes Stück
anbrechen zu müssen.

Dieses kann aber nicht ohne merklichen
Nachtheil der Plantage geschehen: denn so bald
nur ein Zuckerrohrfeld einmal angebrochen ist,
kommen die Ratten viel lieber hinein, als in
die ganzen Felder, wovon sie noch nichts ver-
sucht haben, und eben daher nicht so leicht geneigt sind die Rohre anzufressen, außer sie müßten zu Boden liegen, wie es zu geschehen pflegt,
wenn sie vom Sturmwinde umgeworfen werden, oder man aus Nachläßigkeit solche auszujäten, das Unkraut, oder die Liannen hat darinnen überhand nehmen lassen, wodurch sie
Anfangs erstickt, alsdann ein wenig umgeneigt,
und zuletzt gar zu Boden gelegt werden.

In dieser Lage also, werden sie von den
Ratten leichter angegriffen, indem sie sich darüber setzen, und das Rohr mit ihren Pfoten halten, folglich weit bequemer die obere Rundung
ab-

abfreſſen können, als wenn es gerade aufgerichtet ſtehet, weil ſie ſich alsdann auf ihre Hin-
terfüße ſetzen, und ſeitwärts am Rohre nagen
müſſen. Hieraus iſt alſo der Schluß zu machen, daß man die Zeit wo die Rohre ſollen abgeſchnitten werden, nicht von der Zeit des erſten Schnittes, ſondern von dem Zeitpuncte ihrer Reifung, ohne ſich weiter um etwas anders
zu bekümmern, beſtimmen muß.

Siebentes Kapitel.

Von der Vorſicht welche man anwenden
muß, damit die Zuckerrohre nicht von den
Negern und Ratten verzehrt werden.
Art die Ratzen auf den Inſeln zu fangen
und warum die Katzen hierzu nicht tauglich
ſind. Nöthige Sorgfalt auch andere Vier-
füßigte Thiere von den Zuckerrohrfeldern
abzuhalten, wie ſolches aus verſchiedenen
angeführten Begebenheiten erhellt.

Die ſorgfältige Wartung der Zuckerrohre erfodert auch, daß man ja nicht vergeſſe
einen Rattenfänger oder Rattenjäger zu halten.
Gemeiniglich wird dieſes Amt irgend einem getreuen

treuen und fleißigen Neger, der keiner stärkern
Arbeit vorstehen kann, aufgetragen. Er ist
aber verbunden alle Morgen die Ratten zu brin=
gen, wofür man ihm zu einer desto stärkern
Aufmunterung allenfalls einige Belohnung
reicht.

Ich gab dem Neger von unserer Plantage,
für jedes Dutzend dritthalb Sous, allein er
mußte die Ratten ganz liefern, indem mir gar
wohl bekannt war, daß sie der Jäger sonst an
die Neger in der Plantage verkaufte, denen ich
nicht erlauben wollte dergleichen Fleisch zu ge=
nießen: weil ich wußte daß der allzuhäufige Ge=
nuß, von Ratten, Schlangen und Eydechsen,
das Geblüt dermaßen verdünnt, daß man zu=
letzt die Auszehrung bekommt. Es giebt
zwar verschiedene Einwohner, welche sich be=
gnügen, wenn ihnen der Rattenfänger nur die
Schwänze, oder Köpfe bringt: dieses ist aber
ein schlimmer Gebrauch, indem sich die benach=
barten Rattenfänger miteinander verstehen, und
die Schwänze an ein Ort, die Köpfe hingegen
wo anders hintragen, um die Belohnung wel=
che ihre Herren dafür reichen, auf solche Art dop=
pelt zu erhalten, ohne sich weiter viel Mühe zu
geben, ihre Fallen aufzustellen.

Dieses Uebel zu vermeiden, ist es gut,
wenn die Nachbarn einig werden, daß sie sich
die

die ganzen Ratten bringen, und ohne Verzug
an einen solchen Platz vergraben laſſen, wo ſie
weder vom Rattenfänger, noch von andern
Negern können geſtohlen werden, um ſolche ent=
weder ſelbſt zu verzehren, oder an andere wie=
der zu verkaufen. Auf dieſe Art werden ſie
von ihren Jägern nicht können betrogen wer=
den. Sie werden auch ihre eigenen ſowohl als
der Nachbarn ihre Neger dadurch abhalten, ſich
dieſer ſchlechten Nahrung zu bedienen: viel=
mehr werden ſie ihre Jäger durch die Hoffnung
der zu erwarten habenden Belohnung, oder aus
Furcht für der Strafe, munter und fleißig er=
halten.

Das Inſtrument deſſen man ſich bedient
die Ratten zu fangen, iſt ſehr einfach: nehm=
lich ein bloßer, kegelförmiger Korb. Er iſt
ſieben bis acht Zoll lang, im Durchſchnitte aber,
fornen bey ſeiner Oeffnung, ohngefähr drey
Daumen breit, und wird von Mibi, oder dün=
nen, grauen, doppelt geſpaltenen Lianen ver=
fertigt: fornen an der Spitze iſt eine ziemlich
ſteife Ruthe, oder dünner Staab eingezapft,
dritthalb, bis drey Fuß lang. Zu Ende des
Staabs iſt ein etwas kürzerer, dünner, wohl
geſponnener, und zuſammengedrehter Bindfa=
den von Mahot, oder Pite, befeſtigt. Das
äußerſte Theil dieſes Bindfadens, wie eine
Schlin=

Schlinge zugerichtet, wird zwischen der ersten
und andern Reihe der Liannen, woraus der
Korb besteht, durchgezogen, und mit ein paar
kleinen Stäben wie ein Viereck geschnitten, recht
auseinander gespannt.

In die Höhlung des Korbs, legt man irgend ein Stück Manioc, oder etwas von ge-
bratenen Krabben, wovon sich der Geruch stark
ausbreitet, und die Ratten anlockt. Wenn sie
nun in den Korb hineinschlupfen, müssen sie
nothwendig die kleinen Stäbchen mit berühren,
welche den Bindfaden ausgespannt halten, der
sogleich durch das Triebwerk des Stabs, in
die Höhe schnellt: die Ratte bleibt alsdann in
der Schlinge henken, und wird gegen den Korb
erdrosselt.

Je, nachdem die Plantage groß ist, oder
viele Ratten vorhanden sind, nimmt man einen
oder zween Neger zu dieser Jagd. Sie tragen
Sorge ihre Fallen gegen Abend aufzuspannen,
und an verschiedene Oerter, nicht allein aussen
herum, sondern auch mitten unter die Zuckerrohre, hinzustellen. Um nun den Platz zu
kennen, wo sie solche aufgestellt haben, machen
sie oben an den Stengel des Rohrs einen Knoten, an welches sie unten den Korb hinsetzen.

Des Befehlhabers Pflicht erfodert es
nachzusehen, ob die Zuckerrohre woran sich oben

Knos

Knöten befinden, auch wirklich mit Fallen versehen sind, oder die Körbe sich in gutem Stande befinden, und Köder haben. Desgleichen
soll er den Jägern diejenigen Stellen anzeigen,
wo er bemerkt hat, daß die Ratten Schaden zu-
fügen, besonders an Waldrainen, und denjenigen Oertern, welche nahe bey den Hütten der
Neger, oder an Hohlwegen, und neben den
Zuckerfeldern sind, welche man in der Plantage verbrannt hat, oder bey Nachbarn. Da
nun diese Jäger von aller anderer Arbeit be-
freyt sind, so werden sie angehalten sich mit
Krabben zu versehen, um ihre Fallen anködern
zu können, und mit Liannen zur Unterhaltung
ihrer Körbe, und um gemeinschaftlich mit den
Schubkärrnern, wenn sie Zeit übrig haben, die
Stacketenzäune auszubessern: daher man was
dieses anlangt, nicht immer ihren Worten glauben beymessen darf, sondern auf ihre Arbeit,
und womit sie die Zeit hinbringen, genau Acht
haben muß.

Die Anzahl der Körbe richtet sich nach der
Menge von Ratten, welche man nicht allein in
den Zuckerrohrfeldern, sondern auch im Ma-
niot, Hirs, den Cacaoplantagen, und anderwärts hat. Hier darf man also ja nicht ver-
säumen Fallen aufzustellen, indem sich diese
Thiere unendlich vermehren. Ueberdieses ist zu

Man-

Martinick noch diese Beschwerlichkeit damit
verbunden, daß sich an den Oertern wo sie sich
versammeln, Schlangen hinziehen, indem sich
die Schlangen davon ernähren, und sogar ihr
Geschrey nachahmen, um sie herbey zu locken.
Gleichwohl können sie dadurch nicht ausgerot=
tet werden, weil die Schlange das Thier welches
sie verschluckt, nicht anderst als durch die Fäulniß
und gänzliche Auflößung des Thiers selbst, ver=
dauen kann: mithin währt es ziemlich lang, ehe
sie, wenn sie zwo bis drey Ratten im Leibe hat,
wieder frisches Futter braucht.

Vielleicht möchte man sich wundern, warum
man keine Katzen hält die Ratten zu vertil=
gen? allein es ist, was dieses anlangt, zu be=
merken, daß die Neger eben so große Feinde der
Katzen, als die Katzen von den Ratten sind,
und auf allerley Mittel denken, solche zu fan=
gen und zu fressen. Ueberdieses hat das sanf=
te Klima welches zur Unempfindlichkeit und
Trägheit reitzt, auf die Katzen ebenfalls Ein=
fluß, welche genug Anolis finden, sich davon
zu nähren und mit ihrer Jagd sich einen Zeitver=
treib zu verschaffen, folglich damit vollkommen
zufrieden sind und die Ratten laufen lassen.
Dagegen werden aber Hunde dazu abgericht,
welche die Ratten zu verfolgen und zu fan=
gen, vortreffliche Dienste leisten. Uebrigens
werden

werden die Zuckerrohre, wenn sie von den Ratten sind angefressen worden, sogleich sauer. Das
Innere wird schwärzlicht, und sie sind forthin
schlechterdings untauglich Zucker daraus zu machen, und können nur höchstens noch zum
Branntewein brennen gebraucht werden.

Aus diesen angeführten Umständen erhellt welchen Fleiß der Zuckerrohrbau erfodert, und wie
viel daran liege, sie sowohl für Unkraut, als für
den Ratten zu bewahren. Man muß aber auch
noch außerdem sehr große Sorgfalt anwenden,
damit sie nicht von den Pferden, Ochsen, Schaa-
fen, Ziegenböcken und Schweinen, ja sogar
von den Negern selbst, verwüstet werden, welche letztere zum öftern großen Schaden darinnen
anrichten, sowohl für sich selbst, als ihre
Schweine, wenn man ihnen die Erlaubniß
giebt, selbige damit zu füttern.

Bey Gelegenheit der Neger und Schweine, erinnere mich an ein paar Begebenheiten,
die mir, eine zu Martinicke, die andere zu
Guadeloupe, wiederfahren sind, wo die Zuckerrohre unserer Plantagen, schon seit mehrern
Jahren, sowohl den Negern als Schweinen
Preis waren, und zwar mit einem so beträchtlichen Schaden, daß man zum öftern ganze Zuckerrohrfelder vollkommen verwüstet antraf.

Wie

Wir hatten im St. Jacobsgrunde eine allzu genaue Nachbarinn, welche mit unsern Scha-
ben eine Menge von Schweinen unterhielt.
Sie war aber, weder mit dem Stucke von einem Zuckerrohrfelde, welches man ihr doch aus
bloßer Gefälligkeit überlassen hatte, zufrieden,
noch daß sie, wenn Zucker gemacht wurde, soviel Zuckerrohrhäupter nehmen durfte, als sie
nur wollte: sondern hatte die Bosheit, Nachts
ihre Schweine aus ihrem Platze wo sie eingeschlossen waren, heraus zu lassen, von da solche
in unsere Zuckerrohre liefen, welche an ihre Savanne gränzten, und die ganze Nacht darinnen
zubrachten, alsdann Morgens auf den Schall
eines Horns, oder Lambisschnecke, womit sie zurück gerufen wurden, wieder nach Haus kamen.
Meine Vorfahren hatten zwar ihr möglichstes
gethan, diesen Muthwillen zu steuern, ohne
jedoch etwas ausrichten zu können. Ich selbst
ermangelte nicht das nehmliche zu versuchen, sobald ich nur Syndicus ward, um sie zu bewegen ihre Schweine zurück zu halten, und redete
ihr scharf ins Gewissen.

Als ich nun sah daß keine Vorstellungen
helfen wollten, bediente mich des unter allen
Einwohnern üblichen Rechts, welches ihnen erlaubt die Schweine ihrer Nachbarn, welche sie
in ihren Feldern antreffen, todtschießen zu lassen,

sen, wovon sie den Kopf für das hierbey ver-
schoßene Pulver und Bley behalten. Dieses
Mittel hatte einige Tage lang seine Wirkung;
sie behielt ihre Schweine zurück. Da sie aber
zuletzt sah daß sie in ihrem Gehege magerer wurden, indem diese Thiere gern ihren freyen Paß
haben wollen, ließ sie solche wieder in unsere Zuckerrohrfelder laufen. Hierauf fieng ich wieder
an, solche, und besonders die Mutterschweine,
todtschießen zu lassen, um mich dieser beschwerlichen Nachbarschaft bald möglichst zu entledi-
gen. Dieses Spiel dauerte ein ganzes Jahr
fort, bis ich endlich zornig wurde, und gewalt-
samere Mittel anzuwenden beschloß.

Ich ließ nämlich keine Schweine mehr todtschießen, sondern dafür einen Weg durch eines
von unsern Zuckerrohrfeldern bahnen, welches
neben der Cacaoplantage dieser guten Nachbarinn
war. Sobald man mir nun meldete, daß
sich Schweine in unsern Zuckerrohrfeldern be-
fänden, ließ ich solche zählen, und schickte unverzüglich auf den in ihre Cacaoplantage gebahn-
ten Weg, eben so viele Ochsen dahin. Was
sie nun für eine Verwüstung daselbst anrichteten,
wird man sich leicht vorstellen können. Unsere
Nachbarinn ermangelte nicht, und zwar bisweilen ziemlich ungestümm, sich darüber zu bekla-
gen: wogegen ich gleichfalls nicht unterließ

V. Band.   D   mich

mich über die Nachläßigkeit meiner Leute zu be=
schweren, und sie mit den nämlichen Entschuldi=
gungen, deren sie sich zum öftern gegen mich
bedient hatte, wieder abzufertigen.

Ich sagte nämlich, daß man es unter Nach=
barn eben nicht so genau nehmen, sondern etwas
von einander ertragen müßte. Endlich begrif
sie, es möchte wohl nicht durch einen ohngefäh=
ren Zufall geschehen, daß meine Ochsen sich jet
derzeit mit ihren Schweinen in gleicher Anzahl be=
fänden, und daß, wenn dieses länger fortdauern
sollte, ihre Cacaoplantage gar bald würde zer=
stört werden. Sie kam endlich, bat um
Verzeihung, und versprach ihre Schweine nicht
mehr herauszulassen. Ich dagegen versicherte
ihr, daß meine Ochsen niemals mehr einen Be=
such, außer durch den von ihren Schweinen
geöffneten Weg, bey ihr abstatten sollten. Auf
solche Art also, befreyete mich von dergleichen
schädlichen Zuspruche.

Die andere Begebenheit widerfuhr mir zu
Guadeloupe. Ich bemerkte nämlich sobald
mir nur die Aufsicht unserer Güter übertragen
wurde, daß unsere Zuckerrohre welche an der
Straße lagen wo die Neger auf das Teufels=
gebirg giengen, fast gänzlich von dem Durch=
gange dieser Neger zerstört wurden, welche nie=
mals unterließen sich unterwegs mit einem gu=

ten

ten Vorrathe von Zuckerrohren zu versehen, und
wenn sie wieder zurückgiengen, nach Belieben
davon zu essen. Ich warnte sie zwar uns
sere Zuckerrohre unberührt stehen zu lassen, oder
ich würde ihnen den Durchgang verbieten, da
ich aber wuste daß ich diesen Proceß kaum würs
de gewinnen können, weil die Jagd jedermann
erlaubt wäre, mithin der Weg ebenfalls frey
bleiben müßte, wär ich also auf ein anderes
Mittel bedacht.

Ich ließ nämlich Acht haben, wenn eine
gute Anzahl Jäger würde durchpassirt seyn, und
verbarg als Hinterhalt ohngefähr dreyßig von
unsern Jägern, längst des Holzes, in einem
steilen Passe, der enge Weg genannt, und stell=
te mich um die Zeit wo die Jäger vom Gebirge
wieder zurück kommen mußten, fornen an die
Zuckerrohre hin. Den versteckten hatte ich aber
befohlen sich nicht eher sehen zu lassen, als bis
ich ihnen mit einem Pfeischen das Signal hier=
zu geben würde, alsdann heraus zu fallen, und
die vor ihnen gehende Jäger beym Kopfe zu neh=
men, wobey sie vorzüglich Acht haben sollten,
daß ja keiner entlaufen könnte.

Die erstern welche aus dem Walde kamen,
erschracken gar nicht da sie mich ganz allein
stehen sahen. Ich rief zweyen davon, welche
zu mir kamen: als ich nun von ihnen vernehm=

D 2
men

men hatte, wie stark die Jäger an der Zahl waren, und daß sie alle hintereinander folgten,
gab ich mit einem kleinen Pfeifchen das verab-
redete Zeichen, worauf meine im Hinterhalte
befindliche Leute, sogleich hervorsprangen und
achtzehn davon beym Kopfe nahmen. Ich be-
fragte sie einen nach dem andern, jeden besonders, und sie überführten einander, daß sie zum
öftern Zuckerrohre gestohlen hätten, und damit
ihr Raub desto verborgener blieb, mitten hinein
getretten wären. Zu einigen Schadenersatz, ließ
ich jedem funfzig bis sechszig Peitschenhiebe austheilen, und behielt die Teufel für meine Ge-
richtskosten.

Diese Bestrafung machte im Reviere großen
Lärmen. Die Eigenthümer der Neger beklag-
ten sich, daß ich die Jagd der Teufel zu verhindern suchte, indem ich auf solche Art die
Straße wodurch man aufs Gebirg kommt, sper-
ren wollte. Sie foderten die Zurückgabe der
behaltenen Teufel, weil ich ihre Neger hätte
peitschen lassen, und künftig sollte mich nichts
mehr den Vortheilen welche man von diesem
Jagd erhält, widersetzen. Der Statthalter,
bey welchem sie ihre Klage über mich angebracht
hatten, und der selbst einer mit von den Theil-
nehmern in dieser Sache war, da sich ein paar
seiner Neger unter den gezüchtigten befanden,

                                          sprach

sprach auf eine solche Art mit mir davon, wor=
aus ich schließen konnte, daß er die Foderung
der Kläger sehr gerecht fänd. Ich bat ihn aber
sich nur zu erinnern, daß mich schon zum öftern
über den ausgeübten Muthwillen dieser Jäger
bey ihm vergeblich beschwert hätte.

Als ich nun sah, daß er stark auf die Jagd=
freyheit drang, welche ich, wie es schien, den
Leuten nehmen wollte: antwortete ich, es wäre
dieses niemals meine Absicht gewesen, indem
der Durchgang zwar jederzeit offen stehen, hin=
gegen aber auch die Geisel für jene welche sich
an den Zuckerrohren zu vergreifen unterstün=
den, immer bereit seyn würde. Was aber
die verlangte Zurückgabe der Teufel betref=
fe, so glaubte ich keineswegs hierzu ver=
bunden zu seyn, da in dieser Uebertrettung
zweyerley zu betrachten wäre, nämlich Schuld
und Strafe, wofür ich durch die Einziehung
der Vögel und die Peitschenhiebe Rath ge=
schafft hätte. Aus dem ganzen Handel ward
also ein bloßer Scherz gemacht, und die Neger
suchten einen andern Weg, um auf die Teufels=
jagd zu gehen, wodurch also unsere Zuckerrohre
erhalten wurden, ich hingegen die Mühe erspar=
te sie peitschen zu lassen. Ich wende mich aber
wiederum zu meiner abgebrochenen Materie.

D 3 Ach=

Achtes Kapitel.

Wenn man die Zuckerrohre wieder frisch
pflanzen und düngen muß. Zu welcher
Zeit die Zuckerrohre blühen. Be=
schreibung dieser Blüte. Wie und zu
welcher Zeit und Anzahl man die Zucker=
rohre abschneiden und in Packete binden
soll. Was der Commandeur hierbey
zu thun hat.

Wenn die Zuckerrohre gehörig unterhalten
werden, pflegen sie, je nachdem das
Erdreich gut und tief ist, lang zu dauern, ehe
man nöthig hat sie wieder frisch zu pflanzen.
Aber diejenigen, welche in einem magern, aus=
gesaugten, und nicht allzutiefen Boden stehen,
müssen nach dem zweyten Schnitte schon wieder
frisch gepflanzt werden. Man würde sicher kei=
nen Vortheil dabey finden, wenn es bis auf
den dritten Schnitt sollte damit Anstand ha=
ben, indem nichts als kleine verbrannte Reiser,
voller Knoten, und beynahe ganz ohne Saft,
hieraus entstehen würden.

Frisches, fettes, und starkes Land, ver=
sieht die Stengel mit überflüssigen Nahrungs=
safte, und erhält sie fünfzehen, zwanzig und
mehr

mehr Jahre lang, ohne den mindesten Abgang,
weder in Ansehung der Menge, noch der Gü=
te, Größe, oder Dicke der Sprossen, zu spüh=
ren. Je älter im Gegentheile die Stengel wer=
den, desto länger dauern sie, und ihre Sprossen
gelangen eher zu einer vollkommenen Reifung,
wofern man nur Sorge trägt, die Stücke oder
Wurzeln wieder mit frischer Erde aufzufüllen;
wenn sie durch das öftere abschneiden und nach=
schieben, stark aus dem Boden hervorragen,
oder wenn irgend eine schnelle Wasserfluth, die
Erde davon abgespült hat. Vorher aber muß
man überall wo etwas verdorbenes oder faules
angetroffen wird, solches abschneiden, indem
man zu befürchten hat, es möchte der übrige
Stamm sonst ebenfalls damit angesteckt werden.

Ich habe bereits schon vorhin angemerkt,
daß man da, wo die durchfahrenden Karren
die Zuckerrohre ausgereutet haben, frische Pflan=
zen setzen müßte, und gezeigt wie schwer es hal=
te, dergleichen Stellen wieder anzubauen. In
diesem Falle habe mich folgenden Mittels be=
dient: ich ließ am Rande der Zuckerrohrfelder,
ganze Büschel und Stämme ausreißen, und
an denjenigen Stellen, wo in dergleichen Stra=
sen ein Abgang war, wieder in den Erdboden
setzen. Dergleichen Stämme wurzeln ganz zu=
verläßig viel geschwinder, und erfüllen die veröde=

D 4   ten

ten Plätze. Hingegen setzte man an die Plätze
der ausgerissenen Stämme, junge Pflanzen, indem man versichert seyn durfte, daß sie bald bekommen würden, weil sie von den Zuckerrohren
nirgends mehr umgeben waren, und also auch
dadurch nicht konnten erstickt werden.

Alle Zuckerrohre, welche beym Eintritte
der Regenzeit, eilf bis zwölf Monathe alt sind,
ermangeln niemals oben an der Spitze, einen
Schuß, ohngefähr drey Fuß lang, zu treiben.
An den Schilfrohren pflegt das nämliche zu geschehen: da sie aber von einer weit härtern Materie als die Zuckerrohre sind, so ist auch ihr
Schuß viel härter und stärker. Von diesen
Sprossen machen die Wilden ihre Pfeile. Man
nennt aber den Schuß welchen die Zuckerrohre
treiben, gleichfalls Pfeile, und wann die Sprossen wirklich vorhanden, oder nach ihrer Verblü-
hung abgefallen sind, pflegt man zu sagen, sie
haben Pfeile, oder haben verpfeilt.

Diese Blüte ist nichts anders als ein Büschel dünner Fäden, deren äußerste Spitzen, mit
einer feinen, grau und weißlichten Wolle besetzt sind, welche sich ausbreiten, und gleichsam
eine umgekehrte Quaste (houpe) formiren. Von
der Zeit da die Blüte angefangen hat aus dem
Rohrstengel hervorzubrechen, bis solche abfällt,
gehen achtzehn oder zwanzig Tage vorbey. In
den

Aüßerste Spitze eines Zuckerrohrs
welches Sproßen getrieben und
verblühet hat.

den letztern Tagen vertrocknet aber die Rohrspitze
woraus der Pfeil gewachsen ist, daher der Pfeil,
weil er keinen weitern Zufluß vom Nahrungssafte mehr hat, sich ablößt und abfällt, wor-
nach das Rohr aufhört höher zu wachsen, und
dicker zu werden. Niemals aber, blüht das
nehmliche Rohr zweymal.

Wenn man das Rohr nicht einen, oder
ein paar Monathe nachdem es gepfeilt hat, abschneidt, sinkt es allgemachs nieder, und legt
sich endlich ganz zu Boden, wo es Fasern treibt,
welche einwurzeln und eine große Menge Reiser hervorbringen. Noch ehe das Rohr seinen
Pfeil getrieben, und ohngefähr einen Monath
nachdem es gepfeilt hat, ist es mit sehr wenig
Saft versehen. In der Mitten ist es hohl,
weil die ganze Substanz, welche seine Fibern
aufbläßt, in die Höhe getrieben wird, um den
Pfeil und die Blüte hervorzubringen, daher sich
auch die Fibern enger zusammenziehen, und den
Raum ledig lassen den sie einnahmen, als sie
noch voller Saft waren.

In diesem Zustande sind die Zuckerrohre
gar nichts werth, und man darf nicht daran
denken sie abzuschneiden, weder um Zucker hiervon zu sieden, noch Setzreiser daraus zu machen. Ja sie können sogar, nicht einmal zum
Brandeweinbrennen gebraucht werden, weil sie

D 5 als-

alsdann, da sie beynahe ganz ausgetrocknet sind,
und weder den erfoderlichen Saft haben, um
Zucker hervorzubringen, noch Sprossen zu treiben, oder dem Wasser die Süßigkeit und Stärke mitzutheilen, welche es in Gährung bringen,
und ihm das geistige Wesen verschaffen, woraus der Brandewein eigentlich besteht.

Sobald nun die Zuckerrohre zeitig sind und
geschnitten werden können, stellt man die Neger und Negerinnen, längst dem Felde hin,
welches man angreifen will, damit sie gleich
schneiden, und keiner tiefer als der andere ins
Zuckerrohrfeld trette. Wenn sie nur sieben bis
acht Fuß hoch sind, werden zuerst mit einer
Sichel, die Spitzen aller Sprossen an einem
ganzen Stamme, eine nach der andern abgeschnitten, und zwar unterhalb des Ansaßes der
niedrigsten Blätter. Einige Pflanzer, welche
alles zu benußen suchen, und einen großen Gewinn dadurch zu erjagen glauben, wollen diesen scheinbaren Verlust nicht zugeben: allein sie
betrügen sich zu ihrem Schaden, sowohl hier,
als in vielen andern Punkten, indem die Zuckerrohre an ihrem Gipfel, der, bis sie verpfeilt haben, beständig höher treibt, nur einen
rohen, und von der Sonne nicht recht ausge-
kochten Saft enthalten, welcher dem Rohre
bloß zum Nahrungssafte dient, und folglich
nichts

nichts weniger als einen guten Zucker geben kann.
Ich habe daher diese übel angebrachte Spar-
samkeit niemals nachahmen mögen, sondern
vielmehr meinen Negern allezeit befohlen, die
Rohrspitzen dort abzuschneiden wo sie nicht mehr
grün sind.

Sobald der Neger mit dem Büschel welchen er abzukoppen angefangen hat, fertig ist,
schneidt er die Zuckerrohre unten am Fuße ab.
Hierbey ist aber wohl zu bemerken, daß man
sie abschneiden muß, ohne den Stamm durch
Einschnitte zu verletzen, weil ihn alle dergleichen Einschnitte nur verderben, und zu weiter
nichts dienen, als daß die Sonnenhitze eindringt,
und die Feuchtigkeit, oder den Saft der sich im
Stengel befindt, desto eher verzehrt, welches
aber den Trieb der Sprossen sicher nicht befördert.

Der Befehlshaber, das heist, diejenige,
weiße, oder schwarze Mannsperson, welche die
Aufsicht über die Negersclaven hat, und solche
zur Arbeit führt, muß auf ihre Handlungen
wohl Acht haben, und Sorge tragen, daß die
ihm vom Herrn gegebenen Befehle, vollzogen
werden. Der Aufseher muß also sage ich, die
frisch angekäuften Neger hierinnen unterrichten,
und besorgt seyn, daß die alten Neger diese
Vorsicht nicht vernachläßigen. Ein wenig
Uebung

Uebung wird ſie hieran gewöhnen, und wenn
der Befehlshaber nur einigermaßen wachſam iſt,
werden ſie es niemals vergeſſen können.

Je nachdem das Rohr lang oder kurz iſt,
zertheilt der Neger, welcher es vom Stamme
abgeſchnitten hat, ſolches in zween bis drey
Stücke, fährt aber vorher mit ſeiner Sichel die ganze länge des Rohrs herab, um alle
Faſern welche ſich noch daran befinden könnten,
damit hinwegzunehmen. Selten wird ein Zuckerrohr länger als vier Schuhe, niemals aber
kürzer denn dritthalb Fuß, gelaſſen, ausgenommen es müßten ſogenannte Rottins ſeyn, welche in magern ausgeſogenen Feldern wachſen,
und gemeiniglich nicht länger ſind.

Vier bis fünf Neger, die an näheſten bey
einander ſtehen, werfen alle abgeſchnittene Zuckerrohre hinter ſich auf einen Haufen, damit
jene, welche ſie in Büſchel binden müſſen, ſolche beyſammen finden. Auf dieſe Art kann
auch kein Rohr, weder unter den Blättern, noch
unter den Spitzen oder Köpfen, verloren gehen,
welche abzuſchneiden man beſtändig fortfährt,
und womit das Feld gar bald gänzlich bedeckt
wird.

Gemeiniglich nimmt man junge Neger, oder
Negerinnen, welche keiner ſchwerern Arbeit
vorſtehen können, dazu, die Zuckerrohre zuſammen

kommen zu binden, und Büschel daraus zu ma=
chen, welche man auf die Karren ladt. Zu
diesen Bändern werden aber die äuſſerſten Thei=
le der Rohrköpfe genommen, welche man die
Knoſpen des Rohrs (oeil de canne) nennt.
Dieſe zieht man aus den übrigen Rohren, mit
drey bis vier Blättern, und ſie gehen ziemlich
leicht heraus. Alsdann muß man die Blätter
von zween Knoſpen, oder Augen, zuſammen
binden, um das Band länger zu machen, wor=
auf man, je nachdem die Rohre lang ſind, oder
nicht, zwey Bänder auf dem Erdboden ein paar
Fuß weit voneinander ausbreitet, und die Zucker=
rohre nach Verhältniß ihrer Dicke, zehen bis
zwölf an der Zahl, queer oben darüber legt.
Hierauf bindt man die Rohre mit dieſen zwey
Bändern feſt zuſammen, indem man ſolche
herumdreht, und das eine Ende davon, zwi=
ſchen die Rohre und Band ſteckt, wie zu Paris
mit den Reißig und Holzbüſcheln zu geſchehen
pflegt.

Sobald es der Commandeur für gut befin=
det, läßt er mit dem Abſchneiden aufhören, und
die Rohrbündel neben den Weg hinlegen, da=
mit die Fuhrknechte, wenn die Karren kom=
men, ſolche geſchwind aufladen, und in die
Mühle führen können. Man darf niemals
mehr auf einmal abſchneiden, als man in vier

und zwanzig Stunden verbrauchen kann. Es ist daher ein sehr großes Versehen, wenn man einen Vorrath auf zween bis drey Tage abschneiden läßt, indem sie während dieser Zeit über einander erwarmen, gähren und sauer werden, folglich gar nichts mehr taugen, Zucker, besonders aber weißen Zucker daraus zu machen.

Wenn man versichert ist, daß es der Mühle nicht an Rohren fehlt, so giebt man seinen Negern lieber irgend eine andere Arbeit, woran es einem geschickten Aufseher niemals mangeln wird, als daß man sie auf zween bis drey Tage Zuckerrohre schneiden läßt, untern Vorwand, daß man sie diese Zeit über anderwärts nicht zu brauchen wisse. Man hat übrigens in Brauch die Zuckerrohre Sonnabends abzuschneiden, damit man zwischen Sonntag und Montag um Mitternacht die Mühle kann umgehen lassen.

Diesen Vorsprung zu nehmen gehet an, wenn nichts als roher Zucker verfertigt wird, daß man die Zuckerrohre in die Mühle bringen, dabey aber ja nicht vergessen läßt, solche recht gut mit Blättern zu bedecken, indem man sonst allerdings befürchten muß, sie möchten sich zu stark erhitzen. Wenn aber im weißen Zucker soll gearbeitet werden, ist es viel besser die Arbeit einige Stunden lang aufzuschieben, als mit
Gefahr,

Gefahr, daß die erwärmten Zuckerrohre alles
verderben, solche zu beschleunigen.

Aus diesem Grunde ist es weit dienlicher
die Zuckerrohre nicht eher als Montags früh ab=
schneiden, und zur Beschleunigung der Arbeit
alle Neger hierzu helfen zu lassen. Unterdessen
muß man unter die halb mit Wasser angefüllten
Kessel Feuer schüren lassen, damit sie heiß wer=
den, und alles in Bereitschaft ist, den ausge=
preßten Saft schnell zu kochen, als worauf es,
wenn er seine Vollkommenheit erreichen soll,
hauptsächlich ankommt.

Dieß ist es alles, was sich über den Zu=
ckerbau sagen läßt. Nun ist es nothwendig
die Instrumente deren man sich bedient das
Rohr zu zermalmen, und den Saft, oder Most
heraus zu pressen, ebenfalls zu beschreiben. Wir
nennen sie Zuckermühlen.

Neuntes Kapitel.

Von den Zuckermühlen; ihren verschiede=
nen Gattungen; ihrer Bauart und
Einrichtung.

Es giebt dreyerley Arten von Mühlen, deren
man sich bedient, die Zuckerrohre zu mah=
len und zu zerquetschen. Einige werden durchs
Was

Waſſer getrieben; andere hingegen von Ochſen oder Pferden gezogen, und die dritte Gattung wird vermittelſt des Windes in Bewegung geſetzt, welche letztere Art aber höchſt ſelten iſt. Man könnte auf allen Cabeſterren ſehr bequem dergleichen Windmühlen anlegen, wo man verſichert ſeyn darf, daß Land und Seewinde unfehlbar aufeinander folgen, und wo eine Windſtille beynahe eben ſo etwas ſeltenes iſt, als die Sonnenfinſterniſſe.

Eine von dieſen Windmühlen die ich geſehen habe, befand ſich zu St. Chriſtoph in der Engliſchen Hälfte nächſt am großen Kaſtelle. Ich gieng aber nicht ſelbſt in die Mühle hinein, ſondern begnügte mich ſolche nur von außen zu unterſuchen, indem das Gehäus ganz durchſichtig war. Die andere Mühle, welche ich ſah, gehörte einem Pflanzer des Reviers Fortroyal zu Martinicke.

Man hat mich verſichert, daß die Engelländer, ſeitdem ſie die Inſel St. Chriſtoph erobert hatten, ſo genannte portugieſiſche Windmühlen zum Getraidmahlen, nach dem Riſſe welchen der Graf de Gennes, dem oberſten Codrington, Generale der Engliſchen Inſeln untern Winde, mittheilte, hätten machen laſſen.

Beyde Windmühlen welche ich geſehen habe, waren von jenen die man in Europa, und

in

E. Abſ.

in der Gegend von Paris ſieht, das (

darauf zu mahlen, beynahe in gar nic

ſchieden: nur daß ſie anſtatt des Mü

eine mit Eiſen beſchlagene Walze (tan

hatten. Zu Barbados ſoll es Windmü

ben, welche auf eine andere Art geba

indeſſen kann ich nichts davon ſagen, da

ne geſehen habe.

Die Windmühlen welche man n

derjenigen macht, deren man ſich in P

zum Getrandmahlen bedient, haben ihr

horizontal, da ſie hingegen bey den

Windmühlen, vertikal, oder ſenkrecht

Die Are oder der Baum, wie man da

nennen will, wo zu Ende der Mühlſte

die Walze eingefügt iſt, ruht ſenkrecht a

Zapfen, der ſich auf ſeiner Platte herun

In dieſer Stellung wird er durch zween

ne Halbreife (demicollets) gehalten,

in zwey Queerhölzer eingezapft ſind, die

den Schienen des Geſtelles bewegen,

wohl den Baum feſt zu ſchrauben, als

zu halten, und frey zu laſſen, wenn etn

an zu verbeſſern iſt.

Dieſer Baum iſt ſo lang, daß er

Bettung (platte forme) welche der

Maſchine zur Decke dient, hervorragt.

ſes Stück iſt ohngefähr neun Fuß lan

hat oben acht, unterwärts aber, eben so viele
Zapfenlöcher, woburch man acht Zwerchriegel
schiebt, welche auf jeder Seiten vier bis fünf
Schuhe länger sind als der Baum, oder die Achse, folglich acht Arme formiren, worauf man
dünne leichte Bretter nagelt, welche alsbann
die acht Flügel dieser Mühle sind. Sie haben
wie man sieht, acht Fuß in der Höhe, und
vier bis fünf in der Breite.

Die Achse, oder das übrige Theil von der
länge des Baums, welche über die Höhe der
Flügel hinausreicht, wird dünner geschnitzt, und
auf drey bis vier Daumen in Umfang vermindert, damit es desto leichter in eine runde Oeffnung kann geschoben werden, die man in einen
von den Zwerggriegeln angebracht hat, welche
sich durchschneiden, und von Strebepfeilern auf
der Bettung gestützt werden, um den Baum
zu tragen, und gerade zu halten.

Da es aber geschehen könnte, daß, wenn
der Wind in die Oeffnung (l'entre-deux) der
beyden Flügel bläßt, die Mühle dadurch unbeweglich gemacht würde, und wenn sie herumgehen soll, der Wind seitwärts in die Flügel
stoßen müßte, hat man, um ihm diese Richtung zu verschaffen, kleine Wände von Brettern,
vor die Oeffnungen gemacht, welche jeder Zwischenraum von Flügeln formirt, die mit dem
drit-

dritten Flügel der vor jenem steht, deſſen Oeffnung man bedeckt, in gleicher Weite fortlauft.
Nun ſind acht Flügel daran befindlich, mithin
auch acht Scheidwände zu machen, welche von
dem Umkreiſe des Zirkels, den die Flügel im
Herumdrehen beſchreiben, drey bis vier Daumen
weit entfernt ſtehen.

Dieſe Scheidwände ſind ſo hoch als die
Flügel, und in Anſehung der Breite, dem Zwi-
ſchenraume von einem Flügel zum andern, gleich.
Sie verhindern daß der Wind nicht ſenkrecht
zwiſchen beyde Flügel kommen kann, ſondern
die Queere ihm vorgeſchriebene Richtung nothwendig nehmen, und mit aller Gewalt den entgegenſtehenden Flügel treffen, und ſolchen
herumdrehen, auch dieſe nämliche Bewegung
allen übrigen Flügeln mittheilen muß, ſo wie
ſie während ihres Umlaufes die nehmliche Oeffnung erreichen. Da ſich nun acht ſolche Oeffnungen hieran befinden, ſo iſt leicht zu begrei-
fen, daß, aus welcher Ecke der Wind auch immerhin blaſen mag, er jederzeit eine Oeffnung
finde, um irgend einen dieſer acht Flügel zu treffen,
und die Mühle dadurch in Bewegung zu bringen.

Weit ſchwerer hält es aber die Mühle zu
hemmen, wenn die Noth ſolches erfodert, oder
man nichts mehr zu mahlen hat. Ihre Bewegung iſt nämlich ſo heftig und ſchnell, daß
man

man sich gar keine Hoffnung machen darf, sol=
che mit irgend einem eisernen Nagel, oder an=
dern Riegel, zu überwinden, indem man nur
der Gefahr würde ausgesetzt seyn ihre Flügel
zertrümmert zu sehen. Man müßte also war=
ten bis der Wind sich entweder ganz legte,
oder aus einem andern Striche gieng: allein
man hat eine Gattung von Thüre, nach Art
der Schieber, so hoch als die Wand selbst, und
ein wenig breiter, erfunden, um die ganze
Oeffnung auf einmal damit zu verschließen. Die=
ses Schutzbrett schiebt man vor diejenige Oeff=
nung wo der Wind herbläßt: da nun der Wind
nicht mehr auf die Flügel wirken kann, so ist es
alsbann leicht, auch die übrige ihnen mitgetheil=
te Bewegung zu hemmen.

Indessen würde mir diejenige Art von Thü=
ren an besten gefallen, welche mit Angeln und
Bändern an jede Wand befestigt wären, sich
auswärts öffneten, und hart an die Wand leg=
ten, weil man solchergestalt nur die Thüre zu=
stoßen dörfte, um den Durchzug des Winds
aufzuhalten, und folglich die Bewegung der
Flügel zu hemmen.

Hieraus wird meines Erachtens sattsam er=
hellen, daß eine solche Mühle nicht allein sehr
schnell gehen muß, sondern auch weder in Ansehung
des Baues, noch der Unterhaltung, beträchtli=

che=

Tab. 3.

(

A. Wellbaum.
B. große Rollwa
C. kleinere Walz
D. Grundbohden
E. Pfosten.

che Kosten verursachen kann. Was die übrige
Bauart derselben betrift, sind diese Mühlen jenen ähnlich, die ich sogleich beschreiben werde,
wohin ich also den Leser hiermit will verwiesen
haben.

Die Mühlen welche man durch Ochsen und
Pferde umtreiben läßt, sind überaus einfach gebaut, und werden viel häufiger angetroffen, als
jene deren Beschreibung ich eben erst mitge-
theilt habe. Sie bestehen aus einem Gestelle,
zwölf Fuß lang, und vier Fuß breit, welches
von vier Pfählen zusammengesetzt wird, die
acht bis zehn Daumen ins Gevierte dick, und
zehn oder zwölf Schuhe lang sind, wenn diese
Pfähle zum Theile im Boden eingegraben werden, außerdem aber, wenn dieses nicht geschiehet, nur eine Länge von zehn Fuß haben. Auf
welche Art es nun geschehen mag, so werden die
Spitzen die er Pfähle allemal in ein Sohlstück
von der nämlichen Dicke eingezapft. Die
Sohlstücke der langen Seiten, sind durch
Zwerghölzer miteinander vereinigt, und wenn
dieses ganze also zusammengepaßte Gestell, in
die Erde gesenkt wird, so ist man besorgt den
Boden recht fest niederzutretten, damit alles so
fest werde als es nur immerhin möglich seyn
kann. Wenn aber dieses Gestell nicht in die
Erde kommt, alsdann sind die Sohlstücke und

Zwerg-

Zwerggriegel ohngefähr drey Fuß länger als die
Pfähle, um den Zapfen eines Bandes zu fassen, wovon das andere Ende in den Pfahl eingepaßt ist, dem es zum Gegenpfeiler (contre-
boutant), Strebeholz (contre-fiche), oder
zur Dachstuhlsäule (jambe de force), dient,
daß also auf solche Art ein jeder Pfahl durch
doppelte Bänder gestützt wird.

Außer den beyden kleinern Zwerggriegeln der
Sohlstücker, befindt sich an jedem Ende des
Gestells, noch ein anderes Zwergholz, welches
ohngefähr zween Fuß vom Boden in die Pfähle
eingezapft ist. Diese beyden Zwischenhölzer
dienen den Boden (table) der Mühle zu halten, welcher ein Stück Holz ist, das mehr denn
zween Fuß länger als das Gestell, fünfzehn bis
achtzehn Zoll dick, und nicht unter zwanzig Zoll
breit seyn darf. Das mittlere Theil seiner Ribben (côtés) wird von einem Zapfenloche (mor-
toise) auf beyden Seiten durchlöchert, welches sechs Zoll breit, und acht Daumen hoch
ist: dagegen hat dieser Boden, in der Mitten
eine Oeffnung, welche auf den Mittelpunct dieses Zapfenloches paßt. In diese Oeffnung wird
ein Stück Metall eingesetzt, der Hals (collet)
genannt, welches ohngefähr drey Zoll hoch ist,
und mitten eine runde Oeffnung, vier Zoll im
Durchschnitte hat, wodurch der eiserne Zapfen
geht

geht, der sich im Mittelpuncte der großen Walze befindt, und von diesem metallenen Ringe
gehalten wird daß er nicht ausspringen kann.

Das Ende des Zapfens ist mit einer länglichten Oeffnung von zehn bis fünfzehn, oder
sechszehn Linien lang, versehen, in welche man
den Griff von einem Stücke Eisen hineinschiebt,
so dick als die Hälfte eines Gänseyes, und beynahe von der nämlichen Form, dessen angestähl-
te Spitze auf einer stählernen, sechs Zoll langen
und drey Zoll breiten Platte ruht, auf deren
Mittelpuncte man zwo bis drey kleine Vertie-
fungen angebracht hat, damit diese Eyförmige
Spitze darinnen stehen bleiben muß, und während ihres Herumdrehens, weder auf eine, noch
die andere Seite ausweichen kann. Durch das
lange Zapfenloch, welches sich über die ganze
Breite des Bodens erstreckt, wird diese eiserne
Platte geschoben, aufgelegt, und an einen andern Platz gebracht, wenn die Spitze des Eyes
dergleichen Vertiefung ausgefressen hat. Ja es
dient sogar das Ey zu verwechseln, nachdem
man die große Welle mit Hebstangen aufge-
bäumt hat, damit der Griff aus dem Zapfenloche worinnen er steckt, heraus kann.

Oben ist der Boden durch zwo Aushöhlun-
gen offen, und beyderseits gleich weit von dem
Loche entfernt, wo der Zapfen der mittlern Wal-

ze, welche man nur die große Welle zu nennen
pflegt, durchlauft. Diese Entfernung wird
nach dem halben Durchschnitte der großen Walze, und jenem der nächst daran stehenden Welle,
abgemessen, welche zween halbe Durchmesser
eben so viel zusammen betragen müssen, als der
Abstand des Anfangs eines jeden dieser beyden
Ausschnitte, vom Mittelpuncte des Bodens.
Da man aber den Zapfen derjenigen Wellen,
die neben der großen Walze stehen, einigen Raum
zur Bewegung lassen muß, werden diese Ausschnitte um vier Zoll näher als es eigentlich geschehen sollte, an der großen Welle gemacht.
Ihre Breite ist gemeiniglich achtzehn bis zwanzig Zoll, dagegen aber der ausgeschweifte Theil,
welcher die völlige Breite des Bodens durchschneidt, nur neun bis zehn Daumen breit ist:
das übrige ist wie ein Zapfenloch zugeschnitten,
und wird durch das Holz vom Boden selbst,
welches man ohngefähr ein paar Zoll dick läßt,
bedeckt.

Diese Holzdickung dient ein Stück Holz fest
zu halten, welches acht bis zehn Daumen breit,
und eben so dick ist als die Höhe des Zapfen-
lochs beträgt, doch in solchem Verhältnisse, daß
es leicht aus und ein gehen kann. Auf jeder
Seiten übersticht es die Breite des Bodens um
vier bis fünf Zoll. In die Mitte seiner Länge

und

und Dicke, wird ein Zapfenloch geschnitten, und ein Stück gegossenes Metall, drey Zoll dick, sechs Daumen breit, und zwölf Zoll lang, eingepaßt, welches auf beyden Enden wie ein Halbzirkel ausgeschweift ist. Dasjenige Ende welches im Zapfenloche steckt, wird genommen wenn das andere abgenutzt ist, indem man Trumm für Trumm verwechselt. Uebrigens dient dieser Halbzirkel der äußersten Zapfenspitze einer jeden Welle, oberhalb dem Eye, zur Einfassung, welches sich gleich der großen Walze auf einer Platte von gestählten Eisen herumdreht.

Dieses mit einem metallenen Halbzirkel also besetzte Stück Holz, nennt man eine Grundlage (Embasse). Nun könnte aber die heftige Bewegung der großen Welle, oder Walze, von welcher zugleich die beyden übrigen mit herumgetrieben werden, es aus seiner Lage bringen, und hin und her rutschen machen. Auch wenn man die kleinern Wellen, entweder näher zur mittlern bringen, oder davon entfernen wollte, so würde dieses ganz unmöglich seyn, wenn diese sogenannte Grundlage (Embasse) die völlige Breite des Zapfenloches, oder des Einschnittes des Bodens, sollte ausfüllen. Der ersten unter diesen beyden Schwierigkeiten, ist dadurch abgeholfen worden, daß man auf jedem

E 5   Ende

Ende der Grundlage, welche über den Boden
hinausreicht, ein Loch angebracht, und einen
eisernen Zapfen durchgesteckt hat, der den Boden zugleich faßt, und die Grundlage hindert
sich zu verrucken. Der zweyten Schwierigkeit
hingegen, indem man die Grundlage nicht so
breit macht, als das Zapfenloch, oder den
Ausschnitt worauf sie ruht, und den leeren
Raum welchen sie läßt, vollends mit Keilen
ausfüllt, und ihre Anzahl vermehrt, oder vermindert, je nachdem es nöthig ist, enger oder
weiter zu machen, das heißt, die kleinern Walzen näher zur mittlern zu bringen, oder weiter
davon zu entfernen.

Der untere Theil des Bodens, das ist, jenes
Stück das auf den Zwischenhölzern ruht, ist auf
jeder Seiten mit zween Nebenpfeilern, oder
Dillen eines Zolls dick, besetzt, welche genau
eingepaßt, und stark mit Theer bestrichen sind,
auch mit ihrer breiten Seite den leeren Raum
zwischen dem Boden und den Pfählen, vollkommen ausfüllen. Diese Nebenpfeiler machen
gegen den Boden zu, einen Winkel, und neigen sich zugleich auf dasjenige Eck hin, welches
die Zuckersiederey im Gesichte hat, wo der Saft
aus den Zuckerrohren muß hingeleitet werden.

Das Ende des Bodens, welches die Länge
des Gestells übertrift, macht gleichsam mit den
äußer-

äußersten Theilen der beyden Nebenpfeiler, wel=
che hineingepaßt sind, eine Tropfrinne (Gar-
gouille), wodurch der Zuckerrohrsaft in eine
bretterne Rinne lauft, deren oberer Theil, mit
dem Boden der Mühle, auf welchem die Och=
sen und Pferde gehen, welche sie herumtreiben,
horizontal steht. Es muß aber diese Rinne
mit größter Sorgfalt vermacht werden, damit
nichts unreines hineinfalle. Uebrigens wird zu
diesen Mühlböden das beste Holz genommen:
als zum Beyspiele, Balatas, Acomas, Angelin,
oder Lezardholz.

Auf dem obern Theile des Bodens, stehen
drey Walzen, welche in gerader Linie, der Län=
ge nach, gesetzt sind. Sie sind aus gegossenen
Eisen verfertigt, ohngefähr zween Zoll dick,
niemals aber höher als zwey und zwanzig, und
niedriger denn sechszehen Zoll. Im Lichte ist
ihr Durchmesser fünfzehen bis achtzehen Dau=
men stark, der inwendige leere Raum wird mit
einer Rolle von Balatas, Acomas, oder sonst
einem guten harten, ausgewachsenen festen Hol=
ze, welches nicht verdirbt, ausgefüllt. Nach=
dem die Rolle ist abgedreht, polirt, und so dick
gemacht worden, daß ringsherum zwischen ihr
und der Walze selbst, noch ein halber Finger breit
leerer Raum bleibt, wird sie senkrecht hinein=
gesetzt, und hin und wieder mit eisernen Keilen
vers

verſehen, damit die Rolle feſt in der Walze ſtehen bleiben muß, und weder herausfallen, noch von einer Seiten zur andern wanken kann.

Keile (ſerres), nennt man, eiſerne Ble‐ che, oder Holzlatten, welche ohngefähr einen Fuß lang, anderthalb Zoll breit, und an ei‐ nem Ende vier bis fünf Linien dick, am andern hingegen, ſehr dünn ſind. Nachdem nun die Walze ſolchergeſtalt auf einer Seiten um ihre Rolle iſt befeſtigt worden, dreht man ſol‐ che von einem Ende zum andern herum, daß alſo derjenige Theil, welcher neben den Boden (du côté de la table) ſeyn ſoll, oben zu ſte‐ hen kommt, damit er ſich recht leicht bewegen kann. Auf ſolche Art alſo, füllt man den gan‐ zen leeren Raum, der ſich zwiſchen der innern Höhlung der Walze, und den Umfang der Rolle befindt, mit hölzernen Keilen, nur daß man die Rolle einen ſtarken Zoll über die Wal‐ ze hinaus ragen läßt. Nachdem man ſo viele hölzerne Keile, als nur möglich war, hinein gebracht, und den ganzen leeren Raum genau damit ausgefüllt hat, werden die eiſernen Keile mit dem großen Hammer eingeſchlagen, ſo daß die Walze ſich auf keine Art bewegen, höher oder niedriger rücken kann.

Wenn dieſes geſchehen iſt, dreht man ſol‐ che herum, und ſtellt ſie ſenkrecht auf die an‐

dere

dere Seite: nachdem man nun so viele hölzerne
Keile als nur möglich war, hineingeschoben
hat, werden erst, wie bey der andern Seiten,
die eisernen Keile mit Gewalt eingeschlagen.
Nur muß man nicht vergessen, ein paar Oeffnungen, wie Fugenlöcher (abbrevoirs) darinnen zu lassen, wodurch man alles was zwischen
der Welle und Rolle noch leer könnte geblieben seyn, vollends mit siedenden Theere aus-
gießt. Mit eben dergleichen Schiffspeche wird
auch der äußerste Theil der Rolle, sowohl oben
als unten völlig bedeckt, damit kein Wasser,
oder sonst eine Feuchtigkeit, noch der Saft aus
den Zuckerrohren, in das Holz dringen kann, als
wodurch es unfehlbar in die Fäulniß gerathen
würde.

Sobald nun die Walzen um ihre Rollen auf
solche Art befestigt sind, wird mitten in die beyden kleinern Walzen ein viereckigtes Zapfenloch
gemacht, welches die ganze Länge durchaus geht,
um die eisernen Zapfen hineinsetzen zu können.
Man nennt aber diese Walzen welche neben der
mittlern oder grössern stehen, deswegen die kleinen, weil sie in den ersten Zuckermühlen auf
den Inseln, wirklich kleiner als die Walze in
der Mitten, waren. Sie haben auch daher, ungeachtet in den jetzigen Zuckermühlen alle drey
Walzen von einerley Größe gemacht werden,

den, ihre alte Benennung noch immer beybehalten.

Die Länge der Walzen wird nach der Höhe
des Gestells bestimmt: das ist, die Länge der
Walze kommt mit dem Abstande überein, von
der Horizontallinie oberhalb des Bodens, bis
zur Horizontallinie des Untertheils der Zwerghölzer, wodurch die Pfähle oben zusammengefügt werden, diese Entfernung beträgt mehrentheils gegen drey Schuhe. Die Breite des
in der Walze befindlichen Zapfenloches, hat
vier Zoll ins Gevierte, und ist dem Zapfen der
hineinkommt, gleich. Dieser Zapfen ist von
Eisen, und an beyden äußersten Spitzen rund,
welche Rundung an jedem Ende ohngefähr drey
Zoll im Durchschnitte betragen mag, der untere davon, ist, wie ich oben bereits gesagt habe,
im Mittelpuncte mit einem länglichten Zapfenloche versehen, um den Griff des Eyes
durchzustecken. Der obere Zapfen hingegen,
ist dicht. Indessen wäre es viel besser wenn er
eben ein solches Zapfenloch hätte, als der untere, um sich dessen bedienen zu können, wenn
der andere, wie solches ziemlich oft zu geschehen pflegt, durch allzuhäufigen Gebrauch würde abgenutzt seyn.

Man befestigt aber den Zapfen der Rolle,
oben und unten mit eisernen Keilen, wovon so
gar

gar einige in die Holzdicke der Welle eingeschlagen werden, daß der Zapfen desto fester darinnen stecken bleibe. Damit sich nun das Holz
an den äußern Theilen nicht splittern kann, wird
es mit einem eisernen Reife, zween Daumen
breit, und neun bis zehen Linien dick, umgeben,
den man in das Holz so tief hineintreibt, daß
er nicht darüber hinausreicht. Dieser Reif
hält übrigens das Holz fest zusammen, und,
verhindert, daß es sich durch die zur Befestigung
des Zapfens mit größter Gewalt hineingetriebe-
nen Keile, nicht spalten kann.

Diejenige Rolle, womit die größere Walze ausgefüllt ist, übertrift die übrigen um ein
vieles an der Länge. Sie reicht bis an die
Sparren des Mühldaches, welches mehrentheils
um zwölf bis fünfzehn Schuhe höher als das
Gestell ist. Aus eben diesem Grunde wird sie
der Mühlbaum, oder die große Rolle genannt.
Da es aber unmöglich, und zugleich ganz unnütz wäre, wenn man mitten durch, einen eben
so langen eisernen Zapfen stoßen wollte: so wird
bloß, nachdem die Walze um ihre Rolle ist befestigt worden, in ihren Mittelpunct ein Zapfenloch ausgehöhlt, worein man einen Zapfen
von Eisen, fünfzehn bis achtzehn Zoll lang,
fest hineinpaßt, dessen untere Rundung, mitten

eine

eine länglichte Oeffnung hat, um den Griff des
Eyes durchzuschieben.

Die übrige Länge des Mühlbaums, vom
Obertheile des Gestells, bis zu den Dachspei-
chen, wird achteckigt zugehauen, um sowohl
die Schwere des Holzes etwas zu vermindern,
als auch die Zapfenlöcher, deren wir gleich unten gedenken werden, desto leichter hinein machen zu können. Die äußerste Spitze desselben,
ist solchergestalt zugeschnitten und abgerundet,
daß sie auf vier Zoll im Durchschnitte gebracht
wird, um gleichsam einen Zapfen zu formiren,
der entweder in einen von den Dachsparren, oder
in ein anderes Stück Holz paßt, welches hier
eingefügt, und mit eisernen Pflöcken befestigt
ist, und die Jungfer genennt wird. Dieses
Stück Holz dient den Baum fest zu halten,
daß er sich weder hin und her schleben, noch im
Herumdrehen von einer Seiten zur andern wanken kann.

Einen Schuh unterhalb dieses Zapfens,
werden in die vier dem Baume entgegenstehen-
de Kanten, eben so viele Zapfenlöcher gemacht,
und zwar ganz zu äußerst ausgegraben, um die
als Zapfen zugeschnittene Enden von vier Hölzern durchstecken zu können. Diese Hölzer haben
drey Zoll im Durchschnitte, und sind so lang
daß sie bis auf zween Fuß gegen den Boden
hinab-

hinabreichen, indem sie mit dem Baume einen Winkel von 50:55. Graden machen. For: nen an diese Hölzer, welche man insgemein nur die Arme zu nennen pflegt, wird die Waage be: festigt, woran die Pferde, welche das Mühl: werk herumtreiben, gespannt werden.

Da aber dieser Zapfen an und für sich al: lein, nicht stark genug wäre der Gewalt zu widerstehen welche die Pferde anwenden, in: dem sie den Arm ziehen woran sie gespannt sind, werden in dem andern Zapfen, ohngefähr einen Schuh oberhalb des Gestelles, zwey frische Za: pfenlöcher gemacht, in welche man ein paar Queerhölzer gegen drey bis vier Zoll ins Vier: eck, durchschiebt, deren länge bis zu den Ar: men hinreicht. Diese Zwerghölzer werden durch Stangen mit eisernen Nägeln zusammen gefügt, welches die Arme befestigt, ohne daß sie Gefahr laufen von der heftigen Bewegung der Pferde schnell losgerissen zu werden.

Nun würde es nichts helfen wenn man den Baum und die große Walze allein wollte in Bewegung bringen, und die Nebenwalzen un: beweglich stehen lassen: man besetzt sie daher alle drey mit Zähnen, welche ineinander greifen, und dadurch verursachen, daß die kleinen Wal: zen, sobald sich die große Walze bewegt, zu: gleich mit herum gehen. Diese Zähne werden

in den äußern Umfang der Walzen, in Zapfen-
löcher gesetzt, welche drey Zoll hoch, und zween
Zoll breit sind, deren Oeffnung sich aber drey
Daumen oberhalb der Wellen anhebt.

Ehe man noch den Platz abzeichnet wohin
die Zähne sollen gesetzt werden, wird der ganze
Umkreis in gleiche Stücke, ein jedes von ein
paar Zollen, abgetheilt, damit so viel leeres als
volles, das ist eben so viele Zähne als lediger
Raum zwischen ihnen vorhanden sey. Die
Höhe und Breite der Zapfenlöcher, bestimmt
das Maaß der Zähne, deren Stand im Zapfenloche, solchergestalt beschaffen seyn muß, daß
die Abtheilungslinie allemal senkrecht auf den
Mittelpunct der Walze trift. Die Zapfenlöcher müssen fünf Zoll tief, und die Zähne sollen
dagegen neun Zoll lang seyn, mithin vier Daumen hoch aus der Walze hervorragen. Dieses
ist überflüßig hinreichend, daß sie tief genug in
einander greifen, ohne jedoch zugleich den Umkreis der Wellen zu berühren, indem eine jede
von beyden Walzen zween Zoll dick ist, und die
Zähne ausserhalb der Welle eben so lang sind.

Um nun ihre Bewegung und ihr Zusammenstoßen noch mehr zu befördern, werden die
scharfen Kanten daran abgeschnitten, und nach
Verhältniß ihrer Höhe in etwas zugerundet, so,
daß ihr Ende gleichsam einen halben Zirkel formirt.

mirt. Nun ist ihrer senkrechten Stellung wegen, im Mittelpuncte der Walze, die Oeffnung
welche sie zu äußerst zwischen sich lassen, ungleich größer, als jene zwischen dem Umfange der Welle: daher sie sich selten anderst als
mitten an ihrem Vorstiche berühren, welches
hinreicht ihnen den Trieb zu geben, welchen die
Mühle nöthig hat.

Zur Verfertigung dieser Zähne, bedient
man sich des Balatas, Courbari, rothen oder
Indianischen Holzes. Man sucht auch mit
größter Sorgfalt die Eintheilung der Zapfenlöcher in allen drey Wälzen einander sehr gleich
zu machen, und wenn sich bey irgend einem
darunter, etwas mehr oder weniger Raum befinden sollte, so wird dieser Fehler, oder Ueberfluß, unter alle übrige leere oder volle Stücke,
auf das genaueste ausgeglichen und eingetheilt,
damit alle Zähne so viel es nur immer sich will
thun lassen, einander gleich sind. Wenn nämlich von einem Zahne zum andern ein größerer
Zwischenraum sollte befindlich seyn, würde der
am weitesten davon entfernte Zahn viel stärker
getroffen werden; als ob er fast immer ganz
nahe an jenem gestanden wäre, der ihn stößt.
Nun muß aber die Gewalt dieses Zahns, gegen den in größerer Entfernung stehenden Zahn,
ganz unfehlbar stärker seyn, da sie weiter her-

F 2   kommt,

kommt, und folglich auch seine Theile mehr
zusammendrücken. Da es nun nach und nach,
von den übrigen Zähnen welche ihn berühren,
immer mit stärkern Nachdruck geschieht, muß
er endlich der Gewalt weichen, das Holz ent-
zweyspringen, und der Zahn gänzlich dadurch zerbrochen werden. Der nächstfolgende Zahn hat
noch mehr auszustehen, indem die von den
übrigen Zähnen gegen ihn angewendete Gewalt
durch die weitere Entfernung vergrössert wird,
und er mithin viel schneller zerbricht. Ja wenn
die Bewegung des Mühlwerks nicht auf das
schleunigste gehemmt würde, hätte man noch
dazu den Verdruß alle Zähne, einen nach den
andern, abspringen zu sehen.

Das nämliche geschieht, wenn allenfalls eine von den Walzen nicht senkrecht steht, weil
alsdann die Zähne überzwergs an einander stoßen, da sie nun nicht alle von gleicher Stärke
seyn können, so muß ganz natürlich der schwä-
chere nachgeben und zerbrechen, welches nothwendig den Verlust aller übrigen Zähne nach
sich ziehen müßte. In solchen Fällen muß
man die Mühle schnell aufhalten, welches bey
Mühlen die von Ochsen oder Pferden herumgetrieben werden, gar leicht geschehen kann.
Weit schwerer hält dieses bey Wassermühlen,
wo die Bewegung des großen Rades nicht so

ge-

geschwind aufhört, als man das Wasser wodurch es getrieben wird, ableitet. Indessen ist
der fernere Umlauf des Rads, so kurz er auch
immerhin dauern mag, dennoch im Stande ein
ganzes Mühlwerk zu verderben, und die Zähne
auszusprengen.

Es kostet aber nicht wenig Mühe bis man
diese Zähne wieder einsetzt, besonders wenn sie
hart an der Walze abgebrochen sind. Ich
mußte solche öfters mit dem Meisel ausstemmen,
und hernach zersplittert herausnehmen lassen.
Sonst geschieht dieses auch, indem man einen
großen Scheibenbohrer hineindreht, durch dessen Ring hernach ein Seil geschlungen wird, um
die Welle damit in die Höhe ziehen, und den
Zahn vermittelst des Gewichts der Walze ledig machen zu können. Allein es läßt sich dieses Mittel nur bey kleinern Wellen, und
nicht bey der großen Walze, anwenden: indem
es allzuviele Schwierigkeiten kosten würde, solche wieder herunter zu lassen. Man sieht sich
also genöthigt, solche Stückweise auszumeiseln,
oder, wie es die Zimmerleute in Gebrauch haben, eine Gattung von Abzugsloch (renard)
zu machen, um die allzu tief darinnen steckende
Splitter dadurch herauszubringen.

Uebrigens ist es eine unvermeidliche Vorsicht, in jeder Plantage allezeit ohngefähr

dreyßig

drenßig Stück solche Zähne, ganz zum Einsetzen
fertig, in Bereitschaft zu haben, um so bald
man nur sieht daß einer schaalhaft zu werden an=
fängt, unverzüglich Gebrauch davon machen zu
können. Man unterläßt auch nicht, täglich
brey bis viermal die Zähne mit Fett einzuschmie=
ren: damit sie sowohl leichter an einander vor=
beyschlupfen, als auch sich durch die allzuschnel=
le Bewegung nicht erhitzen möchten.

Ich habe bereits vorher angezeigt, auf wel=
che Art die kleinern Walzen, neben der großen
Walze, vermittelst der metallenen Halsstücke
(colles), oder Pfannen (crapaudines),
welche in die Grundlagen eingelassen sind, be=
festigt werden. Der obere Theil davon, wird
auf die nämliche Art, durch ein anderes, in
eine Grundlage (embasse) eingelassenes Hals=
stück, oder Pfanne, fest gemacht, welche man
in ein Zapfenloch steckt, das in den Sohlbal=
ken (fabliere) gehauen ist, der die Pfosten
oben nach der längern Dachseite hin, mitein=
ander vereinigt. Dieses Zapfenloch wird um
des Durchgangs, und der Bewegung der
Grundlage (embasse) wegen, viel länger ge=
macht als es nöthig ist, um die Welle nie=
derlassen zu können; wenn man solches für gut
hält, indem man bloß die Grundlage etwas zu=

rück=

rückschiebt, ohne sie deswegen ganz von ihrer Stelle wegzunehmen.

Das Obertheil des Gestells, hat an den äußern Spitzen keine Zwerghölzer: denn sie wären nicht allein ganz unnütz, weil die beyden Riegel welche den Boden halten, es schon hinlänglich mit einander verbinden, sondern auch hinderlich, wenn man die große Walze herablassen muß, um etwas an der Welle auszubessern, da solche, nachdem die kleinern sind davon weggethan worden, auf den Boden muß niedergelegt werden, welches unmöglich geschehen könnte, wenn die äußern Ende des Gestells mit Balken oder Riegelhölzern versperrt wären. Um aber gar nichts zu unterlassen, was zur Befestigung der Mühle etwas beytragen könnte, werden die Riegelhölzer, worauf die Pfannen des Obertheils der kleinern Wellen ruhen, solchergestalt zugeschnitten, daß man eine ihrer Spitzen zween Zoll von diesem Holze dick läßt, die andere hingegen, vermittelst eines eisernen Nagels fest macht, der hindurch reicht, und sie dergestalt faßt, daß er anstatt eines Riegelholzes dient.

Der übrige leere Raum des Zapfenloches, wird mit Keilen ausgefüllt, welche, je nachdem man die Walze fester oder lotterer haben will, vermehrt oder vermindert werden, wenn sie

nur

nur wohl senkrecht zu stehen kommt, indem man
sonst nur der Gefahr ausgesetzt würde, daß
alle Zähne wegspringen, und die Eyer und
Platten worauf sie sich herumdrehen, verdorben
werden. Auf jedes Ende des Gestelles, und
innerhalb der Pfähle, werden hölzerne Dreyecke
(triangles), zween Zoll dick, und drey bis vier
Zoll breit, genagelt, wovon die eine Spitze auf
der Brücke ruht, die andere hingegen, um ein
paar Zoll höher steht, als die Horizontallinie
der nämlichen Brücke. Sie dienen hauptsächlich zu Trägern der Brücken, oder Werktischen
(etablis), welche die ganze Oberfläche des Mühl-
bodens, sogar mit Inbegriff von mehr als der
Holzdicke der Pfähle, decken. Diese Brücken,
oder Tische, welche zu beyden Seiten der
Wellen befindlich sind, stoßen zusammen, und
werden mit platten eisernen Haken aneinander
geklammert. Was über die Walzen hervorragt,
ist nach ihrem Umfange oder Umkreise ausgeschweift, und die Spitze welche von diesen beyden Ausschnitten formirt wird, sticht zwischen
den Wellen so weit vor, als es nur geschehen
kann.

Die Breite dieser Brücken muß so beschaffen seyn, daß die Neger, oder Negerinnen,
welche die Mühle zu versehen haben, das heißt,
die Zuckerrohre unter die Walzen legen, oder
die

die nehmlichen, bereits zwischen der ersten und
andern Walze durchgepreßten Zuckerrohre, wieder durch die erstere und dritte Walze müssen
laufen lassen, ihre Finger nicht dahin bringen
können, wo die Wellen einander berühren, um
der traurigen Folgen, und der fast unvermeidli-
chen Gefahr willen, selbst mit hinein gezogen,
und gleich den Zuckerrohren zwischen den Walzen zerquetscht zu werden. Dergleichen unglückliche Zufälle sind aber in den Wassermühlen
häufiger und mehr zu befürchten, denn bey
jenen welche mit Pferden herumgetrieben werden, weil man eher die Bewegung dieser
letztern Art von Mühlen hemmen kann, als der
erstern, deren Rad, ungeachtet man das Wasser wodurch es getrieben wird, bereits abgeleitet hat, gleichwohl noch einigemal herumlauft,
indem seine heftige Bewegung, ungeachtet die
wirkende Ursach davon bereits aufgehört hat,
annoch fortdauert.

Auf jede Brücke setzt man einen Holzblock,
ohngefähr anderthalb Fuß ins Quadrat, groß,
dessen eine Seite spitzig zugeschnitten, und solchergestalt ausgeschweift ist, daß er so tief an
beyde Walzen reicht, als er nur ihren Berüh-
rungspunct sich nähern kann. Diejenige Spitze welche in die Walzen hineingeht, ist höher
als der übrige Theil des eben gedachten Blocks.

F 5   Man

Man legt die Zuckerrohre darauf, und sie werden dadurch zwischen die Wälzen gebracht, oder geleitet; und die abgebrochenen Rohre verhindert hinunterzufallen.

Zehntes Kapitel.

Art die Zuckermühlen zu versehen. Wie viel Leute hierzu erfodert werden, und worinnen eines jeden Verrichtung eigentlich bestehet. Was unter den Bagacen verstanden wird, und wozu man solche brauchen kann. Mancherley traurige Zufälle welche sich in den Zuckermühlen zu eräugen pflegen. Grausame Todesart womit die Engländer ihre Negersclaven und die Caraiben, in den Zuckermühlen bestrafen. Vorsicht deren man sich in Ansehung der Neger und Negerinnen welche in den Zuckermühlen arbeiten, zu bedienen hat.

Wenn sich die Mühle von der linken zur rechten Hand dreht, schiebt man die Zuckerrohre zwischen die erste und zweyte Walze, oder

oder jene, welche der großen Walze rechts steht.
Es ist aber diese große Walze, von welcher
Seite man auch zu rechnen anfängt, jederzeit
die andere in der Zahl.

Da nun die große Welle, das heist jene
in der mitten stehende, die Bewegungsursache
der beyden andern Walzen ist, und weil sie sich
von der linken zur rechten bewegt, ihre Zähne,
welche in die Zacken der ihr zur rechten befindlichen Welle eingreifen, solche von der rechten zur
linken herumtreiben, und folglich auch die links
stehende Welle, zu gleicher Zeit von der linken
zur rechten drehen: so ziehen gemeinschaftlich
beyde anstoßende Flächen, dasjenige was sie einmal gefaßt haben, mit größter Gewalt, und
ohne Hoffnung es jemals wieder fahren zu lassen, an sich, bis alles vollkommen durchpassirt
ist. Diese Arbeit die Zuckerrohre zwischen die
Walzen zu legen, nennt man der Mühle ein
Futter geben (donner à manger au mou-
lin).

Es ist eben nicht nothwendig stark nachzu-
schieben, damit die Zuckerrohre desto leichter
durchgehen. Ungeachtet nun diese Walzen
überaus glatt sind, und so eng beysammen stehen, daß man keinen Thaler ohne ihn ganz platt
zu drücken, durchbringen könnte: so fassen doch
die beyden Wellen, sobald nur die äußerste

Spitze

Spitze des Zuckerrohres, ihren Berührungs-
punct erreicht, solches auf das genaueste, ziehen
es mit einer dem Umlaufe der großen Welle an-
gemessenen Bewegung, zu sich, und drücken
dasselbe dermaßen stark zusammen, daß aller
Saft herauskommt. Wenn nun die Zuckerrohre, indem sie zwischen den ersten zween Wellen durchschlupfen, auf solche Art ausgepreßt
sind, werden sie Bagacen genennt. Auf der
andern Seite werden sie von einer Negerinn
aufgefangen, welche dieselben, je nachdem solche
lang oder kurz sind, zusammenbeugt, und auf
den Block zwischen der ersten und dritten Walze, legt, wo sie alsdann ebenfalls durchlaufen,
und allen Saft, der noch könnte darinnen zurückgeblieben seyn, vollends von sich geben.

Die Brühe, der Saft, oder Most, wie
man es an einigen Oertern zu nennen pflegt,
fließt an den Walzen herunter, auf die runden
Ausschnitte der Brücke, und von da auf die
beyden Nebenpfeiler, über deren Abhang er
in die Rinne geleitet wird, welche ihn gar in
die Zuckersiederey führt.

Eine Mühle recht zu versehen, hat man
vier und bisweilen sogar fünf Negerinnen nöthig, besonders bey Wassermühlen, wo man
viele Zuckerrohre braucht, oder wenn die Hütten worinnen die Bagacen, nachdem sie in der
Mühle

Mühle gewesen sind, aufbewahrt werden, etwas
weit entfernt liegen. Von diesen Negerinnen
ist eine immer beschäftigt, die Rohrbüschel von
dem Platze wo sie von den Karren, und zwar
allemal so nahe an der Zuckermühle als es
nur möglich ist, sind abgeladen worden, wegzunehmen, herbeyzutragen, und jener Negerinn
welche die Mühle mit Rohren zu versorgen hat,
zur linken Hand auf einander zu schlichten. Diese
Negerinn hingegen, nimmt einen Büschel nach
dem andern, legt ihn auf den Werktisch (l'e-
tabli), bindt solchen auseinander, oder greift,
wenn nicht viel Zeit übrig ist zu verlieren, nach
einer Sichel, haut die zwey Bänder von
einander, und schiebt die Zuckerrohre zwischen
die Walzen.

Nicht selten giebt sich aber solche in den
Wassermühlen nicht einmal so viel Mühe die
Büschel vorher aufzulösen, sondern legt sie ganz
hinein, welches man doch nicht erlauben sollte,
da diese allzugroße Menge von Zuckerrohren, die
Mühle zu stark angreift, und indem sich die
Walzen allzu sehr voneinander spreitzen müssen, die
Zuckerrohre eben deswegen um desto weniger
ausgepreßt werden. Die Walzen müssen immer besetzt seyn, und man darf nicht erst warten bis die Rohre gänzlich durchgezogen sind,
um frische wieder hineinzuschieben. Da sie aber
nicht

nicht alle von gleicher Länge sind, muß man,
sobald die kurzen Zuckerrohre durchgemahlen
sind, ihren Platz durch andere Rohre wieder
ersetzen.

Die dritte Negerinn empfängt auf der andern Seite der Wellen, die durchgepreßten Zuckerrohre, welche sie doppelt zusammen legt,
und wieder zwischen der ersten und dritten Walze durchgehen läßt. Hierbey muß sie aber wohl
Acht haben, daß solche jederzeit mit Bagacen,
wie die andern Wellen mit Zuckerrohren, versehen sind. Auf solche Art bleibt nämlich die
große Walze wohl senkrecht stehen, preßt die
Rohre mit gleicher Stärke aus, und macht daß
gar kein Saft mehr darinnen zurück bleibt; sondern die Bagacen beynahe völlig trocken herausfallen.

Die vierte und fünfte Negerinn, wo so
viele sind, nehmen die Bagacen, wie sie aus
den Wellen kommen, und sich auf dem Wetk-
brette verbreiten, machen Packete daraus, und
tragen solche in große, als Schuppen gebaute
Hütten, wo sie Stoßweise aufgeschlichtet, und
verwahrt werden, um sich ihrer sobald sie dürr
sind, zum schüren unter die ersten Kessel zu bedienen. Was hiervon zerbrochen, oder in all-
zukleine Trümmer verwandelt ist, als daß es in
Büschel könnte gebunden werden, wird in großen,

ßen, aus Lianzen geflochtenen Körben, wegge-
tragen, und nebſt den übrig gebliebenen Bändern etwas ſeitwärts der Mühle, auf einen
Haufen geſchüttet, wo alsdann Pferde Ochſen und Schweine, niemals unterlaſſen ſich einzufinden, und ſolche Brocken zu verzehren.

Hieraus erhellet, daß die Bagacen nichts
weniger als unbrauchbar ſind: ja zuweilen ſogar,
wenn man ſchnell Feuerung braucht, werden
ſie gleich von der Mühle weggenommen, und
bloß in die Sonne ausgebreitet. Vier bis
fünf Stunden, und manchesmal braucht es
nicht ſo lang, ſind ſchon hinreichend ſolche zum
brennen tüchtig zu machen. An manchen Oertern, wie zum Beyſpiele, in Baſſeterre von
Martinicke und Guadeloupe, beynahe in der
ganzen Inſel St. Chriſtoph, zu Barbados,
Nieves, und auf andern Inſeln, bedient man
ſich keiner andern Materie die zween letztern
Keſſel zu heitzen; da die erſtern lediglich mit
Stroh, oder mit Zuckerrohrblättern heiß gemacht werden.

Zu Cabeſterre hingegen auf den Inſeln,
und anderwärts, wo der Boden noch weniger
angebaut, und fetter iſt, ſind auch die Zuckerrohre viel härter und wäſſerigter. Da nun in
dieſen Gegenden mehrentheils kein Mangel an
Holz iſt, bedient man ſich daſelbſt nicht viel

des

des Strohes zum schüren unter den beyden er=
sten Kesseln, sondern ganz allein der Bagacen.
Man heißt den britten Kessel mit kleinem Holz,
dergleichen das Reisig ist, welche man in Bü=
schel zusammen bindt, die beyden letztern Kes=
sel aber, mit grobem Holze, um das Feuer stär=
ker und anhaltender zu machen, wie es auch
zur vollkommenen Auskochung des Zuckers erfo=
dert wird.

Da nun die Wellen mit solcher Schnel=
ligkeit die Zuckerrohre fassen, sobald sie sich nur
dem Puncte nähern wo sie einander berühren,
und sie zwischen sich hinein ziehen: so ist leicht
einzusehen wie sehr viel daran liege, zu ver=
hindern, daß die Negerinnen, welche frische
Zuckerrohre in die Mühle legen, oder die Ba=
gacen nochmals durchschieben, indem man ge=
meiniglich Weibsbilder zu dieser Arbeit nimmt,
ihre Finger nicht dahin bringen können wo die
Walzen zusammenstoßen. Dieses könnte aber
nichts destoweniger geschehen, wofern es die
breiten Werkbretter nicht verhinderten, beson=
ders Nachts, wenn sie durch die überhäufte Ar=
beit des Tages ermüdet, vom Schlafe befallen
werden. Alsdann schlafen sie während daß sie
die Zuckerrohre hineinschieben, und indem sie
auf das Werkbrett niedersinken, werden sie wi=
der ihren Willen, nebst den in Händen haben=
den

den Rohren dahin gerissen, und sind bereits ergriffen und zermalmt, noch ehe man ihnen zu
Hülfe kommen kann, besonders in Wassermühlen, die sich dermassen schnell bewegen, daß es
schon vermög ihrer Einrichtung unmöglich ist
solche so geschwind zu hemmen, um einer Person welche ihre Finger hineingebracht hat, das
Leben zu retten.

In dergleichen Fällen ist das kürzeste Mittel den Arm schleunig mit einer Sichel abzuhauen, daher man beständig zu äußerst auf der
Brücke, eine scharf geschliffene Sichel ohne
Spitze, soll in Bereitschaft liegen haben, um
sich derselben im Nothfalle bedienen zu können.
Es ist nämlich viel besser den Arm abzuhauen,
als zu sehen, daß eine Person durch die Walzen
einer Mühle gezogen werde. Diese Vorsicht
war bey uns im St. Jacobsgrunde nicht unnütz,
wo sich eine von unsern Negerinnen von der
Mühle hatte erwischen lassen, doch zu allem
Glücke für sie gerade zu einer Zeit da man das
Wasser hatte abgelassen. Ein Neger, der eine eiserne Zange in der Hand hielt, um eine von
den Walzen damit aufzuheben, wenn die Mühle ganz zum stehen würde gebracht worden seyn,
schob solche zwischen die Zähne und hemmte
die Mühle noch zu rechter Zeit, daß man die
halbe Hand welche von den Wellen ergriffen

V. Band.   G   war,

war, abhauen, und dadurch den übrigen Theil des Körpers retten konnte.

Nicht so glücklich war eine andere, den Jesuiten zuständige Negerinn. Sie wollte jener, die auf der andern Seiten der Wellen stand, etwas zulangen, und blieb mit der Spitze ihres Rockermels zwischen den Zähnen hangen, wodurch augenblicklich der übrige Körper nachgezogen wurde, ohne daß es möglich war ihr auf irgend einige Art Beystand zu leisten. Nichts als der Kopf bleibt zurück. Dieser trennt sich vom Halse, und fällt auf die Seite wo der Leib anfängt hineingezogen zu werden.

Noch weit trauriger ist die Begebenheit welche im Jahre 1699. zu Guadeloupe geschah. Eine Negerinn des Herrn Gressier, der im Reviere der drey Ströme wohnte, war von der Mühle ergriffen worden, und rief aus Leibeskräften um Beystand. Der Raffinirer welcher hinzulief und ihr helfen wollte, nahm die beyden Arme dieser Weibsperson, welche nacheinander waren hineingerissen worden, indem sie, als schon die eine Hand darinnen steckte, die andere ebenfalls dahin gebracht hatte, um sich Linderung zu verschaffen, und zog was er konnte. Ein anderer Neger, der eine eiserne Zange in die Zähne stecken wollte, um die Bewegung, mittlerweilen das Wasser abgeleitet wurde,

de, zu hemmen, eilte zu sehr, und steckte die
Zange zu nieder, daß also ein Zahn absprang,
und die Zange zwischen die Wellen hineinschlupf:
te: diese schnellten sie so heftig gegen dem wel=
cher solche hielt, daß ihm von der einen Spitze
der Magen aufgesprengt, von der andern hin=
gegen der Kopf zerschmettert ward.

Unterdessen war das Rad wieder mit Waß=
ser angelassen worden, und seine Bewegung hat=
te sich also verdoppelt.   Der Raffinirer fand
sich also zugleich mit der Negerinn, welcher er
hatte beyspringen wollen, ergriffen, wurde durch
die Walzen gerissen, und nebst ihr zermalmet.
Nun pflegen zwar dergleichen unglückliche Be=
gebenheiten nicht immer zu geschehen : da sie
aber dennoch möglich sind, hat man allerdings
alle Sorgfalt anzuwenden, um ihnen vorzu=
beugen.

Indessen darf ich es nicht weiter hinaus ver=
schieben, einen andern wichtigen Rath hier mit=
zutheilen. Man hat nämlich, wenn man auch
allenfalls so glücklich sollte seyn, die Mühle zu
hemmen wo irgend ein Glied ist gefaßt wor=
den, sich wohl zu hüten die Walzen rück=
wärts zu drehen, um das eingeklemmte Stück
wieder frey zu machen.   Dieses darf durchaus
nicht geschehen, indem man das Glied nur da=
durch neuerdings mit Gewalt zusammenpressen,

G 2   und

und die Knochen vollends entzwehbrechen, oder in
kleine Trümmter zerstoßen, die Nerven aber ver-
reißen würde: sondern man muß die Walzen
auseinander legen, und den beschädigten Theil
ganz langsam herausziehen.

Die Engelländer bedienten sich dieser Mar-
ter, die Neger zu strafen, welche irgend ein
großes Verbrechen begangen haben, oder die
Indianer, die in ihre Ländereyen eingefallen
sind. Ich habe zwar dergleichen Art der Bestrafung niemals selbst mit angesehen, aber doch
von glaubwürdigen Augenzeugen mir solches erzählen lassen. Sie binden die Füße des zum
Tode bestimmten Menschen, zusammen, und
nachdem sie ihm die Hände mit einem andern
Seile gebunden haben, welches durch eine an
das Mühlgestell befestigte Rolle lauft, heben
sie den Körper damit in die Höhe, und stecken
die Fußspitze zwischen die Wellen. Wenn dieses geschehen ist, treiben sie die vier Paar an die
vier Arme gespannten Pferde herum, und lassen den Strick woran die Hände gebunden sind,
schießen, je nachdem die Füße und der übrige
Körper zwischen den Wellen durchlaufen. Ich
weis nicht ob eine grausamere Todesstrafe kann
erfunden werden: wende mich aber wieder zu
meiner Materie.

Ohne

Ohne die Breite der Werktische, zu rechnen,
muß man auch den Negerinnen welche die Mühle zu versehen haben, ernstlich verbieten auf keine Steine, oder sonst etwas anders zu steigen,
um höher zu seyn, und leichter auflegen zu können, besonders wenn sie Bagacen wieder durchziehen.   Da nun der Schlaf zum öftern die
Hauptursache der unglücklichen Zufälle ist,
welche ihnen zu widerfahren pflegen, muß man
sie ja anhalten Toback zu rauchen, oder zu sin-
gen.   Der Rafinirer aber, der die Wache in
der Zuckersiederey hat, muß wohl aufsehen, daß
weder die Negerinnen in der Mühle, noch die
Neger welche das Feuer unter den Oefen zu
schüren haben, oder jene so die Kessel abschäumen müssen, sich vom Schlafe nicht überfallen
lassen.   Nicht allein deswegen, weil die Arbeit
dadurch würde verabsäumt, oder doch nicht mit
gehörigen Fleiße verrichtet werden : sondern auch
hernach die Neger wenn sie abschäumen, leicht
in den vor ihnen stehenden Kessel fallen, und
darinnen entweder verbrennen, oder doch ersticken können, wie solches schon mehr als einmal sich zugetragen hat.

Eilf-

Eilftes Kapitel.

Ausserordentlich harte Arbeit in einer Zuckersiederey und Eintheilung der Zeit daselbst. Auf welche Art der Verfasser seine
Neger ernährt hat. Wie man in einer
Plantage die Zeit zur Arbeit einzutheilen
pflegt. Große Reinlichkeit welche in den
Mühlen erfodert wird, und wie solche
müssen gesäubert werden. Verbesserte
Einrichtung derselben durch den Verfasser. Von ihrer Bewegung durch Pferde,
oder Ochsen, und ihrem Geschirre.

Man sage auch was man nur immer wolle,
von der Arbeit auf den Eisenhämmern,
in den Glashütten, und andern dergleichen Oertern mehr, so ist doch unstrittig in Ansehung
der Strenge, keine mit der Arbeit in den Zuckersiedereyen zu vergleichen. In erstern dauert
nämlich die Arbeit doch höchstens nicht mehr als
zwölf Stunden: dahingegen die Arbeiter in einer Zuckersiederey, achtzehn Stunden dazu anwenden müssen, und von den sechs Stunden
die ihnen auf zweymal zum Schlafen übrig bleiben, die Zeit ihres Abendessens, ja zum öftern

noch

noch die Augenblicke abzurechnen haben, wo sie zu ihrem Unterhalte Krabben suchen, indem viele Pflanzer ihren Sclaven sonst nichts als Maniocmehl zu geben pflegen.

Die Zeit in einer Zuckersiederey wird aber folgendergestalt eingetheilt. Man läßt die Neger ohngefähr eine halbe Stunde vor Anbruch des Tages, das ist gegen fünf Uhr Morgens, aufstehen, um dem Gebete beyzuwohnen. Eine Stunde gehet bald herum bis sie alle beysammen sind, und das Gebet verrichtet haben, indem man in wohl eingerichteten Häusern, mit den neu angekommenen Negern, welche man zur Taufe, oder wenn sie bereits getauft sind, zu andern Sacramenten vorbereitet, vorher eine kleine Katechismusübung vornimmt. Einige Herren geben ihnen vorher etwas Brandewein zu trinken, ehe sie solche in den Garten schicken, wie man die mit Zuckerrohren, oder andern Gewächsen bepflanzten Felder wo man arbeitet, zu nennen pflegt.

Diejenigen nun, welche in der Zuckersiederey, bey den Oefen, oder in der Mühle zu arbeiten bestimmt sind, verfügen sich an ihren angewiesenen Platz, den sie nicht eher als bis um sechs Uhr Abends verlassen. Sie richten sich in einander, um einige Minuten Zeit, zum Frühstucken, oder zur Mittagsmahlzeit zu finden,

G 4 den,

den, welches aber so schnell, und auf eine solche Art geschehen muß, daß die Arbeit dadurch
weder unterbrochen noch verabsäumt wird.

Meine Gewohnheit war es beständig, den
Negern und Negerinnen an diesen drey Oertern, wenn es Mittagszeit war, eine große
Schüssel voll Maniocmehl mit Fleischbrühe angemacht, nebst einem Stücke gesalzenen Fleisches,
Patates und Ignames zu senden, wozu noch ein
guter Schluck Brandewein kam. Diesem ungeachtet wurde von ihrer gewöhnlichen Portion, welche
man ihnen Sonntag Abends, oder Montags
frühe, für die ganze Woche auszutheilen pflegte,
nichts abgebrochen. Hierdurch erhielt ich, daß
sie beständig vergnügt, und ziemlich wohl unterhalten waren, um die harte Arbeit ausste-
hen zu können, welche ich keineswegs wollte
vernachläßigt wissen, noch die Neger aus Mangel einiger geringen Unterstützung, schwächlich,
oder in mißlichen Gesundheitsumständen sehen.

Ich beobachtete auch noch folgendes, und
zwar jederzeit mit guten Nutzen: das ist, ich
ließ allen kleinen Kindern in der Plantage,
Mittags ihr Essen reichen. Dieses verschaffte
ihren Vätern und Müttern nicht wenig Erleichterung, überhob sie dieser Sorge, und benahm
ihnen die Ausrede einige Stunden von ihrer
Arbeit zu verabsäumen, unter dem Vorwande
sie

sie mußten unterdessen für ihre Kinder sorgen.
Sie wurden dadurch aller dieser Sorge entledigt,
indem ich ihnen früh Morgens, ehe sie noch
auf die Arbeit giengen, in ihrem Coun eine Hand
voll Mehl, mit irgend einem kleinen Stücke
Fleisch, etwas Krabben, oder Früchte geben
ließ, und sie durften sich mithin weiter nicht
mehr um dieselben bekümmern, als bis sie
Abends solche niederlegen wollten.

Diese Kinder versammleten sich kurz vor der
Mittagsstunde im Hause, ohne daß es nöthig
war sie durch Glockenläuten zusammen zu rufen. Die Negerinn in der Küche, oder irgend
eine andere, unterrichtete sie im Katechismo und
ließ ihnen nach ihrer Fähigkeit einige Gebeter
hersagen, worauf sie allemal ihrer sechs um eine Schüssel voll Maniocmehl mit Fleischbrühe
angemacht, vertheilte, und hernach noch jedem
ein Stückchen Fleisch nebst Pataten und Igna-
men gab. Diese Mahlzeit war auf den übrigen ganzen Tag für sie hinreichend, indem sie sich
während dieser Zeit damit beschäftigten, Zuckerrohre und andere Früchte zu essen, oder in die
Zuckersiedereyen giengen, wo sie Besou, das ist den
aufgekochten Zuckerrohrsaft tranken, der abgeschäumt, ja sogar schon ist geläutert worden,
und überaus nahrhaft ist. Wenn also ihre
Aeltern Abends von der Arbeit zurückkamen,

G 5 hatten

hatten sie weiter keine Mühe, als sie in der
Mühle, oder unter den Schirmdächern der
Oefen, wo sie solche schlafend fanden, aufzusu-
chen, um dieselben alsdann zur Ruhe in ihre
Hütten zu tragen.

Einige Pflanzer wollen es zwar nicht erlauben in die Zuckersiederey zu gehen und daselbst
Vesou zu trinken, indem sie sich einbilden als
würde ihr Vorrath dadurch um ein großes vermindert werden. Allein es ist dieß bloß eine
Knickerey und übel ausgesonnene Sparsam-
keit, ja sogar ein unbarmherziges Verfahren,
wenn man ihnen nicht erlauben will dieser
wenigen Süßigkeit, welches doch die Frucht ihrer Arbeit ist, zu genießen. Wird es doch in
der heiligen Schrift verbotten, dem Ochsen welcher die Getraydgarben mit seinen Füßen austritt, das Maul zu zubinden. Nichts destoweniger kann von ihnen gefodert werden, daß sie
den Raffinirer, oder wer sonst seine Stelle versieht, deswegen vorher um Erlaubniß bitten,
um die gute Ordnung und Folgsamkeit, welche
in einer Plantage herrschen sollen, zu erhalten.

Diejenigen Neger welche im Garten arbeiten, nehmen aber was sie zum Frühstucke
essen wollen, mit sich dahin, indem man nicht
eher als Mittags zum Essen wieder nach Hause
kommt. Einige Herren erlauben ihnen zwar
eine

eine halbe Stunde zum frühstucken auf ihrem
Arbeitsplatze anzuwenden, welche sie aber von
den zwo Stunden die man ihnen zur Mittagsmahlzeit übrig läßt, wieder abrechnen. Meines
Erachtens darf man ihnen diese paar Stunden
gar wohl ganz lassen: da sie während derselben
nicht allein ausruhen, sondern auch zugleich ihre nöthigen Haushaltungsgeschäfte besorgen können. Um aber nichts von der Zeit zum arbeiten zu verlieren, darf man sie nur ein wenig
früher zur Arbeit gehen lassen, und etwas später davon abrufen.

Um eilf Uhr kommen alle zur Mittagsmahlzeit nach Hause, ausgenommen wenn im Walde, oder an andern sehr weit entfernten Oertern,
gearbeitet wird, wo mit dem hin und herlau-
fen nur viele Zeit würde verloren gehen. Man
erinnert alsdann die Neger ihr Mittagsessen mitzunehmen, und den Negerinnen welche säugen-
de Kinder haben, giebt man nicht allzuweit vom
Hause entfernt, Arbeit, damit sie näher an der
Hand sind und für sie sorgen können.

Wenn sie Mittags zum Essen nach Hause
kommen, müssen sie um ein Uhr Nachmittags,
bis sechs Uhr Abends, wieder auf die Arbeit
gehen. Um diese Zeit wird die Arbeit im Garten geendigt, und man kommt zurück, um die
sogenannte Nachtarbeit anzufangen, welche noch

zwo

zwo bis drey Stunden zu dauern pflegt. Vorher wird aber das Gebet verrichtet, worauf diejenigen welche um Mitternacht in der Zuckersiederey, bey den Oefen, und in der Mühle arbeiten sollen, jene ablösen die schon gegenwärtig dort sind, und an ihre Stelle bis acht Uhr bleiben müssen, welches man die kleine Wache nennt. Es ist aber viel besser dergleichen Eintheilung nicht zu machen, und diejenigen Neger, welche bis Mitternacht in der Zuckersiederey gearbeitet haben, ins Bett zu schicken, damit sie sechs Stunden lang ausruhen können, und dafür solche zu nehmen, welche nur von sechs Uhr Morgens an, im Garten oder anderwärts, auf der Arbeit gestanden sind.

Was die übrigen Neger anlangt, welche sich nicht auf diesen drey Plätzen befinden, so verbringen sie ihre Abende mit Manioc reiben, und mit andern Arbeiten in der Nähe des Hauses, woran es auch niemals fehlt. Sonnabends wird die Arbeit Nachts gegen neun bis zehn Uhr geendigt, und da alle Arbeiter der zween Wachen alsdann zusammentreffen, läßt man sie, wenn man in weißen Zucker arbeitet, die einige Tage zuvor verfertigten Zuckerformen in das Reinigungshaus tragen, oder, wenn nur roher Zucker gemacht wird, solche anderswohin

wohin bringen. In die Keſſel welche mit Zucker oder Veſou angefüllt waren, muß man,
ſo wie beydes ausgeſchöpft wird, Waſſer dafür
hineingießen, indem die Oeſen, wenn auch das
Feuer bereits iſt herausgenommen worden,
gleichwohl noch eine ſo außerordentlich ſtarke
Hitze von ſich ſpeyen, daß die leergelaſſenen
Keſſel unfehlbar dadurch würden verbrannt
werden.

Wenn man rohen Zucker macht, werden
bloß die zween letztern Keſſel mit Zucker angefüllt, und die übrigen voller Veſou gelaſſen.
Beym weißen Zucker kann aber dieſer Vor-
ſprung, wie ich in der Folge anzeigen werde,
nicht geſchehen. Sonntags frühe wenn das
Gebet verrichtet iſt, trägt man diejenigen Formen ins Reinigungshaus, welche die Nacht
über ſind angefüllt worden: oder man gießt den
ungeläuterten Zucker aus den Kühlkeſſeln in die
großen Zuckerfäſſer, welches nicht eher geſchehen konnte weil er noch zu heiß war.

Wenn man Sonnabends Nachts die Zuckerrohre hat in die Mühle tragen laſſen, ver-
gißt man nicht die Neger um Mitternacht aufzuwecken, damit die Arbeit ſo wenig als es nur
möglich iſt, unterbrochen werde, und der Zucker noch während der trockenen Jahreszeit kann
verfertigt werden, ehe das naſſe Wetter einfällt.

Aus

Aus meiner oben gemachten Erzählung kann abgenommen werden, was es mit der Arbeit in den Zuckersiedereyen für eine Beschaffenheit hat, und wie schwer es halte, daß Neger, denen es noch dazu öfters an gehöriger Nahrung fehlt, solche ausdauern können ohne zu unterliegen.

Sobald mir die Besorgung unserer Angelegenheiten aufgetragen wurde, bediente mich nachfolgender Mittel. Ich theilte die Neger welche ich zur Arbeit in den Zuckersiedereyen tauglich fand, oder hierzu abrichten ließ, in zwo Schaaren, damit eine Schaar davon, eine Woche lang achtzehn Stunden, die nächstfolgende Woche hingegen, nur sechs Stunden diese Arbeit versehen konnte: unterdessen aber sollte sie im Reinigungshause wenn man weißen Zucker verfertigte, oder im Walde arbeiten. Was aber die Neger zu den Oefen, und die Negerinnen in den Mühlen anlangte, so machte ich sechs Haufen daraus, wovon täglich ein frischer in Dienst kam. Da nun auf solche Art die Arbeit vertheilt war, konnten sie solche auch leichter dauern, und ich war berechtigt von meinen Leuten zu fodern, daß sie geschwind, fleißig, und mit Nachdruck arbeiteten.

Indessen kann den Negerinnen welche in der Mühle arbeiten, nichts so scharf anbefohlen werden, als sie durch öfteres waschen sehr reinlich

lich zu halten. Auf diesen Punct, wovon die ganze Schönheit ihres Zuckers, besonders des weißen, abhängt, müssen die Raffinirer, oder wer ihre Stelle versieht, mit größter Sorgfalt und Achtsamkeit, sehen: denn in einer unreinen fetten Mühle, nimmt der Saft aus den Zuckerrohren die nehmlichen Fehler an sich, und wird sauer noch ehe er in die Kessel kommt, wofür man sich unter allen an meisten zu fürchten hat, weil diesem Mangel nicht mehr kann abgeholfen werden.

Gemeiniglich werden die Mühlen alle Tage zweymal gewaschen: Morgens, so bald es nur Tag wird, indem man die Wache antritt, und ein wenig vor Nachts. Man muß deswegen die Mühle hemmen, die Brücken aufheben, und die Grundlagbretter (embasses) mit Asche abreiben, und überhaupt alles wo sich der Saft ausbreitet wenn er von den Wellen abtropft, indem nichts so viel Schmuß, Unreinigkeit, und klebrigtes Wesen mit sich führt, als eben dieser Zuckerrohrsaft. Nach der Asche, wäscht man die Brücke, die Nebenpfeiler (allettes), die Werktische (etablis), und die Tropfrinne (goutriere) welche den Saft in die Zuckersiedereyen führt, mit frischen Wasser.

Da nun alles dieses nicht ohne großen Zeitverlust geschehen kann, weil man jedesmal, so

oft

oft man nämlich die Mühle wäscht, die Grundlagbretter und ihre Keile wegnehmen mußte,
setzte mir vor alle diese Umstände abzukürzen, ins
dem ich bequemere, und zugleich dauerhaftere
Brücken erfand, welche man waschen konnte,
ohne daß es nöthig war, die Mühle deswegen
in ihrem Gange aufzuhalten, oder nur eine halbe Viertelstunde mit dieser Arbeit zu verlieren.
Anfangs ließ ich dergleichen nur für die Mühlen in unserer Plantage machen, entwarf aber
hernach solche Brücken auch für andere Personen welche ihren Nutzen eingesehen hatten.

Das Mühlgestell ist nebst allem was es
auf die oben von mir beschriebene Art in sich
begreift, mit einem Kegelförmigen Dache, von
dreyßig bis sechs und dreyßig Fuß im Durchschnitte, bedeckt. Der Sohlbalken der es
trägt, ruht auf Pfählen, welche zwölf bis drey-
zehn Fuß lang sind, und wovon das dritte Theil
im Boden steckt. Ein jeder Pfahl ist in eine
Schwelle von sieben bis acht Fuß lang, eingezapft, worein auf beyden Ecken noch zween
Strebepfeiler die in den Pfahl passen, eingefügt
werden. Der Strebepfeiler innerhalb der Mühle, kommt bloß der Erde gleich zu stehen, das
hingegen der äußere, vier bis fünf Schuhe höher reicht. Sie helfen die Pfähle recht gerade
halten, und verhindern daß sie weder hinein

oder

ide.

erk.

ütze.

gfer.

rm.

sodurch die Mühle

zen wird.

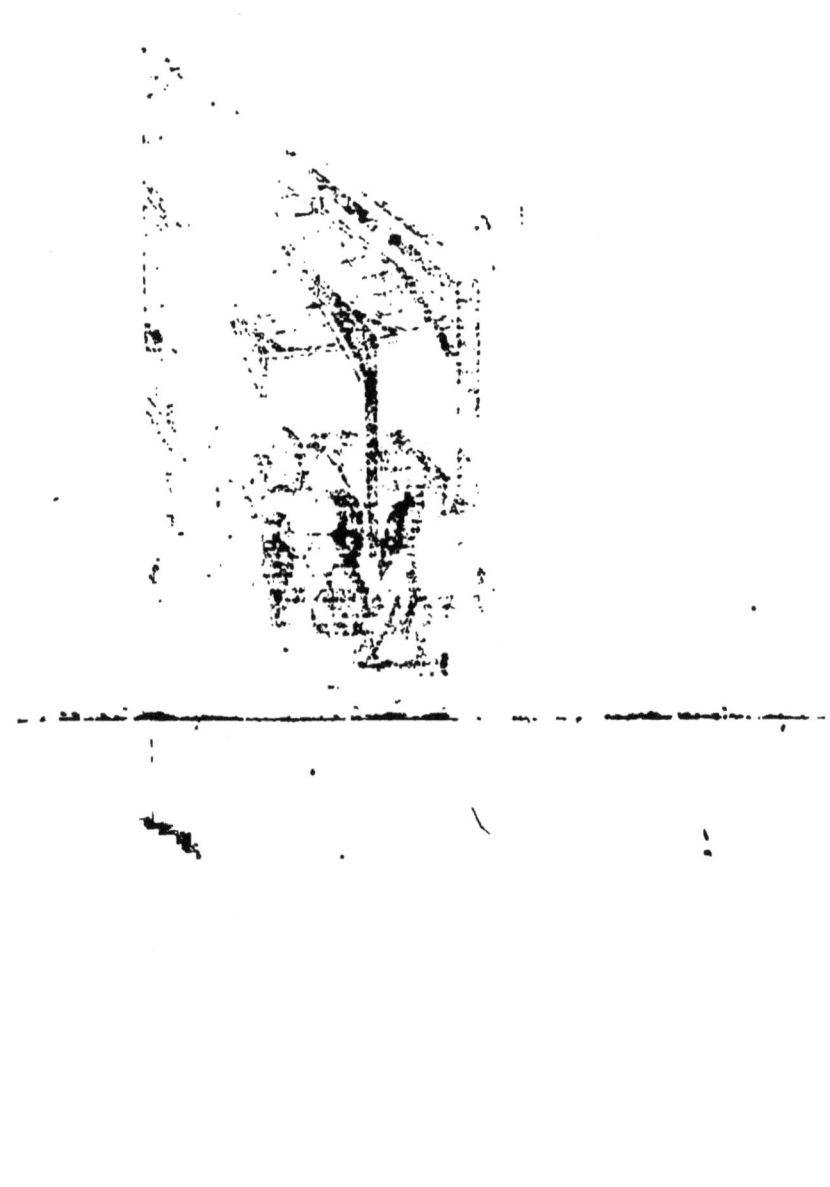

ober herauswanken können. Die Schwelle ist
zu äußerst in die Pfähle eingezapft und ver-
zweckt.

Die Hauptstücke worauf die Zusammenfügung des Werksatzes (l'assemblage des en-
coyûres) ruht, erstrecken sich gerade auf die
Balken, die übrigen hingegen auf die Schwelle.
Wer die Kosten nicht scheuet, läßt einen dop-
pelten Werksatz machen, um die ganze Zusammenfügung desto stärker zu binden. Indessen
ist hierbey zu beobachten, daß die Oeffnung welche die Spitze des Baums einnimmt, woran
die mittlere Walze steht, weder im Mittelpuncte seyn darf wo sich die Zusammenfügung
kreutzt, noch Seitwärts. Dieser Mittelpunct
muß ganz leer seyn, damit die Baumspitze ohne Schaden des Zimmerwerks ungehindert
durchlaufen kann, welche oben in ein Stück
Holz reichen soll, die Jungfer genannt. Es
ist aber dieses Stück Holz fünfzehn bis sechszehn Zoll breit, und fünf bis sechs Daumen
dick, welches mit eisernen Schließnägeln (che-
villes de fer à clavette) auf das leere Cen-
trum des Werksatzes befestigt wird, damit man
im Nothfalle nur die Jungfer loßmachen darf,
um den Baum der großen Walze regieren zu
können, wenn diese große Walze höher oder
niedriger soll gerichtet werden.

V. Band.   H   Es

Es ist auch gut wenn man eiserne Klammern an den Giebelspies befestigt, um die Seile durch zu schlingen, womit der Baum kann in die Höhe gezogen werden, ohne daß man sie an die Sparren der Zulage binden darf, welche nicht so stark sind, als die Zulage selbst, um dergleichen schwere Last ertragen zu können. An diese Sparren können allenfalls noch Klammern eingeschlagen werden, deren man sich zu den kleinern Walzen bedient, solche ohne große Bemühung von ihren Platze wegzurücken und wieder hinzubringen, wie es doch gemeiniglich zu geschehen pflegt, wenn man solche mit Gefahr sie zu verderben, oder die zu dieser Arbeit benöthigten Neger dadurch zu Krüppeln zu machen, über Hölzer rollt welche auf die Brücke gelegt werden.

Ich habe bereits angemerkt, daß man die Pferde zu äußerst an die Mühlarme spannt. Hierbey ist nun wohl zu beobachten, daß, wenn man eine beträchtliche Anzahl Pferde oder Ochsen hat, welche zu dieser Arbeit bestimmt sind, es zuträglicher ist zwey Paar anzuspannen, und solche länger daran zu lassen, als nur ein einziges Paar auf eine kürzere Zeit. Die Ursach ist, daß, wenn an einem Arme nur ein paar Pferde gespannt werden, sie den Baum beständig auf diejenige Seite neigen wo sie angespannt sind, wel-

ches

ches nicht geschehen kann, ohne die große Welle aus ihrer senkrechten Stellung zu verrücken,
und die Bewegung desto unsanfter zu machen.

Die alten oder junzen Neger, welche die
angespannten Pferde in der Mühle herumtreiben, haben die Gewohnheit sich auf den eisernen Nagel zu setzen, der durch den Arm geht,
woran die Vorderwage befestigt ist, welche die
Zugstränge der Pferde hält. Dieses ist ein
Misbrauch den man abschaffen sollte, weil durch
dieses neue Gewicht der Baum nieder gezogen
wird und sich noch mehr neigt. Wenn man
aber zwey paar Pferde daran hat, welche die
beyden Arme dadurch im Gleichgewichte halten,
daß sie an zween einander entgegen stehende Arme
gespannt sind: so hat es alsdann nicht viel zu
bedeüten, wenn sich die Neger diese geringe
Erleichterung verschaffen.

Um diese Arme noch mehr zu verstärken,
vereinigt man jenen woran die Pferde gespannt
sind, mit dem hintern Arme, vermittelst einer
Stange von drey bis vier Zollen im Durchschnitte, welche in die beyden Arme eingezäpft
ist. Die in der Mühle angespannten Pferde,
haben kein anderes Geschirr, als bloße Kum-
meter, welche aus zween von grober Leinwand
verfertigten, und mit Haaren ausgestopften
Küssen bestehen, die man ihnen über den Hals

H 2   zieht,

zieht, und an den Schultern aufliegen läßt.
Eines von diesen Küssen, liegt über den Hals,
das andere hingegen fällt wie ein Brustriemen
fornen herunter.

Wo diese Küssen zusammstoßen, befinden
sich zwey Stücke Leder, mit einem Loche in der
Mitten, wodurch man das äußerste Trumm
des Strangs zieht, welches durch einen Knoten
festgehalten wird. Damit nun diese Stränge
welche aus Hanf gemacht sind, durch ihr Reiben die Schenkel der Pferde nicht verletzen können, werden sie so viel als möglich ist von einander entfernt, indem man solche ganz fornen
an die Spitzen der Waage befestigt, und die
mittlern Stränge kreuzweise übereinander laufen läßt. Ueberdieses haben sie noch eine ziemlich lange Halfter, mit welcher sie an den vor-
dern Arm fest gemacht werden, damit sie gerade ziehen, und nicht aus der Bahn weichen.

In denjenigen Mühlen, wo man sich der
Pferde und Ochsen bedient, werden letztere mehr
die Nacht über als am Tage zur Arbeit genommen, weil sie die Hitze weniger als die
Pferde ausdauern können. Da aber ihr Gang
viel langsamer ist, so wird auch weniger mit
ihnen ausgerichtet als mit den Pferden. Sie
werden vermittelst eines Joches angeschirrt,
welches mit ledernen Riemen an ihre Hörner be-

befestigt

feſtigt wird.   Das Joch hat in der Mitten ei=
ne Oeffnung, wodurch ein langer Staab geht,
deſſen andere Spitze mit einem eiſernen Haken
verſehen iſt, welcher zu Ende des Arms feſtge=
macht wird.

Wenn man nur ein Paar Pferde anſpannt,
werden ſie alle zwo Stunden abgewechſelt, wel=
ches aber bey zwey Paaren nicht geſchieht, wel=
che man vier Stunden arbeiten läßt.   Meines
Erachtens wäre es aber viel beſſer dieſe vier
Stunden in zwo abzutheilen, um die Pferde
nicht ſo ſtark abzumatten.

Diejenigen Mühlen, wo die Walzen ſenk=
recht auf der Brücke ſtehen, werden gerade
Mühlen genannt, es mögen ſolche nun vom
Waſſer oder durch Pferde herumgetrieben wer=
den.   Es giebt aber noch zwo andere Gattun=
gen von Mühlen, welche man durch Pferde
herumtreibt.

Zwölf=

Zwölftes Kapitel.

Mühlen deren man sich in Brasilien be=
dient. Von den liegenden Mühlen, ih=
rem Nutzen und Fehlern. Sonderbarer
Rechtshandel zu Martinicke, über einen
Esel und Serganten, beyde gleiches
Namens.

Die erstern Mühlen welche die Portugiesen
zu Anfang ihrer Niederlassungen in Bra=
silien gehabt haben, und deren sie sich, wie
man sagt, noch heut zu Tage an manchen
Oertern bedienen sollen, sind vollkommen denje=
nigen Mühlen ähnlich, die man in der Nor=
mandie hat, die Aepfel woraus der Cyder ge=
macht wird, darauf zu zermalmen. Auf die
nehmliche Art sind in den Ländern wo es Oli=
venbäume giebt, die Mühlen beschaffen, auf
denen die Oliven zermalmet werden, oder eine
Gattung von Eicheln, Valonnee genannt, die
man aus der Levante kommen läßt und zum
Garmachen des Leders gebraucht, in Staub
verwandelt wird. Da nun vielleicht einige Per=
sonen diese Maschine noch niemals gesehen ha=
ben, folgt hier eine kurze Beschreibung der=
selben.

Das

Tab. 8.

Das Mühlbeet (aire) ist rund, von Qua-
terstucken aufgeführt, die vom Mittelpuncte bis
zum Rande, der um einige Zolle höher steht,
abhängig zulaufen. Dieses Mühlbeet (aire)
hat die ganze länge seines Rands hin, noch einen andern Abschuß, damit der Saft von den
Zuckerrohren, Aepfeln oder andern Früchten
welche man darauf zermalmt, gegen ein Ort
zufließt, wo der Rand eine Oeffnung hat, wodurch sich dieser Saft in einen Napf oder in
ein anderes Gefäß welches hierzu bestimmt ist,
sammlet.

Dieses Mühlbeet hat im Mittelpuncte eine
runde Oeffnung, welche unten mit einer stählernen Platte besetzt ist. In dieser Oeffnung
ruht die Spitze des Eyes, oder Zapfens, womit ein Stück Holz, sechs bis sieben Zoll ins
Viereck, versehen ist, davon das andere wie ein
Zapfen zugeschnittene Eck, durch eine runde
Oeffnung geht, welche in eine Jungfer, oder in
einen stark an das Zimmerwerk befestigten
Block, ist gemacht worden.

Anderthalb oder zween Schuhe oberhalb des
Mühlbeets, ist der Baum dessen ich schon gedacht habe mit einem viereckigten Zapfenloche
durchbohrt, wodurch man ein anderes Holz,
vier bis fünf Zoll im Durchschnitte, und neun
bis zehn Fuß lang, hineinschiebt und befestigt.

Ein

Ein Mühlstein, drey bis vier Schuhe im Durchschnitte, und etwas über einen Fuß dick, ist in diesem Zwergriegel eingepaßt, der ihm zur Are dient, um welche sich dieser Stein bewegen kann. Gleichwohl kann er von seinem Platze nicht weichen, weil er durch runde und platte eiserne Nägel fest gehalten wird; mithin im herumlaufen alles was innerhalb der Lehne des Mühlbeetes unter seine Bahn kommt, zermalmt.

Die Pferde wodurch sie herumgetrieben wird, sind an die andere Spitze der Are gespannt, und zu gleicher Zeit, als daburch die Are um den Baum lauft, dreht sich auch der Mühlstein um die Are. Man legt die Zuckerrohre, oder was man sonst zermalmen will, und zwar in mancherley Stellung auf die Bahn des Mühlsteins, solang bis aller Saft ist herausgedruckt worden.

Meines Erachtens schickt sich diese Gattung von Mühlen, besser für die Aepfel, Oliven und Valonnen, als für Zuckerrohre. Auch geht in diesen Mühlen die Arbeit nicht so schnell von statten wie in jenen, welche ich theils schon beschrieben habe, theils aber künftig erst beschreiben werde.

In der zweyten Art von Mühlen, haben die Walzen mit der Oberfläche der Brücken einer

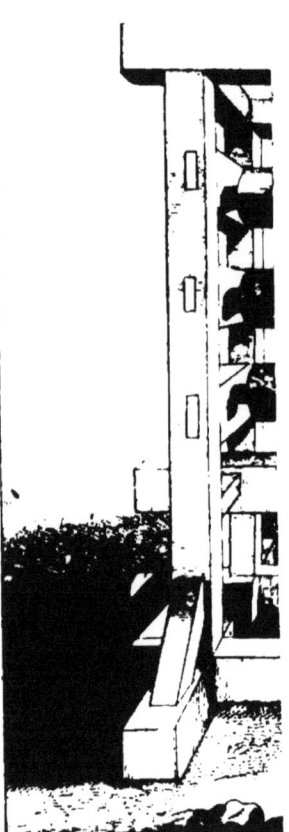

einerley Länge. Man nennt solche, liegende Mühlen. Die mittlere Walze steht in einen Baum, der zu gleicher Zeit einem Rade von fünfzehn bis achtzehn Schuhen in Umkreise, zur Axe dient, welches breit genug ist, daß ein Pferd oder Esel den man hineinstellt, darinnen Platz hat, der es durch seine Schwere und Bewegung herumtreibt. Die mittlere Welle, ist wie gewöhnlich mit Zähnen besetzt, welche in die Zähne der übrigen Walzen eingreifen, und ihnen so wie sich die mittlere Walze bewegt, die Bewegung mittheilt.

Hieraus sieht man wohl, daß von diesen beyden Wellen, die eine oben, die andere hingegen unter der mittlern Walze stehen muß. In dieser Lage werden sie durch Zwergriegel erhalten, in welchen die Pfannen worinnen ihre Zapfen ruhen, eingepaßt sind. Diese Zwergriegel müssen sich in Falzen bewegen, welche in die Holzdicke der Gestellschenkel gemacht sind, damit durch hineingeschlagene Keile, die kleinern Wellen so nahe zur mittlern Walze getrieben werden, als es für nöthig erachtet wird.

Man steckt aber die ganzen Zuckerrohre zwischen die untere und mittlere Walze. Die Bazacen hingegen, werden zwischen die mittlere und oberste Welle hineingeschoben. Uebrigens mahlen diese Mühlen, je nachdem das Rad durch

das

das inwendig stehende Thier, schnell oder lang=
sam herumgetrieben wird.

Ich habe eine Mühle von dieser Art zu
Grandeterre in Guadeloupe gesehen. Sie ge=
hörte einem Schreiner, der so viel gewonnen
hatte daß er einige Neger kaufen konnte, und
sich hierauf vorsetzte ein Zuckerfabrikant zu wer=
den. Er hatte seine Mühle selbst gebaut, wel=
che er durch Esel herumtreiben ließ. Sie war
überaus nett, stark, und gut eingerichtet, und
ihr Meister hatte seine Geschicklichkeit darinnen
zeigen wollen, daß er nichts von Eisen dazu
nahm. Kurz, dieses Werk gefiel mir ganz auf=
serordentlich wohl.

Noch eine andere solche Mühle, war im
Cananville Grunde, unweit des Kastelles St.
Pierre zu Martinicke, welche einem gewissen
Pflanzer, Namens Peter Roi zuständig war.
Sie wurde gleichfalls von Eseln herumgedreht,
über einem derselben einst ein ziemlich sonder=
barer Rechtshandel, welchen ich sogleich erzählen
werde, entstanden ist.

Es pflegen die Neger diejenigen Thiere
welche ihre Herren kaufen, nach dem Namen
des Verkäufers zu benennen. Dieser Peter
Roi, hatte also von einem Gerichtsdiener, Na=
mens Durand, einen Esel gekauft, welchen
daher die Neger gleichfalls Durand zu nennen
nicht

nicht unterließen. Nun geschah es einst, daß sich dieser Esel, der nächst bey der Mühle so lang angebunden war, bis die Stunde kam, da er ins Rad tretten sollte, loßriß und in die Savanne entfloh. Dieses geschah zum öftern, indem er, es mochte nun von Natur seyn, oder weil er durch einen Gerichtsdiener war aufgezogen worden, höchst boshaft war. Der Herr also der ihn laufen sah, entschloß sich ihm durch eine strenge Züchtigung diese schlimme Gewohnheit zu vertreiben. Mithin rief er den Negern welche bey den Oefen waren, nach Durand zu laufen, solchen wieder anzubinden, und ihm alsdann hundert Prügel zu geben.

Zu gleicher Zeit nun, als der Eigenthümer des Esels diesen Befehl gab, geschahe es, daß auch der Gerichtsdiener Durand in der Savanne war, und eben zu dem Peter Roi ins Haus gehen wollte, um daselbst etwas von Gerichts wegen zu übergeben. Da er sich nun nennen hörte, glaubte er nicht anderst als daß ihm dieser Befehl selber angieng, worinnen er auch noch mehr bestärkt ward, als er drey bis vier mit Prügeln bewaffnete Neger auf ihn zu kommen sah, weil sich Durand der Esel auf der nämlichen Seiten befand. Er befürchtete also im ganzen Ernste, daß man ihm das Fell brav ausklopfen wollte, und floh aus Leibeskräften.

Der

Der Esel Durand that ein gleiches, und die Neger welche schrieen und in vollen springen nach
ihm liefen, erschreckten beyde dergestalt, daß der
Gerichtsdiener Durand beynahe eine ganze halbe Stunde weit lief, ohne das Herz zu haben
sich nur umzusehen.

Endlich fand er ein Haus, in welches er
sich ganz athemlos rettete, und die Leute welche
er daselbst antraf, nicht ermangelte als Zeugen
seiner Flucht anzurufen, und ihnen zu erzählen,
daß Peter Roi seine Neger ihm nachgeschickt
hätte, um ihn halb todt zu schlagen, wozu er
selbst ihnen den Befehl habe ertheilen hö-
ren. Er verfertigte alsdann ein Protocoll darüber, worinnen er ihn des Aufruhrs beschul-
digte, welches seine Zeugen unterschreiben mußten. Sobald er nun wieder nach Hause gekommen war, ließ er sich eine Ader öffnen, aus
Furcht es möchte ihm das schnelle laufen und
der gehabte Schrecken irgend eine Krankheit
verursachen.

Hierauf übergab er dem Richter eine Bitt-
schrift, nebst seinem Protocolle wegen der ver-
meynten Empörung, machte sich auch schon zum
voraus Hoffnung, daß ihm dieser Handel einige
hundert Thaler eintragen würde. Der Richter untersuchte alles, und ließ, nachdem er die
Zeugen darüber abgehört hatte, eine persönliche
Vor-

Vorladung gegen Peter Roi ergehen. Als nun dieser erschien, und gefragt wurde wem er denn eigentlich hundert Prügel geben zu lassen, befohlen habe? antwortete er darauf einem seiner Esel, und war ganz erstaunt, daß man ihn dieserwegen vor Gericht fodern ließ, indem er bisher geglaubt hätte, daß es ihm frey stünde seine Neger und Esel wenn sie etwas zu Schulden kommen ließen, züchtigen zu lassen, ohne vorher deswegen erst um Erlaubniß zu fragen.

Alsdann sagte ihm der Richter, daß hier nicht die Rede von einem Esel, sondern von einem Gerichtsbedienten wäre, der zu ihm hätte gehen wollen: worauf er seinen Negern befohlen habe, ihn zu fangen, anzubinden, und hundert Stockschläge zu geben. Der andere läugnete die ganze Sache, und verlangte man sollte ihm diesen Gerichtsdiener der sich beklagt hatte, vor Augen stellen. Wie nun der Gerichtsdiener Durand erschien, behauptete er die Wahrheit seines Angebens: daß ihn jener nämlich genennt, und seinen Negern befohlen habe ihn zu fangen, anzubinden, und hundert Prügel zu geben. Indem er nun zu gleicher Zeit einen von des Peter Roi Negern vorbey gehen sah, den er für einen von jenen erkannte, welche seinem Vorgeben zufolge, ihm sollten nachgelaufen seyn, zeigte er solchen dem Richter.

Als

Als ihn nun dieser gleichfalls herbeykommen
ließ, und über diese Sache befragt hatte, so
erhellte es ganz deutlich, daß die Prügel nicht
für den Gerichtsdiener, sondern für den Esel
Durand waren bestimmt gewesen: der Gerichtsdiener bekam also einen tüchtigen Verweis, und
Peter Roi ward von der gegen ihn angebrachten
Klage losgesprochen, und nach Hause geschickt,
mit Erlaubniß dem Esel Durand so viel Prügel
geben zu lassen, als ihm nur gutdünkte. Der
Gerichtsdiener Durand wurde hingegen verur-
theilt die Unkosten zu bezahlen.

Dreyzehntes Kapitel.

Beschreibung der Wassermühlen, und ih-
rer Bauart.

Man hat zweyerley Gattungen von Wassermühlen: geradstehende und liegende.
Die letztern sind von den eben beschriebenen in
weiter nichts unterschieden, als daß das Haupt-
triebrad mit Eimern zum Wasserschöpfen versehen ist, welches durch seine Schwere und Bewegung, das Rad herumtreibt. Die Räder
haben achtzehn bis zwey und zwanzig Fuß in
Umfang. Der Baum in welchem die große
Welle eingepaßt ist, und dem Rade zur Are
bient,

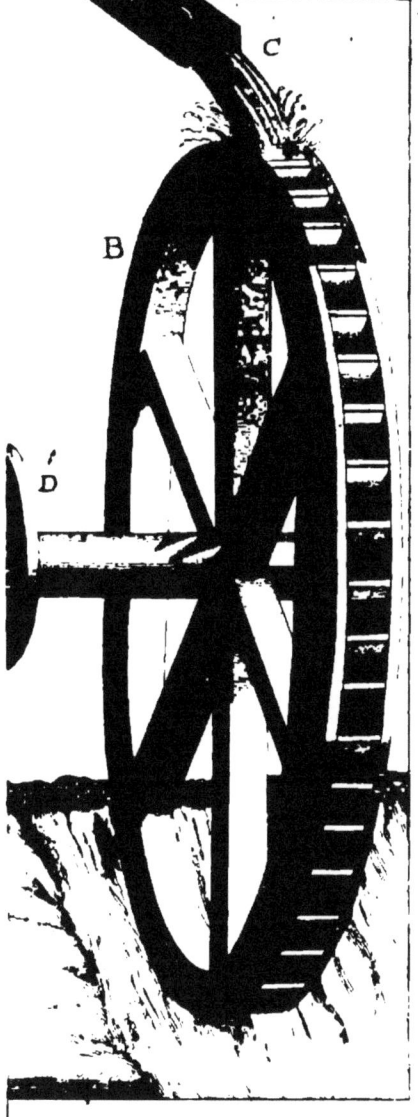

dient, hat mehrentheils achtzehn Daumen in Umkreise, und iſt bis auf einen halben Schuß von ſeinem Ende, achteckigt zugeſchnitten. In beyden Enden iſt ein viereckigtes Zapfenloch, vier Zoll im Lichte, und achtzehn Zoll tief, ange= bracht, in welches die eiſernen Zapfen zu ſtehen auf denen ſich das Rad dreht, kommen. Die= ſe beyden äußern Theile des Baums ſind mit zween eiſernen Reifen umgeben, die eine hin= längliche Dicke und Breite haben, daß ſich kei= ner davon ſpalten kann, wenn man die eiſernen Keile mit Gewalt hineintreibt, wodurch die Za= pfen in ihren Löchern ſo ſtark befeſtigt werden, daß ſie unbeweglich müſſen ſtehen bleiben.

Zu dieſen Bäumen muß allemal das beſte Holz welches nur anzutreffen iſt, genommen werden. Damit er nun deſto dauerhafter wer= de, muß man ihn mit irgend einer Oelfarbe an= ſtreichen, daß er nicht von dem beſtändig fort darauf fallenden Waſſer zuletzt in die Fäul= niß gehe. Es iſt ein übler Gebrauch wenn man ihn anſtatt der Oelfarbe mit Pech über= zieht. Das Pech erhitzt das Holz und verderbt ſeine Oberfläche: ſobald nun die hiervon entſtan= dene Rinde abſpringt, wie es faſt jederzeit zu geſchehen pflegt, dringt das Waſſer durch die Spalten ins Holz und bringt es in Fäulniß. Dieſen Fehler hat aber der Anſtrich mit Oelfar=
ben

ben nicht, indem sie auf der Holzfläche keine
dicke Haut machen, sondern in die Löcher dringen und solche anfüllen: mithin muß wegen des
Fetts welches sie verbreiten, das Wasser ablaufen, und kann sich weder darinnen aufhalten,
noch hineinsenken.

Die beyden Zapfen ruhen auf metallenen
Pfannen, welche in starke Queer oder Riegelhölzer von guten Holze eingepaßt, und auf der
einen Seite in das Mühlgestell, auf der andern
hingegen in die Mauer welche das Balkwerk
trägt, unbeweglich festgemacht sind.

Ein paar Fuß ohngefähr von der äußersten
Spitze des Baums, werden zwey Zapfenlöcher
hineingemacht, welche sich in geraden Winkeln
durchschneiden, und dritthalb Schuhe tiefer, noch
zwey andere, welche mit den erstern in gleicher
Weite fortlaufen. Sie werden auf einer Seiten drey, auf der andern hingegen vier Zoll tief
gemacht. Hierdurch werden vier hölzerne wohl
polirte Zapfen geschoben, welche gerade so dick
sind, daß sie genau diese Zapfenlöcher ausfüllen.
Ihre Länge ist dem Durchschnitte des Rads
gleich, dessen Arme sie sind. Sie helfen die
Krummhölzer (courbes) tragen, welche den
äußern Umfang des Rads ausmachen, und
halten desgleichen die Eymer, deren heraus-
schießendes

schießendes Wasser durch seine Schwere und
Heftigkeit die nöthige Bewegung verschafft.

Da nun aber diese vier Arme nicht würden
hinreichend seyn, einen so größen Umkreis zu
faffen und zu halten, so unterstützt man sie durch
Vermehrung ihrer Anzahl, mit vier Hölzern
von gleicher Länge und Dicke als die vorhergehenden sind. Diese werden vermittelst gemach-
ter Einschnitte, kreuzweise übereinander gelegt,
so daß sie gleichsam den Baum in der Mitten
haben, und damit sie sich nicht davon entfernen
können, werden nebenhin auf den Baum, hölzerne Leisten zween Daumen ins Viereck dick, genagelt. Das nehmliche geschieht in Ansehung
der beyden Seiten der Breite, welche man den
zwischen den Kniehölzern welche das Rad formiren, eingeschlossenen Schöpfeymern einräumt.
Es sind also anstatt vier Armen, welche das
Rad auf jeder Seiten sonst nur unterstützt hätten, zwölf Arme daselbst. Diese letztern sind
zwar ein wenig gekrümmt, um den nehmlichen
Punct zu erreichen: allein es ist diese Krümmung, bis auf einen Fuß, oder fünfzehn Zoll
von ihrer Spitze hin, unmerklich. Man vereinigt sie aber paarweise durch kleine Zwerghölzer
mit einander.

Beydes, die Arme und ihre Zwergriegel,
werden aus einem festen zähen Holze verfertigt,

wie zum Beyspiele das Stachelholz und andere
dergleichen Gattungen sind. Aus eben solchen
Holze, werden auch die Krummhölzer verfertigt, ungeachtet sich das Acajouholz weil es leichter ist, besser hierzu schickt. Gemeiniglich sind
sie fünfzehn Zoll breit und drey Daumen dick.
Sie werden mit übergeschlagenen Schwalben-
schwänzen (à queuë d' hirondes. recou-
verts) zusammengefügt, und zuweilen vermittelst
eiserner Nägel mit flachen Köpfen und wie Düb-
bel gemacht, oder mit hölzernen, kreuzweise
verkeilten Zapfen, übereinander befestigt.

Die Krummhölzer sind in Kämme (entail-
les), welche in die Spitzen der Arme gemacht
sind, eingepaßt, und werden durch eiserne Nägel mit runden Köpfen die von einem Arme zum
andern reichen, darinnen fest gehalten. Die
Löcher wodurch sie gesteckt werden, müssen mit
einer eisernen Platte besetzt seyn, welche die ganze Holzdicke ausfüllt, und das Holz von außen
vollkommen überdeckt, damit der Nägelkopf solches nicht ausfressen kann. Das andere Trumm
des Nagels, welches durchlöchert ist, schließt
sich gegen ein ähnliches Eisenblech welches mit einem runden Schilde, und mit Nieten, das
Holz deckt. Dergleichen Nägel werden in alle
Arme, der Kopf und die Spitze wechselsweise
auf beyden Seiten, geschlagen.

Das

Das Innere, oder derjenige Theil der Krummhölzer, welcher gegen die Axe steht, ist mit Zolldicken Brettern besetzt, welche sechs Daumen breit, und so lang sind, daß sie den völligen leeren Raum zwischen ihnen ausfüllen. Dieß wird eigentlich der Boden des Rads genannt. Die wenige Breite dieser Dillen, ist Ursache, daß sie an der Rundung des Umfangs nichts verderben können. Da er nun muß ausgestopft werden, um das Wasser zu halten welches in die Schöpfehmer fällt, deren Rückwand er macht, so kalfatert man alle Fugen mit Werg, und gießt unten und oben Theer darüber. Der übriggebliebene leere Raum, zwischen den beyden Krummhölzern und ihrem Boden, wird durch Daumensdicke Bretter in gleiche Theile unterschieden, die man in Falzen schiebt, welche in die innere Dicke der Krummhölzer gemacht, und auf solche Art abgesteckt sind, daß sie mit dem Boden einen Winkel von fünf und vierzig Graden formiren, als woselbst sie durch hölzerne aufgenagelte Leisten über den äußern Rand der Krummhölzer fest gehalten werden. Sie sind achtzehn Zoll weit von einander entfernt, und dieses pflegt man die Schöpfehmer des Rads zu nennen. Dergleichen Art von Rädern schickt sich für alle Mühlen, sie mögen nun gerade oder liegende seyn, und das Was-

J 2   ser

ser auf den höchsten Theil des Rads, oder bloß nur über die Axe, oder ihren Baum herunter-schießen.

Auf allen unsern Inseln habe ich keine Mühlen mit Schaufeln (à palettes), noch sonst irgend eine gesehen, welche am Ufer der Ströme wäre aufgeführt gewesen, um das fließende Wasser zu benutzen. Gleichwohl hät-te man von dieser Art Mühlen, an verschiede-nen Oertern anlegen können, und zwar mit ge-ringern Kosten als jene sind deren man sich be-dient, und weshalben man zum Theile das Stromwasser ableitet, welches man auf irgend einem Platze der abschüßig genug ist, mittelst eines Damms durchschneidt, um es dahin zu führen wo die Mühle soll gebaut werden, und woselbst man versichert seyn darf es so hoch hin-auf zu bringen, daß es auf das Rad herabfal-len kann. Dieses sind also die verschiedenen Gattungen von Mühlen, deren man sich in Amerika, während meines Aufenthalts daselbst, zu bedienen pflegte.

Ich selbst hatte angefangen, eine ganz an-derst eingerichtete Mühle zu bauen, fast auf die Art derjenigen Mühlen, welcher man sich an vielen Oertern in Frankreich und Italien, be-sonders aber zu Toulon bedient, das Getrayd zu mahlen, doch mit solchen Veränderungen, wel-

welche ihre Bewegung viel stärker und schneller
würde gemacht haben. Die Landung der Engelländer zu Guadeloupe, wo ich solche bauete,
hat mich aber verhindert sie zu vollenden, und
mancherley andere Beschäftigungen welche bis
zu meiner Rückreise nach Frankreich unaufhörlich aufeinander folgten, haben es seitdem nicht
erlauben wollen diese Arbeit wieder vorzuneh-
men, sie blieb also unausgebaut liegen.

Vierzehntes Kapitel.

Von Einrichtung der Zuckersiedereyen überhaupt: insbesondere aber, von ihren Oefen und mancherley Kesseln
derselben.

Die Zuckersiedereyen sind große Sääle, unweit der Mühlen, an welche sie bisweilen angebaut werden; und wo die Kessel eingemauert sind, in welchen man den Saft der
Zuckerrohre die in der Mühle sind zerknirscht
worden, sammlet, reiniget, und vermittelst des
Einkochens in Zucker verwandelt.

Wenn die Zuckersiedereyen Wassermühlen
haben, werden sie gemeiniglich so viel es nur
angehen will, daran hingebaut. Sie müssen

von

von Stein aufgeführt, und zwar solchergestalt
angelegt werden, daß die Ofenlöcher jederzeit untern Winde sind: das heißt von der Dicke des
Gebäues bedeckt seyn sollen, um dem Passat-
winde, welcher jederzeit von Sudost nach Nord-
ost wehet, nicht ausgesetzt zu seyn. Sie müssen hoch seyn und große Fenster haben, damit
der Rauch und die Ausdünstungen welche von
den Kesseln emporsteigen, sich hinausziehen können, als wozu die Luft, welche durch Thüren
und Fenster hineindringt, das ihrige mit beyträgt. Ihre Größe richtet sich nach der Menge Zucker, welcher in zween bis drey Wochen
kann verfertigt werden.

Sie mögen nun aber mit der Wassermühle nur einen Flügel ausmachen, oder wenn sie
eine von Pferden getriebene Mühle haben,
höchstens fünf bis sechs Ruthen weit davon entfernt stehen: so müssen sie doch jederzeit ein nach
der Mühle gerichtetes Fenster oder Thüre haben,
damit der Raffinirer oder Zuckersieder sehen kann
was darinnen geschieht, um mit Bequemlichkeit die nöthigen Befehle zu ertheilen. Desgleichen muß noch eine andere Thüre, um den
Zucker hinaustragen zu können, und zum übrigen Gebrauche vorhanden seyn. Soviel es sich
nur immerhin will thun lassen, muß im Saale,
ein Fenster seyn, welches auf den letzten Kessel

worin-

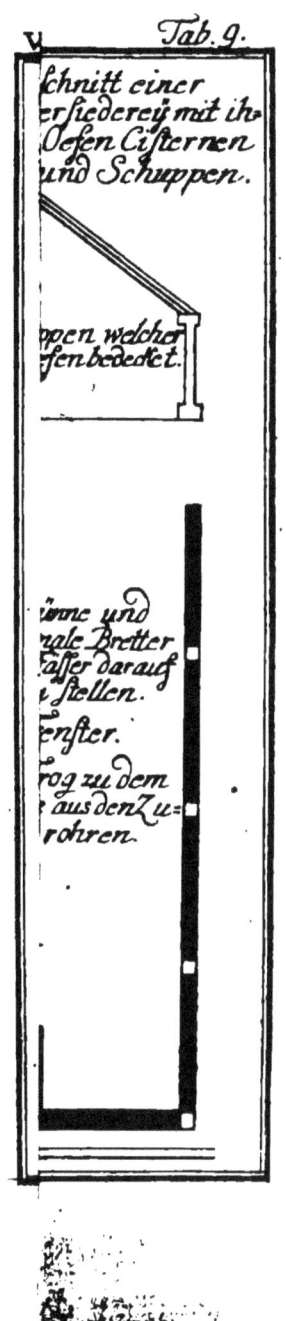

Tab. 9.

...chnitt einer
...ersiederey mit ih-
...Oefen Cisternen
...und Schuppen.

...pen welcher
...sen bedecket.

...inne und
...nale Bretter
...asser darauf
... stellen.

...enster.

...rog zu dem
... aus den Zu=
... rohren.

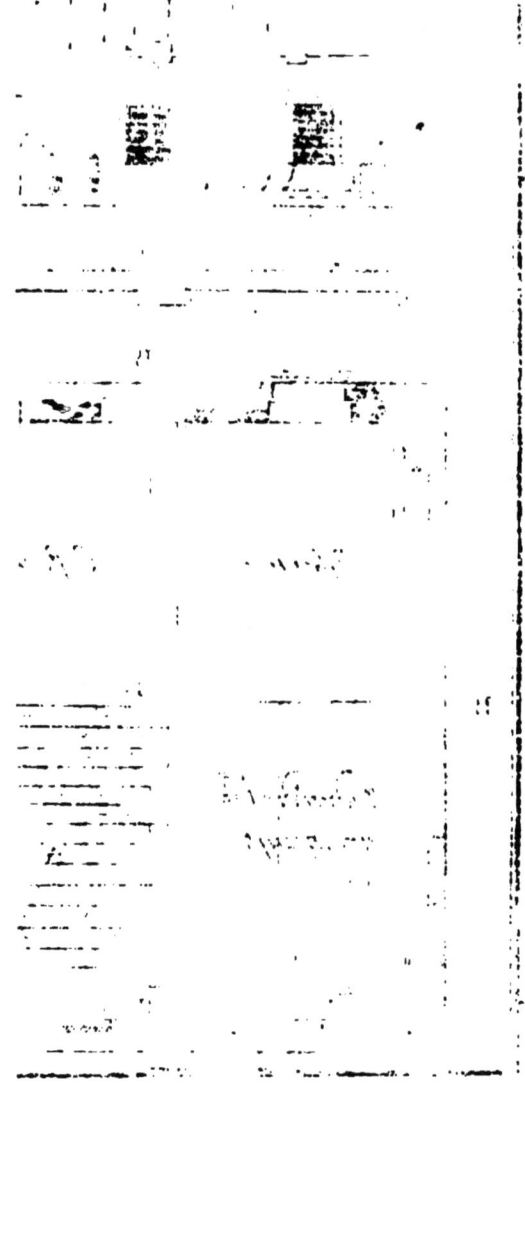

worinnen der Zucker vollends ausgekocht wird,
das gehörige Licht verbreitet, weil er in diesem
und dem nächst daran stehenden Kessel, seinen
letzten Grad der Vollkommenheit erhält, mit:
hin es schlechterdings nothwendig ist, Hellung
dort zu haben.

Sind aber die Zuckerfabricken nur von Holz
aufgeführt, so muß unumgänglich diejenige
Seite, wo die Kessel eingemauert sind, nebst
den beyden Krümmungen (retours) der Brei:
te dieser nämlichen Kessel, von Steinen gebaut
werden. Hierzu wird gemeiniglich die Giebel:
mauer erwählt. Wenn man annimmt daß eine
Zuckersiederey fünf Kessel hat, so können sie
alle an eine Giebelmauer (à un pignon) hin:
gemauert werden: sollte sie aber mehrere Kessel
haben, so muß man solche an eine lange Mauer
setzen. Da nämlich jeder Kessel sieben Fuß
Platz einnimmt, welches in Ansehung der Brei:
te des Gebäues, ein sehr beträchtlicher Raum
ist: so würde dasselbe eine unmäßige Größe er:
reichen, wenn man die Anzahl der fünf Kessel
noch überschreiten wollte.

Wir wollen also annehmen, eine Zuckersie:
derey habe fünf an die Giebelmauer eingesetzte
Kessel, so wird sie inwendig fünf bis sechs und
dreyßig Fuß breit seyn. Ihre Länge kann auf
funfzig Fuß gesetzt werden; um sie bequem und

J 4 zu

zu allerley Gebrauch dienlich zu machen, wie
aus meiner Eintheilung dieses Plaßes erhellen
wird.

Die Breite der Giebelmauer wird durch
fünf Keſſel eingenommen, welche ſich auf ſechs
Fuß tief in die Zuckerſiederey erſtrecken, ſowohl
in Anſehung ihres Umfangs, als des leeren
Raums, welchen man zwiſchen ihnen und der
Mauer läßt, und jenes Plaßes, der zwiſchen
ihrem Rande und der kleinen Mauer befindlich iſt, welche ſie mit der Giebelmauer in gleicher Entfernung fortlaufend, innerhalb der Zuckerſiederey umfaßt. Dieß iſt alſo der ganze,
zwiſchen dieſen beyden Mauern eingeſchloßene
Plaß, welches man die Abdachung (le glacis)
der Keſſel zu nennen pflegt. Hierauf läßt man
einen Weg, oder Zwiſchenraum, neun bis zehn
Schuhe breit, ſowohl zum Durchgange von einer Thüre zur andern, als um die Gefäße
(canois) hinſtellen zu können, worinnen ſich
der ungeläuterte Zucker abkühlen muß, ehe er
in die Tonnen gefüllt wird: desgleichen die Formen aufzuſtellen, welche man mit Zucker anfüllt, ſobald er nur aus der Batterie kommt,
oder für die Arbeiter an den Keſſeln den nöthigen Plaß zu erhalten.

Der ganze übrige Raum, bis zur Giebelmauer, welche jener, woran die Keſſel ſind,
gegen

gegen über stehet, ist fünf bis sechs Fuß tief
ausgehölt und auf dem Boden und neben herum
dicht ausgemauert, um eine wohl verwahrte Cisterne daraus zu machen, worinnen der hinein-
tropfende Syrop gut aufbehalten wird, damit
er nicht ausrinnen, und sich im Erdboden verlieren kann.   Man bedeckt diesen leeren Raum,
mit viereckigten, vier Zoll dicken Balken, welche sechs Zoll weit von einander liegen, und in
zween Schwellstücke fest eingefugt werden, deren eines sich an die Giebelmauer, das andere
hingegen an die Mauer stützt, welche die Cisterne schließt, und so hoch aufgerichtet werden, daß sie ohngefähr einen halben Fuß höher
stehen, als die Horizontalfläche des Bodens
vom übrigen Platze der Zuckersiederey beträgt.
Man schneidt sie in die ganze Holzdicke der
Sohlbalken hinein, wo sie zwar fest eingefugt,
aber nicht verzapft werden, damit man solche
aufheben und die Cisterne ausleeren kann.

Auf diese Balken also, werden die mit dem
ungeläuterten Zucker angefüllten Fässer gesetzt,
während sie in der Reinigung stehen, das ist,
wenn der Syrop, welcher jederzeit mit dem körnigten Zucker vermengt ist, sich davon abson-
dert, und in die Cisterne hinunterfällt. Man
verwahrt ihn darinnen, um Brandtewein, oder

J 5   Zu-

Zucker, je nachdem der Raffinirer geschickt ist,
oder nicht, daraus zu verfertigen.

Wenn man aber im weißen Zucker arbeitet, alsdann überlegt man diese Balken mit
Brettern, worauf die Töpfe gesetzt werden, in
welchen die Formen ruhen, worein der Zucker
den man weiß machen will, geschüttet wird.
Diesen Zucker läßt man gemeiniglich bis Sonnabend Abends, oder Sonntags frühe, in der
Zuckersiederey stehen, da man ihn hernach ins
Reinigungshaus trägt. Wollte man ihn noch
länger in der Zuckersiederey lassen, so würde man
nur Gefahr laufen, daß er durch den Rauch
und die fetten Ausdünstungen, welche aus den
Kesseln unaufhörlich in die Höhe steigen, schmutzig werden müßte. Es werden auch Fenster in
diese Giebelmauer gesetzt, welche auswärts angehenkt werden, und sich öffnen, um den innern Raum zu sparen, als woselbst sie wenn
sie zugeschlossen sind, mit kleinen Haken befestigt werden.

Die Giebelmauer an welche sich die Kessel
eingesetzt befinden, muß in eben so viele Schwibbögen abgetheilt werden, als sie Kessel enthalten soll, um die Oeffnungen und Luftlöcher der
Oefen hineinmachen zu können. Diese Schwibbögen werden von Quaterstücken, und zwar so
dick als die ganze Mauer ist, aufgeführt, welche

che sie stützen helfen, wenn man die Oefen oder
ihren Eingang ausbessert, indem man das gan=
ze Innere der Schwibbögen, um solche auszu=
bessern durchbrechen muß. Man sieht aber ge=
nug Zuckerfabricken, wo man tief im Boden
graben muß, um Raum zu den Oefen zu finden,
welches eine große Beschwerlichkeit ist, die man
soll zu vermeiden suchen, indem sich bey Regen=
wetter das Wasser darinnen sammlet, die Asche
verderbt, und die Neger verhindert ihre Arbeit
gehörig zu verrichten.

Wenn man eine Zuckerfabrick bauen will,
muß die Einrichtung solchergestalt getroffen wer=
den, daß die Ofenlöcher drey Fuß außer dem
Boden stehen, damit das Aschenloch einen Fuß
höher sey, als der untere Stock des Schuppens,
welcher die Oefen bedeckt. Ein jedes Ofenloch
soll zwanzig Zoll ins Viereck halten. Die
Grundschwelle besteht aus einem Fußdicken
Quatersteine, der so breit ist als die Mauer.
Um sie länger in guten Stand zu erhalten, und
zu verhindern daß die Holzscheiter welche man
darüber hinweg in den Ofen wirft, nichts zer=
brechen können, werden oben darauf zwo bis
drey eiserne Schienen gemacht.

Diese Schwelle ruhet auf zween geraden
Füßen von der nehmlichen Materie, oder von
Ziegelsteinen gemacht, welche eine Oeffnung
zwi=

zwischen sich lassen, die gleichfalls zwanzig Zoll ins Viereck beträgt. Durch diese Oeffnung wird Asche und Kohlen, welche im Ofen zwischen dem Roste durchfallen, herausgenommen, desgleichen erhält der Ofen dadurch die nöthige Zugluft, um das Holz in Brand zu bringen. Die nämliche Schwelle, deren ich eben gedacht habe, trägt zween gerade Füße, aus Quatersstücken gemacht, von der nehmlichen Breite und Dicke, aber zwanzig Zoll hoch, worauf der Sturz gesetzt ist, welcher das Ofenloch formirt.

Man muß aber genau darauf sehen, daß alle Quatersteine, deren man sich zum Baue der Oefen bedient, ein weiches Korn haben, und weder brüchig noch kalkartig sind. Der Boden oder Heerd des Ofens, wird ebenfalls von gehauenen Steinen, einen Fuß breit ins Quadrat gemacht, zwischen denen man drei Zoll Raum läßt, damit sowohl die Asche hinabfallen, als die Luft durchstreichen kann. Bisweilen werden auch viereckigte, vier Zoll breite Stäbe von gegossenen Eisen dazu genommen, welche man zween Daumen weit von einander entfernt. Allein dieses macht sehr beträchtliche Unkosten, und ist von geringer Dauer, indem das Eisen durch die fortdauernde Hitze des Feuers, welches Tag und Nacht ohne Unterlaß brennt,

brennt, leichtlich verzehrt wird. Die Boden,
fläche des Ofens ist rund, sein unterer Umkreis
aber, dem obern des Kessels gleich, welcher
hinein soll gesetzt werden.

Der übrige Theil des Ofens ist wie ein ku,
gelrundes Gewölb (ceintre de voute sphé-
rique), von Werkstücken aufgeführt, welches
beynahe die nehmliche Figur hat, wenn sie vol,
lendet wäre, als der Kessel den es umschließt:
da aber der Kessel nur halb hineingeht, so
macht dieß die Figur des Kessels unvollkommen,
und abgestutzt. Die beste Art von Steinen,
welche man zu diesen Gewölbern, die von den
Maurern Bogenrundungen (ferces) genannt
werden, nehmen kann, sind graue und weiche
Quater, welche im Feuer nicht springen, und
gleichsam etwas vom Wesen der Bimsensteine
an sich haben. Man bedient sich auch der Zie,
gelsteine hierzu, welche ganz zuverläßig, wenn
sie recht gemacht werden, viel länger als die
andern Steine dauern.

Acht bis neun Zoll oberhalb des Feuerro,
stes, und anderthalb Fuß weit von jeder Sei,
ten des Ofenloches, haut man in die Bogenrun,
dung (ferces) löcher, vier bis fünf Zoll ins
Viereck groß, hinein, welche einem Kanale
zum Eingange dienen, der mit jenem des nächst
anstoßenden Kessels zusammenlauft, und nach,

her

her nur einen Kanal ausmacht, wovon sich der
Ausgang in die Mauer zwischen den Ofenlöchern,
jedoch ohngefähr zween Fuß höher, erstreckt.
Dieß pflegt man nun die Lufträhren, wodurch
der Rauch wegdünstet, zu nennen. Sie werden von gutgebrannten Ziegelsteinen gemacht,
und man läßt über ihre Oeffnung, einen Stein,
acht bis zehn Zoll weit, hervorragen, um die
hinausschlagenden Flammen, wenn sie stark ge-
heitzt sind, abzuhalten, und zu verhindern daß
solche nicht bis an die Balken des Schirmdachs
sich erstrecken können.

Wenn nun der Ofen eine hinlängliche Höhe erreicht hat, damit der leere Raum welcher
mitten in seiner Wölbung bleibt, gehörig ausgefüllt werde, indem man den Kessel einsetzt,
und ihn bis auf ein Drittheil seiner Tiefe hinunter läßt, befestigt man ihn, nachdem er vorher ist recht gleich gesetzt worden, und vermauert
solchen ringsherum mit Ziegel und Backenstein-
brocken, ohne das mindeste davon unausgefüllt zu
lassen. Man muß aber wohl acht haben, daß die
Maurer den Umfang des Kessels, von seinem
Eintritte (entreé) in die Wölbung (voute)
des Ofens, bis zum Rande, recht mit guten
Materialien vollstopfen, welche das Feuer aushalten, ohne zu schmelzen oder sich zu verbro-
cken, dergleichen von den Kieseln und Tuffstei-
nen

nen geschieht. Es entstehet nämlich dadurch
ein leerer Raum wo die Flamme hineindringen
kann, und da sie keinen Ausgang findt, wie
um jenen Theil des Kessels der im Ofen steckt,
so verbrennt sie denselben.

Was dieses also anlangt, so kann nicht
Sorgfalt genug angewendet werden: nicht allein wegen des Verlusts der Kessel, sondern auch
des hieraus entstehenden Aufenthalts willen,
wenn man die Mühle muß stehen lassen, und
in der guten Jahreszeit aufhören Zucker zu machen, um einen Kessel herausnehmen, und den
Ofen wieder ausbessern zu lassen. Diese Arbeit
verursacht eine Verzögerung und Zeitversäum-
niß von wenigstens vierzehn Tagen, indem das
neuaufgeführte Mauerwerk nicht unter zwölf
Tagen so trocken wird, daß man trauen darf
Feuer darinnen anzuschüren.

Die Kessel sind aber von verschiedener Größe: sa sie werden in Ansehung ihres Umfangs
und ihrer Tiefe, immer kleiner, je mehr sie sich
jenem Kessel nähern, worinnen der Zucker im
Auskochen den letzten Grad der Vollkommenheit
erhält. Bey einem Geschirre (equipage) wo
mit Inbegriff der Batterie fünf Kessel sind, hält
der erste Kessel, welcher der größte genannt wird,
und es auch in Rücksicht der übrigen Kessel,
wirklich ist, vier Schuhe im Durchschnitte,
wohin-

wohingegen der vierte Kessel, nur zween und
drey viertels Fuß hat. Ihre Tiefe hat beynahe die nehmliche Verhältniß: mithin wenn des
ersten Kessels Tiefe drey Schuhe beträgt, so ist
der vierte nicht tiefer als zween Fuß.

Man setzt sie nicht alle Waagrecht, sondern
es wird darauf gesehen, daß ein jeder Kessel um
anderthalb Zoll abhängiger steht. Hierbey wird
von der Batterie der Anfang gemacht, damit
der Syrop der während des Suds in die Höhe
steigt und austritt, gegen den neben ihn befindlichen Syrup fließt, ohne solchen durch seinen
Zusatz verderben zu können. Dieses würde
aber unfehlbar erfolgen müssen, wenn die obern
Kessel schon abschüßiger stünden, worinnen sich
der noch wenig geläuterte Vesou, oder ungel-
kochte Zuckerrohrsaft befindt, und in jene Kessel hineinfällt, wo dieser Saft mehr, oder völl-
kommen gereinigt ist.

Diesem zu Folge, steht in einer Zuckersiederey von fünf Kesseln, die Batterie ohngefähr
um sieben Zoll höher als der große Kessel: wenn
also die abhängige Mauer welche die Kessel umgiebt, dritthalb Schuhe höher ist als das Pflaster der Zuckerfabrick vor der Batterie, so wird
es dagegen vor dem großen Kessel nicht höher
als zween Fuß seyn. Die Bodenfläche des
Ofens ist gleichfalls nicht eben, weil der Abstand
von

von dieſer Fläche bis zum Boden des Keſſels,
bey der Batterie größer ſeyn muß, als bey den
vier andern Keſſeln, indem er bey jedem Keſſel
um zween Daumen abnimmt.

Mithin vorausgeſetzt eine Zuckerſiederey
habe fünf Keſſel, ſo muß die Batterie acht und
zwanzig Zoll Feuer haben: das heißt, die Oberfläche des Feuerroſtes, muß vom Boden des
Keſſels, acht und zwanzig Daumen weit, ab-
ſtehen, während daß der groſſe Keſſel, welches
der erſte in der Reihe iſt, nur einen Zwiſchenraum von achtzehn Zollen bekommt. Bey dieſer Verminderung des Raums, liegen zweyerley
Urſachen zum Grunde. Erſtlich, da man unter dem großen Keſſel gemeiniglich nur Stroh
oder Bagacen, untern zweyten hingegen, nichts
als klein geſpaltenes Holz, brennt: ſo würden dieſe Materien nicht hinreichend ſeyn ſolche
genugſam zu erhitzen und in Sud zu bringen,
wenn ſie um ein merkliches höher über den
Feuerheerd ihres Ofens erhoben wären.

Zweytens, würde die Größe ihrer Oefen,
allzu viele Materie verzehren, wenn man das
Feuer ſo hoch wollte ſteigen laſſen. Da nun
anderntheils die drey übrigen, welche mit groben Holze geheizt werden, nach den verhältnißmäßig geringern Umfange ihrer Keſſel, auch
viel kleinere Oefen haben: ſo muß man dieſen

V. Band.　　　　　K　　　　　ver-

verminderten Durchschnitt des Ofens, durch
seine Höhe wieder ersetzen, damit die Flamme
welche das Holz giebt, nicht erstickt werde; den
ganzen Kesselboden, der in dem Umfange des
Ofens steckt, recht umgebe, und so stark und
heftig als es nur immerhin möglich ist, daselbst
wirke.

Dieses Verhältnisses wegen, muß man beynahe jederzeit die Einfassung der Kessel, mit
Ziegelsteinen und Quaterstücken erhöhen, welche man dergestalt setzt, daß, indem sie rings
um den Rand herum gehen, sie den Durchschnitt durch Erweiterung von Innen heraus,
um ein merkliches vergrössern. Dergleichen
Vergrösserung nun, wird eine inwendige Erweiterung (cuvage) genannt. Mehrentheils
wird diese Erweiterung der Batterie von Quatersteinen ausgemauert, sowohl um grösserer Sau-
berkeit willen, als weil hier weniger Fugen denn
bey jener aus Ziegelsteinen gemachten, angetroffen werden, und daher auch nicht so leicht
zu befürchten ist, daß der Mörtel welcher sie
vereinigt, durch die Hitze sich ablöße und in den
Zucker falle.

Alle diese Erweiterungen, werden von der
Giebelmauer bis zur innern kleinen Mauer,
durch ein Pflaster von Schaalenstücken (car-
reaux) miteinander vereinigt, welche man dergestalt

gestalt zusammenfügt, daß der Syrop welcher aus der Batterie tritt, in den nächst daran stehenden Keffel, und so weiter fort, bis in den großen Keffel, fallen muß.

In einigen Zuckersiedereyen, besonders aber solchen, wo man nur ungeläuterten Zucker verfertigt, wird ein kleiner Trog (dalle) aus Pflasterschaalen oder Quatersteinen aufgesetzt, so hoch als die innere kleine Mauer welche die Keffel enthält, worein man ihren Schaum wirft, wie man solchen mit den Schaumlöffeln herabnimmt. Da man nun diesen Trog etwas abhängig macht, so fließt und lauft dieser Schaum in einen Sammelkasten, oder Rinne, woraus er in die Essigbräuerey geleitet wird. Hierunter versteht man aber denjenigen Ort, wo der Brandtewein gemacht wird, wiewohl solches meines Erachtens besser ein Distillirhaus könnte genannt werden.

Diese Art von Trögen hat mir aber niemals gefallen, und ich habe sie aus allen unsern Zuckerfabricken, oder wo ich nur ersucht ward einige Verbesserungen zu machen, hinwegschaffen lassen: denn sie beschmutzen nur beynahe allemal die Abdachung (glacis), und die Raffinirer und Neger nehmen dieses zum Vorwande sich zu entschuldigen, wenn man sie ihrer Nachläßigkeit wegen, die Abdachung nicht sonderlich rein zu halten, bestraft. Aus diesem Grunde

K 2   hatte

hatte ich alle Abdachungen in unſern Zuckerfabriken mit bleyernen Ueberzügen (nappes de
plomb) verſehen laſſen, welche ganz gleich und
ohne Trog waren. Den Schaum ließ ich aber
in Kufen (bailles), das heißt in eine Art halb-
eymerigter Tonnen, ohne Handhabe, füllen,
welche acht Zoll hoch waren, und vierzehen bis
fünfzehen Zoll im Durchſchnitte hatten. Man
hielt ſolche neben jedem Keſſel in Bereitſchaft,
und leerte den Schaum, je nachdem er beſchaffen war, entweder in eine Rinne, wodurch er
in die Zuckerſiederey geleitet wurde: oder man
verwahrte denſelben in Böttichen (canots), oder
in einem ausdrücklich hierzu eingemauerten, und
von den übrigen abgeſonderten Keſſel, in welchem er alle Morgen, wie ich zu ſeiner Zeit melden werde, geſotten wurde.

Die ſolchergeſtalt eingerichteten Abdachungen
können viel leichter gereinigt werden. Es iſt
auch ſchlechterdings nothwendig in dieſem Puncte
die genaueſte Sorgfalt anzuwenden, und ſich
nicht allzuſehr auf die Raffinirer und Neger zu
verlaſſen, welche es öfters vergeſſen, oder zum
großen Nachtheile von ihres Herrn Zucker, gar
unterlaſſen, als worein ſich dieſer Schaum hernach wieder ergießt, und den Zucker faſt allemal
verderbt. Uebrigens iſt es nicht im mindeſten
ſchwer, dieſe Abdachung (glacis) ſowohl als
die

die Kessel, rein zu halten. Man darf ja nur
eine Butte voll Wasser in die Kessel, so wie
sie leer werden, gießen, solche alsdann nebst
ihrer erweiterten Oeffnung (euvage) und Abdachung, rechtschaffen auswaschen, und mit
dem Besen abreiben lassen. Hierauf muß man
das Wasser mit dem Löffel wieder herausnehmen, um versichert zu seyn, daß der Zucker
nicht fett werde, noch irgend einigen übeln Geschmack, oder Schmutz an sich nehmen. Uebrigens braucht man zu dieser Arbeit, wenn sie
auch fünf bis sechsmal sollte wiederholt werden,
in vier und zwanzig Stunden keine vollkommene
halbe Stunde.

Die Kessel sind von rothen Kupfer, und
ihre Dicke richtet sich nach der Größe. Ein
Kessel von dreyhundert Pfunden im Gewichte,
wird am Rande herum ohngefähr so dick als ein
Thaler, auf dem Boden hingegen, etwas mehr
als zweymal so dick seyn. Die Batteriekessel
sind viel dicker. Sie werden gegossen, und
zwar aus einem Stucke. Die übrigen Kessel
hingegen, bestehen aus verschiedenen, mit dem
Hammer geschlagenen Stücken, welche hernach
mit Nietnägeln die platte Köpfe haben, zusammengefügt werden.

In Ansehung des Preises, hat es mit diesen Kesseln, wenn man solche auf den Inseln

kauft,

kauft, die nehmliche Beschaffenheit, als mit
den übrigen Kaufmannsgütern, welche im Preise steigen oder fallen, je nachdem es Krieg oder
Frieden ist: auch nachdem die Kaufleute einen
großen Vorrath davon liegen haben, und die
Käufer baare Zahlung leisten können, oder es
lange Zeit wollen damit anstehen lassen. Ich
habe das Pfund um fünf und vierzig bis funfzig Sous (zwey und funfzig Kreuzer, bis zu
einen Gulden und neun Kreuzer) gekauft: während ich solches an andere, um vier Franken
(einen Gulden und funfzig Kreuzer) und noch
höher, habe verkaufen sehen.

Einige Jahre vor meiner Abreise von den
Inseln, hatte man eiserne Kessel dahin gebracht:
diejenigen welche dergleichen gekauft hatten,
waren ihrer Versicherung nach, sehr wohl damit zufrieden. Man hat zwar in der That
diesen Vortheil dabey, daß sie wenig kosten,
und dem Verbrennen nicht unterworfen sind,
und daß man, wenn die Mühle Sonnabends
um Mitternacht gehemmt wird, solche nicht
mit Wasser anfüllen darf, wie bey den kupfernen Kesseln geschehen muß, welche sonst ohne
diese Vorsicht verbrennen würden. Auf der andern Seite hingegen haben sie den Fehler, daß
wenn sie einmal erhitzt sind, ein Löffel voll kaltes Wasser schon hinreichend ist, solche entzwey

zu

zu sprengen. Man sieht sich also immer genöthigt, den großen, oder ersten Keßel, von Kupfer zu haben, weil der Zuckerrohrsaft, wenn
er aus dem Troge, oder Canote kommt, worein er von der Brucke herab ist aufgefangen
worden, gerade in diesen Keßel lauft.

Ueberdieses sind diese Keßel immer schmutzig, indem sich das Fett vom Zucker und deßen
Schaum leicht anhenkt, davon sie nur mit großer Mühe wieder können gereinigt werden, wobey man zugleich Schiefern mit loßreißt, welche hernach, wenn der Keßel leer und heiß ist,
hineinfallen. Drittens endlich, sind solche
ganz und gar unbrauchbar, so bald sie nur einmal Riße bekommen haben: denn man ist weder im Stande sie flicken, noch etwas anderes
daraus machen zu laßen.

Seit meiner Abreise von den Inseln, hat
man sich einer Gattung von Oefen zu bedienen
angefangen, welche gut zu heitzen sind, und
wenig Holz brauchen. Ich habe zwar diese
neuerfundenen Oefen nicht selbst gesehen, und
diejenigen welche mir solches gesagt haben, waren außer Stand sich so deutlich auszudrücken,
daß ich hier eine Beschreibung davon machen
könnte. Nichtsdestoweniger mag er wie ich
vermuthe, weiter nichts als ein verbesserter, oder
erweiterter Entwurf desjenigen Ofens seyn, deß-

sen

sen man sich auf einem königlichen Schiffe zum
kochen bediente, und wovon ich nachfolgende
Beschreibung mittheilen kann.

Diese Maschine, welche ohngefähr fünf
Schuhe lang, zween Fuß breit und drey Schuhe hoch seyn wird, war ganz von Eisenblech
zusammengesetzt. Die obere Platte davon, welche horizontal lag, hatte fünf bis sechs Oeffnungen von verschiedener Größe, worein Häfen,
Kesselpfannen (casseroles), und anderes Ku-
chengeschirr, so genau eingepaßt waren, daß
von dem untergeschürten Feuer nicht der mindeste Rauch durchschlagen konnte. Auf der
einen Seite war die Maschine nach ihrer ganzen Breite offen: allein diese Oeffnung war nur
einen Fuß hoch, und ward mit einer eisernen
Thüre verschlossen. Die andere Seite hatte
gegen oben zu, nur eine kleine Oeffnung, welche mit einem Rohre versehen war, den Rauch
durchzulassen.

Der Boden, oder Feuerheerd von dieser
Maschine, hatte aber mit ihrem Obertheile keine
gleiche Richtung, sondern stieg immer nach Art
einer Treppe in die Höhe, und endigte sich bey
der andern Ecke, ohngefähr einen Fuß weit von
ihrer Oberfläche. Man zündete das Feuer ein
wenig innerhalb des Thürchens an, wo Flamme
und Hitze, indem sie dem Abhange des Bodens
                                        folgten,

folgten, sich nach der ganzen länge desselben ausbreiteten, und alles was oben darauf stund, erwärmten. Da sich nun das Feuer einge= schlossen befand, wirkte es auch weit kräftiger und stärker: man konnte daher mit sehr weni= gen Holze, fünf bis sechs Häfen in Sud bringen.

Das Gebratene wurde vor dem Ofenloche zubereitet, vermittelst einiger eiserner Haken, welche konnten herausgezogen werden, und an= statt der Feuerböcke dienten, die Bratspieße dar= auf zu legen. Unter dem Abschusse hatte man einen Ofen, und noch mehr andere Bequemlich= keiten angebracht. Nach diesem Muster hatte man also vielleicht die neuen Oefen gebaut, den einige Einwohner auf ihren Zuckerfabricken ha= ben machen lassen, und wobey sie sich, wie man mir wenigstens versichert hat, sehr wohl befun= den haben.

Indessen hat man doch den Engelländern vorzüglich die Verbesserung dieser Erfindung zu danken, deren Vortheile um so ansehnlicher sind, da man bey täglich mehr zunehmender Seltenheit des Brennholzes auf den Inseln, sich zuletzt würde haben gezwungen gesehen, entweder das Zuckersieden aufzugeben, oder von den Inseln der Wilden hierzu das benöthigte Holz zu holen, welches den Einwohnern so=

wohl

wohl große Mühe als Unkosten würde verursacht haben. Hier ist sie also, nebst den Grund-
riß, Durchschnitt und Einrichtung für eine
Zuckersiederey von fünf Kesseln.

Wenn man also hier eine nach gewöhnlicher
Art eingerichtete Zuckersiederey annimmt, wo
sich in der dicken Hauptmauer, anstatt der durch-
gebrochenen Ofenhöhlungen, nur der einzige
Ofen zum Batteriekessel befindt, dessen Ofenloch achtzehen Zoll breit, und zwanzig Daumen hoch ist. Durch diesen einzigen Ofen werden also die übrigen Kessel insgesammt geheizt,
und zwar vermittelst eines Rohrs, welches von
einem Ofen zum andern eines jeden Kessels
durchaus läuft, und sich zuletzt in einen Rauchfang endigt, der unmittelbar nach dem großen
Kessel, über das Schirmdach der Oesen hin-
ausragt.

Der untere Durchschnitt von den Oesen,
des großen, Reinigungs (propre), Laugen
und Syropkessels, muß aber mit dem obern
Durchschnitte eines jeden dieser Kessel, übereinkommen. Wiewohl nun der sogenannte Batteriekessel, der kleinste unter diesen fünfen ist,
so muß doch der Durchschnitt seines Ofens, unten viel größer seyn, denn jener vom Ofen des
größern Kessels, und sechs Zoll tiefer seyn, ohne einen Feuerrost zu haben, als die Oesen der
vier

vier übrigen Keſſel, welche in gleicher Linie ſte=
hen. Auch darf ein jeder Ofen dieſer vier Keſ=
ſel, nur eine einzige Oefnung haben, ohngefähr
einen Fuß ins Viereck groß, welche bloß dazu
dient, die von der heftigen Flamme dahingeführte
Aſche heraus zu nehmen.

Ehe man noch in den Ofen des Batterie=
keſſels Feuer ſchürt, müſſen dieſe Oeffnungen
vorher genau mit ein paar Steinen und Thoner=
de vermacht werden: damit weder die Luft da=
durch eindringen, noch die Flamme auf welche
Art es auch immer geſchehen könnte, heraus=
ſchlagen kann. Die Oeffnung unter dem Ofen
der Batterie, dient zum Aſchenloche, wo ſich die
Aſche des verbrannten Holzes ſammlet, welche
zwiſchen den Feuerroſt durchfällt.

Hierbey iſt noch zu bemerken, daß die Röh=
re welche von einem Keſſel zum andern ſich er=
ſtreckt, und bey dem Batteriekeſſel zwanzig Zoll
breit iſt, bis zum großen Keſſel, immer dünner
wird. Hier nimmt der Kanal des Rauchfangs
ſeinen Anfang, welcher über die ganze Höhe deſ=
ſelben (ſur toute la hauteur) vierzehn Zoll
hinaus ragt. Die mit Gewalt angezogene Luft
des Schornſteins, erhebt ſich alſo oben drüber,
und hat, da ſie auf ſolche Art zuſammen gepreßt
wird, Zeit ſich unter jeden Keſſel aufzuhalten,
und ihn eben ſo gut in Sud zu bringen, als ob

unter

unter jedem derselben ein besonderes Feuer aufge
geschürt würde, wie man es in den alten Zu=
ckersiedereyen noch antrift.

Unter dem Rauchfange ist eine vierecktigte
Oeffnung, acht bis neun Zoll groß, wodurch
man die Asche herausnimmt. Diese Oeffnung
muß eben so genau als die übrigen Aschenlöcher,
ehe man das Feuer im Ofen anzündt, verstopft
werden: denn alle Luftlöcher wodurch der Wind
eindringen kann, sind dieser Art von Oefen voll=
kommen entgegen.

Das Mauerwerk vom Boden bis zum
Aschenloche des Rauchfangs, dessen Größe acht
bis neun Zoll ins Viereck beträgt, ist eine
Queermauer, welche gedachten Rauchfang stützt,
und höher oder niedriger seyn muß, je nachdem
die Zuckersiederey mehr oder weniger Kessel hat.
Das heißt, ein Rauchfang der zu fünf bis sechs
Kesseln gehört, muß drey bis vier und zwanzig
Fuß hoch seyn: dahingegen einer der nur vier
Kesseln dient, bloß neunzehn bis zwanzig Schu=
he hoch seyn darf.

Es beruhen aber alle diese Verhältnisse der
Bogengewölbe; Röhren; Durchschnitte der
Oefen; des Ruckstandes eines Kessels vom an=
dern; und der Höhe des Rauchfangs, schlech=
terdings von der Anzahl der Kessel, und ihres
Durchschnitts... Hierinnen also besteht eigent=
lich

lich die Geschicklichkeit des Werkmeisters der
den Bau aufführt.

In Zuckersiedereyen wo nur vier bis fünf
Keſſel ſind, müſſen die Oefen des Batteriekeſ-
ſels, als in welchem allein Feuer geſchürt wird,
an einer Ecke, der Rauchfang aber, auf der
entgegenſtehenden Seite befindlich ſeyn. Das
gegen wird in ſolchen Zuckerfabriken wo man
zehen Keſſel ſtellen kann, welche in der nehmlichen Zuckerſiederey zwo Geräthſchaften (equi-
pages) ausmachen, mitten unter dem Schirm-
dache der Oefen, und hart an der Mauer, ein
Rauchfang mit zwey Rohren aufgeführt, welche einerley Länge haben müſſen, weil ein jedes
von dieſen Rohren zu fünf Keſſeln dient.

Dieſes iſt ſehr nützlich und bequem, weil
man zu gleicher Zeit in beyden Geſchirren (equi-
pages) kann arbeiten laſſen, indem man auf
den zwey Ecken, wo die Batteriekeſſel ſtehen,
unterſchürt. Wofern aber dieſes geſchehen ſoll,
muß die Mühle in hinreichender Menge den
Zuckerrohrſaft liefern, welches auch bey Waſ-
ſermühlen denen es nicht an Waſſer fehlt, und
wenn eine genugſame Anzahl von Sclaven vorhanden iſt, nicht ſchwer hält. Eine Siederey
von zehen Keſſeln hat noch den Vortheil, daß
man, wenn allenfalls durch irgend einen ohn-
gefähren Zufall, an der einen von beyden Ge-
räth-

räthschaften etwas sollte verdorben worden seyn,
doch mit der Arbeit deswegen nicht darf aufhören lassen; sondern sich des andern Geräths bedienen kann, indem nur das Feuer von einem
Orte zum andern gebracht wird.

Es giebt auch einige Zuckerfabricken wo
nur neun Kessel können eingemauert werden,
welches gleichfalls zwo Geräthschaften ausmacht:
eine von fünf, die andere hingegen zu vier Kesseln. Der einzige Unterschied der Oefen besteht
indessen darinnen, daß hier der Rauchfang nicht
gerade mitten im Gebäue kann aufgeführt werden, sondern zwischen den beyden Geräthschaften der Kessel stehen muß. Da sich nun auf
der einen Seite fünf, auf der andern hingegen
nur vier Kessel befinden, muß solcher ein dop-
peltes Rohr haben, dasjenige Ofenrohr welches
zu den vier Kesseln gehöret, muß aber viel kürzer seyn, als jenes zu den fünf übrigen Kesseln.
Man muß sich also hierinnen nach den oben
von uns angezeigten Verhältnissen richten. Indessen ist aus allen unsern bisherigen Erzählun-
gen so viel abzunehmen, daß man diese neuen
Oefen, mit Recht, Oefen einer nach Englischen
Fuß eingerichteten Zuckersiederey, nennt.

Um den Artickel von Zuckerfabricken zu
vollenden, muß ich hier noch von den mancherley Benennungen der Kessel, nebst den zur Ver-
fer-

fertigung des Zuckers erfoderlichen Geräthschaften, und wozu man jedes braucht, einige Nachricht ertheilen.

In den Zuckersiedereyen wo sechs Kessel sind, wird derjenige, welcher den Zuckerrohrsaft empfängt, wenn er aus dem Troge, oder Canote kommt, wo solcher zuerst, indem er von der Mühle herabtropft, ist gesammlet worden, der große Kessel (la Grande) genannt. Er ist auch in der That der größte unter allen. Der neben den großen Kessel stehende, heißt der Reinigungskessel (Propre). Man giebt ihm aber deswegen diese Benennung, weil der Zuckerrohrsaft, nachdem er im größern Kessel bereits ist abgeschäumt worden, und sich durch die Asche und den Kalk welche darunter gemengt wurden, zu reinigen angefangen hat, durch ein Tuch in diesen Kessel geseyhet wird. Wenigstens geschieht dieses in den Zuckersiedereyen, wo man weißen Zucker verfertigt. Da er nun hierdurch von dem gröbsten Unflate, dicken und schwarzen Schaume, der insgesammt im großen Kessel zurück bleibt, gereinigt wird: so ist dieser zweyte Kessel auch viel netter und reiner als der erstere.

Der dritte Kessel wird der Laugenkessel (Lessive) genannt, weil man in diesem hier, eine gewisse starke Lauge in den Vesou zu gießen

an=

anfängt, wodurch er geläutert wird. Die Unreinigkeiten sammlen sich davon auf einen Haufen, und steigen in die Höhe, wo sie alsdann mit einem Schaumlöffel herunter gefaumt werden.

Den vierten Keſſel nennt man Flambeau, (oder den Leuchtkeſſel). Der Veſou welcher aus dem dritten Keſſel dahineinkommt, wird hier noch mehr gereinigt, und durchs Einſieden klärer und lauterer. Weil nun unter dieſem Keſſel ein weit ſtärkeres Feuer gemacht wird, ſo bekommt er auch viel hellere und durchſichtigere Blaſen, als er in den vorherigen Keſſeln gehabt hatte.

Der fünfte Keſſel heißt der Syropkeſſel (les irop). Der Veſou welchen man aus dem Flambeau in dieſem Keſſel füllt, erlangt daſelbſt ſeine gehörige Feſtigkeit und Dickung. Hier wird er vollends gereinigt, und zu einem Syrope gekocht.

Der ſechſte Keſſel endlich hat den Namen Batterie. In dieſem letztern Keſſel wird der Syrop gänzlich ausgekocht, und ihm vermittelſt der Lauge und eines von Kalk und Alaun zubereiteten Waſſers, welches man hineingießt, was allenfalls noch für Unreinigkeit darunter ſeyn möchte, gar benommen. Wenn er ſich nun ſeiner Vollkommenheit nähert, wirft er große Blaſen, und ſteigt ſo hoch, daß er aus

dem

dem Keſſel laufen wůrde: man ſieht ſich daher
genöthigt ihn mit einem Schaumlöffel in die
Höhe zu heben, damit er Luft bekömmt und
ſich nicht neben herum auf dem Erdboden verbreiten kann. Nun hat dieſe Bewegung viel
ähnliches mit dem Abklopfen, und daher dieſer
Keſſel worinnen es geſchieht, den Namen Batteriekeſſel überkommen.

In den Zuckerfabricken wo ſieben Keſſel vorhanden ſind, zählt man zweyn Leuchtkeſſel
(Flambeaux): den größern und kleinern. Da
hingegen man in jenen Zuckerſiedereyen welche
nur fünf Keſſel haben, keinen Laugenkeſſel darunter rechnet. Seine Stelle verſieht der Reinigungskeſſel, (Propre). In dieſem Keſſel
wird alſo angefangen die Lauge in den Beſou
zu gießen, nachdem man ſolchen vorher hat
durch ein Tuch laufen laſſen. Wo aber nur
vier Keſſel in einer Zuckerſiederey ſind, ſo verſieht der Reinigungskeſſel (la Propre), zugleich
die Stelle des Laugen (Leſſive), und Leucht-
keſſels (Flambeau): worinnen man den Beſou ſo lang kocht und reinigt, bis er tauglich befunden wird, in den Syropkeſſel geſchöpft zu
werden.

Fünfzehntes Kapitel.

Von dem übrigen Geräthe einer Zuckersiederey: nämlich Kühlkesseln (rafraichiß-
foirs); Rabenschnäbeln (becs de corbin);
Löffeln; Schaumlöffeln; Durchschlagkästen (caisses à passer); Seihtüchern (blanchets); Laugenfässern; Pfriemen (poinçons); und Zuckermessern (couteaux à
sucre). Art den Zucker zu probiren ob
er vollkommen ausgekocht ist,
oder nicht.

Die Geräthschaften der Zuckerfabricken bestehen aber aus Kühlkesseln (rafraichiß-
foirs); Rabenschnäbeln (becs de corbin);
löffeln; Schaumlöffeln; Durchschlagkästen
(caisses à passer); Seihtüchern (blanchets); laugentonnen, oder Fässern; Pfriemen (poinçons), und Zuckermessern (couteaux à sucre). Das übrige Zugehör welches in Zuckersiedereyen erfodert wird: als Häfen; Zuckerformen; Halbküsen (bailles); Cä-
nots; Spaten (louchets); Pagallen und
Besen, soll im nächstfolgenden Kapitel von mir
beschrieben werden. In den großen Zuckersiedereyen, hat man noch andere besondere Kessel,
worin-

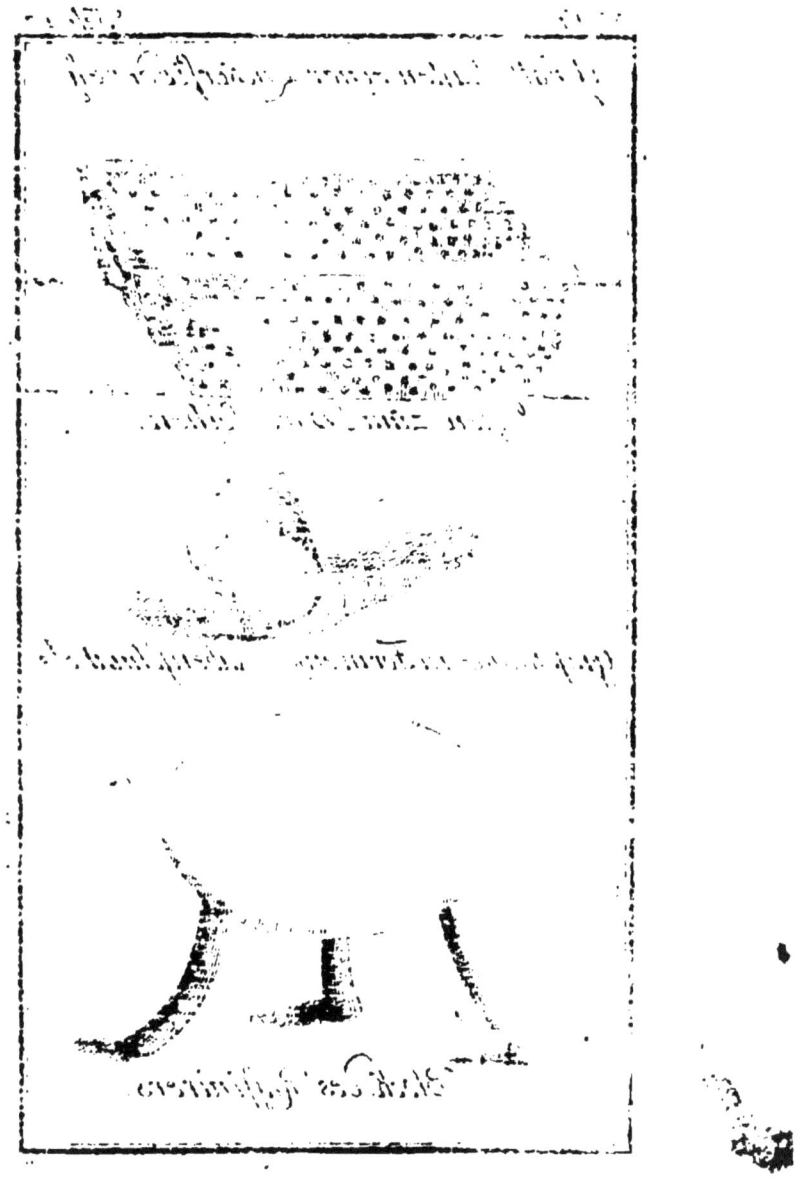

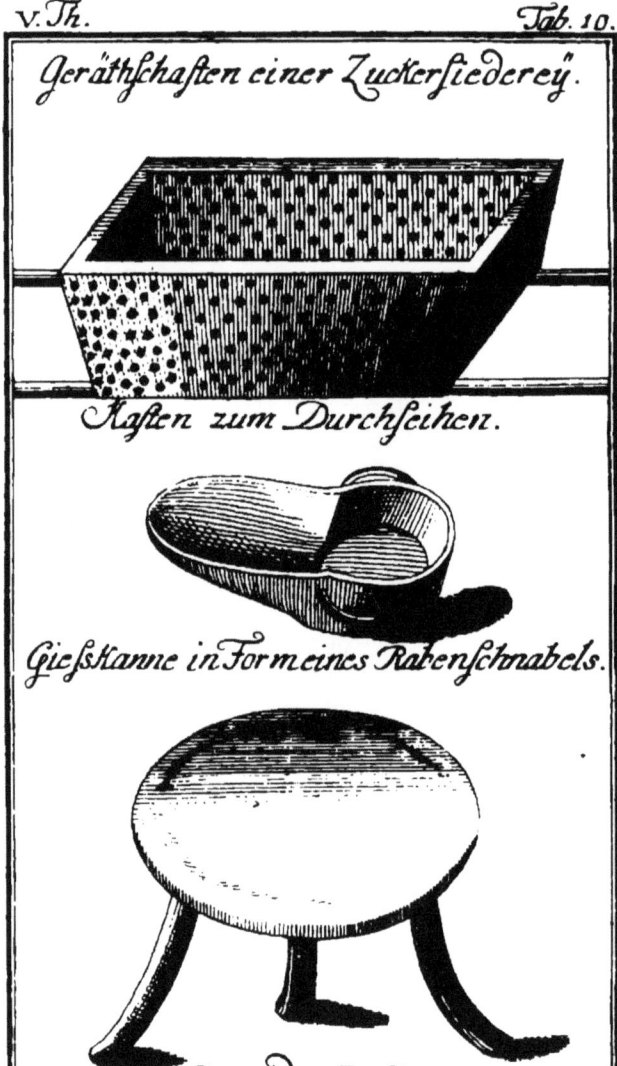

Geräthschaften einer Zuckersiederey.

Kasten zum Durchseihen.

Giesskanne in Form eines Rabenschnabels.

Block des Raffinirers.

worinnen der Zuckerschaum und Syrop abge=
kocht wird.

Die Kühlkessel (rafraichissoirs) sind von
rothen Kupfer, haben eine runde Form, und ei=
nen ganz flachen Boden. Ihr Durchschnitt
beträgt drey bis vier Schuhe: die Höhe aber
des Rands, zwölf bis achtzehn Daumen. Sie
haben zween bewegliche kupferne Ringe, damit
man sie allerwärts hintragen kann. In wohl=
eingerichteten Zuckerfabricken müssen zum wenig=
sten sechs dergleichen Abkühlungskessel vorhan=
den seyn, damit man, wenn weißer Zucker ver=
fertigt wird, die Syrops darinnen kann aus=
kühlen lassen.

Die Rabenschnäbel (becs de corbin),
sind gleichfalls aus rothen Kupfer gemacht.
Ich kann sie nicht besser beschreiben, als wenn
ich solche mit einer Hutform vergleiche, woran
drey Viertheile des Rands, hart an der Schnur
(au ras du cordon) sind weggeschnitten, der
vierte Theil hingegen ausgedehnt, und wie ein
Schnabel ist eingebogen worden. Gemeiniglich
haben sie einen Fuß im Durchschnitte, und sind
acht bis neun Zoll tief. Ihr Boden ist ganz
platt, und der Schnabel sticht um sieben bis
acht Daumen über den Umfang hervor. Sie
haben eine Handhabe, oder einen unbeweglichen

Griff

Griff von Eisen, oder Kupfer, der auf jeder
Seiten befestigt ist.

In dieses Instrument füllt man den Zucker,
wenn er aus dem Kühlkessel kommt, um solchen
in die Formen oder Canots zu bringen, und
ihn ohne Gefahr, denselben entweder auf den
Boden, oder sich gar auf die Füße zu schütten,
herauszugießen. Der Zucker lauft nämlich über den
Schnabel hinweg, bis in das hierzu bestimmte
Gefäs, ohne daß man Ursach hat zu befürchten,
es möchte etwas davon neben heruntertropfen.

Die Löffel sind rund, beynahe in der Gestalt eines Hutes. Sie haben acht bis neun
Zoll im Durchschnitte, und sind sechs bis sieben
Zoll tief. Der obere Rand ist auswärts mit
einem eisernen Reife umgeben, welcher ganz
herumgeht, und sich zuletzt in einen hohlen Stiel
endigt. In diesen Stiel, welcher einen Fuß
lang ist, wird der äußere Theil des Handgriffs
gestoßen, und festgenagelt. Es muß solcher
jedoch von einem gleichen und zähen Holze, fünf
Schuhe lang, und anderthalb Zoll dick seyn.

Dieser Löffel bedient man sich den Saft aus
einem Kessel in den andern zu füllen. Mithin
ist eine lange Handhabe nothwendig daran, um
den Kessel bis auf den Grund ausschöpfen zu
können. Man nimmt auch mit diesen Löffeln
den Zucker aus den Kühlkesseln heraus, und
gießt

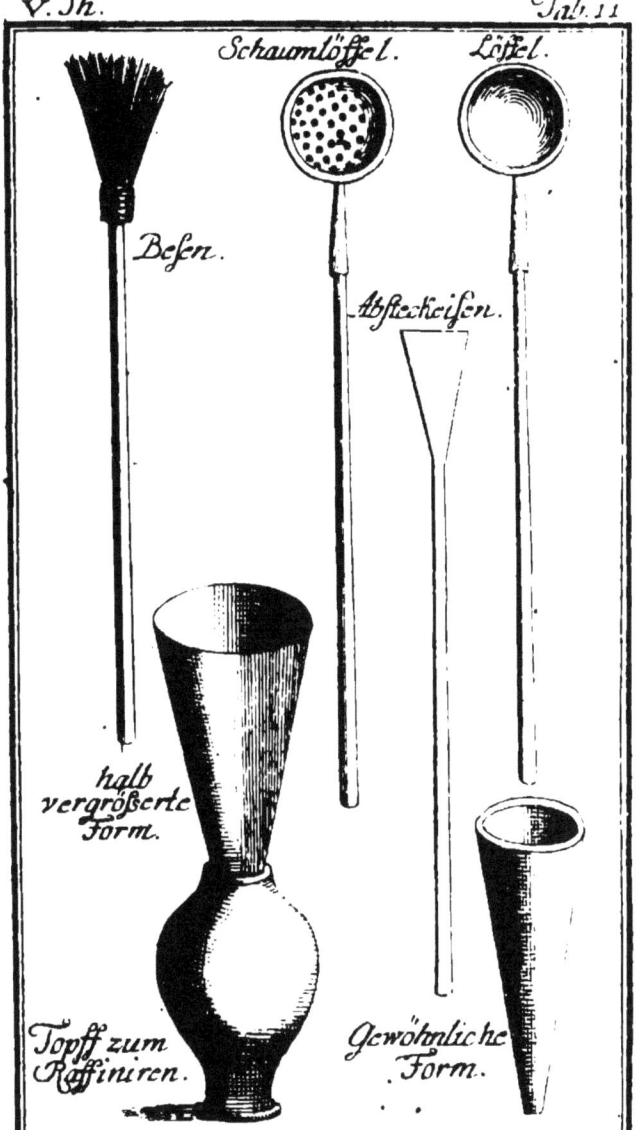

Schaumlöffel.   Löffel.

Besen.

Absteckeisen.

halb
vergrößerte
Form.

Topff zum
Raffiniren.

Gewöhnliche
Form.

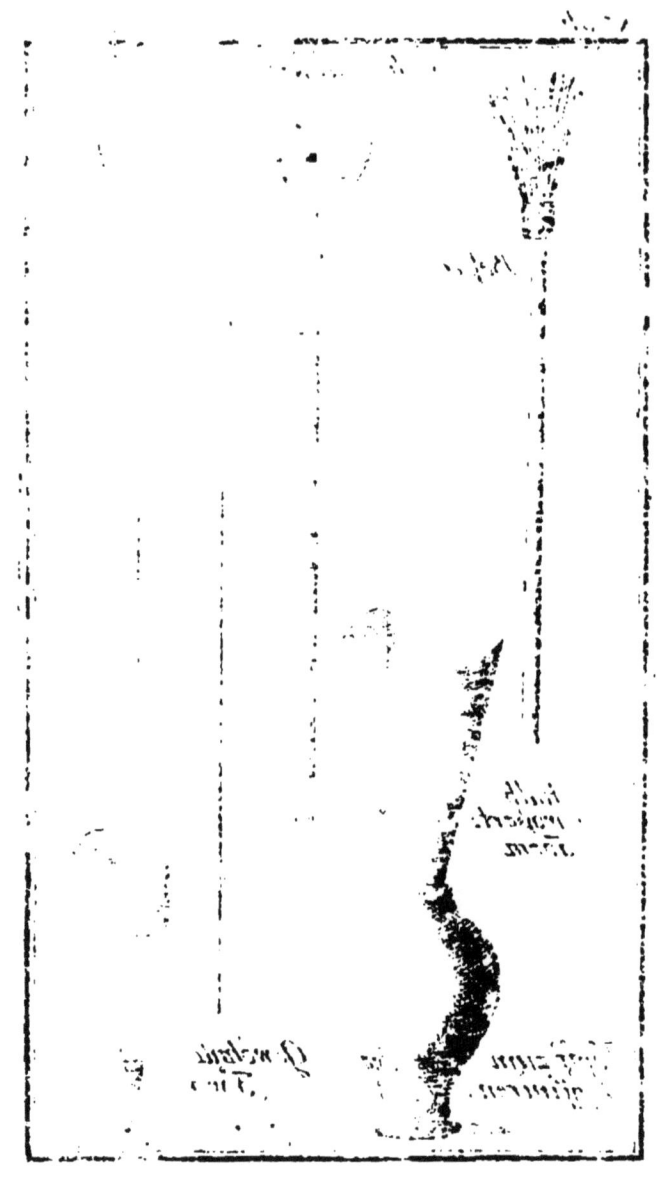

gießt solchen damit in die Rabenschnäbel. Meh,
rentheils werden sie, so wohl als die Schaum,
löffel, von rothen Kupfer verfertigt.

Wozu man die Schaumlöffel braucht, ist
ohnehin schon bekannt genug, daß ich es also
für etwas ganz überflüssiges halte, weiter etwas
davon zu melden. Es wird damit der Schaum
und andere Unreinigkeiten welche noch im Saf,
te befindlich seyn mögen, und sowohl von der
Hitze des Feuers, als durch die starke Lauge in
die Höhe getrieben werden, herabgenommen. Sie
werden von neun bis zwölf Zoll breit im Durch,
schnitte gemacht, unten verwahrt man sie mit
einem eisernen Stabe, der ringsherum lauft,
und sich zuletzt auf einen Stiel endigt, fünfze,
hen bis sechszehen Zoll lang, dessen äußerste
Spitze einen Schaft vorstellt, worein das un,
tere Theil der Handhabe gesteckt wird, welche
eben so lang ist als an den Löffeln.

Die Löcher welche hineingebohrt werden,
sind nach Beschaffenheit der Kessel wozu man
solche Löffel braucht, von unterschiedlicher Wei,
te. Diejenigen Löffel, deren man sich zum ab,
schäumen des großen, des Reinigungs, und des
Laugenkessels bedient, sind anderst gebohrt, als
jene zu den übrigen Kesseln. Ihr Durch,
schnitt beträgt eine bis drey Linien.

Ein

Ein jeder Keſſel muß ſeinen beſondern Löf=
fel, Schaumlöffel, und Beſen haben, dieſe In=
ſtrumenten werden überzwergs auf Stangen ge=
legt, die man durch die Pfeiler (ſupports)
ſteckt, welche an die Träger (ſommiers) des
Balkwerks feſtgenagelt ſind. Sie ſtehen fünf
bis ſechs Fuß oberhalb der Keſſel, damit man
dieſelben, ſo oft man etwas davon nöthig hat,
bequem herabnehmen, und wiederum hinaufſtei=
gen kann.

Die Beſen werden von den Blättern des
Latan oder Palmbaumes verfertigt. Man be=
feſtigt dieſe Blätter zu äußerſt an einem Stiele,
der ſechs Fuß lang iſt. Die Beſen an ſich
ſelbſt ſind ohngefähr neun bis zehen Zoll lang,
und drey Zoll dick.

Die Käſte worinnen man den Saft durch=
laufen läßt, iſt vier Fuß lang, und zween bis
dritthalb Schuhe breit. Ihre Tiefe beträgt
hingegen achtzehen bis zwanzig Zoll. Im Bo=
den und in die Seitenbretter, welche von einem
feſten Holze das nicht färbt müſſen gemacht wer=
den, bohrt man mit einem Hohlbohrer ſo viele
Löcher als nur ohne das Holzwerk allzuſtark zu
ſchwächen, geſchehen kann, nachdem ſie vorher
mit Schwalbenſchwänzen ſind zuſammen=
gefügt (aſſemblés à queue d'hironde),
und recht feſt genagelt worden. An beyde En=
de

de des Bodens werden ein paar dicke viereckigte
Leisten befestigt., damit die Küste oben auf der
Abdachung (glacis), zwischen dem ersten und
zweyten Keſſel aufrecht stehen kann,

In dieser Küste nun wird das Seihtuch
(blanchet) ausgebreitet, worein man den
Saft gießt, nachdem ſolcher vorher im großen
Keſſel rechtſchaffen iſt abgeſchäumt worden, damit
wenn er durch dieſes Tuch lauft, aller Schmuß
und andere grobe Unreinigkeiten welche er noch
bey ſich führen könnte, darinnen zurück bleiben möchten.

Dieſe Filtrirtücher (blanchets), werden
aus einem grohen, weißen, Ehlenbreiten wolle-
nen Tuche verfertigt, Sie werden anderthalb
Ehlen lang gemacht, und um ſolche deſto mehr
zu verſtärken, von einer Ecke zur andern, kreuz-
weiſe, ein vier Finger breiter Strief von grober
Leinwand darauf geneht. Rings herum wird
noch eine Leiſte von der nämlichen Leinewand,
einen Schuh breit, feſtgeneht, damit man das
Seihtuch hin und her ziehen kann, um den
Saft deſto beſſer durchzuſeihen, ohne ſolches zu
zerreiſen, wie es ganz unfehlbar geſchehen würde, wenn es nicht durch dieſen kreuzweiſen
Streif, und die rund herum genehte Leinwand
wäre ſtärker gemacht worden.

Ein

Ein solches Seihtuch kann aber nicht öfter als zu einem Kessel gebraucht werden, worauf man es waschen und trocknen muß, ehe man wieder frischen Saft zum filtriren hineingießen darf, indem nichts durchlaufen kann, so lang sie naß sind. Es müssen daher in einer Zuckerfabrick wo rechtschaffen gearbeitet wird, immer sechs dergleichen Filtrirtücher vorhanden seyn. Ferner ist hierbey noch zu bemerken, daß, wenn man sich dieser Seihtücher drey bis vier Monathe lang bedient hat, ihre Wolle dadurch abgesengt wird. Sie werden folglich dünn und unbrauchbar, indem die Unreinigkeiten eben so leicht als der Saft durchlaufen: man findt sich daher genöthigt solche mit neuen zu verwechseln, und die alten zu etwas anderes zu gebrauchen, sobald man sie in der Mitte verbrannt, und von Haaren entblößt sieht.

Das einzige Mittel worinnen man hier sparsam seyn kann, ist, wenn man das Filtrirtuch die ganze Länge herunter entzweyschneidt, und die beyden entgegenstehenden Seiten wieder zusammennäht, welche folglich in die Mitten kommen, und die Dauerhaftigkeit des Tuchs vermehren helfen. Was dieses anlangt, darf man vor allen Dingen nicht karg seyn, weil man sich dieser Seihtücher nur zum weißen Zucker bedient, wo man nicht Vorsicht genug an

wen

wenden kann, ihn recht zu lämern und zu rei=
nigen. Wenn diese Filtrirtücher nicht mehr
tauglich sind, giebt man solche den Negern und
Negerinnen, um sich desto besser bedecken und
ihre Kinder hineinwickeln zu können. Diese
Gattung von Tüchern wird auf den Inseln nach
dem Marktpreise der übrigen Waaren verkauft.
Als ich daselbst war, kaufte man die Ehle um
sieben Franken. *)

Die Lauge welche man in den Saft gießt,
ihn zu reinigen, ist eines der wichtigsten Stücke
von der Wissenschaft eines Raffinirers. Ge=
meiniglich bedient man sich eines leeren Fleisch
oder Proviantfasses, worinnen sie angesetzt wird=
Wenn man aber ein eigenes Gefäß hierzu will
machen lassen, so giebt man ihm die Figur ei=
nes abgestutzten Kegels. Es wird drey Fuß
hoch, und im größten Durchschnitte zween
Schuhe weit gemacht, wobey es immer bis auf
sechs Zoll, als dem kleinsten Durchschnitte, ab=
nimmt, und in der Mitte desselben eine Oeffnung
eines halben Zolls groß, bekommt.

Mit dem einen Theile wird dieses Fäschen
auf ein niedriges Stühlein gesetzt, welches ge=
rade so weit durchbrochen ist, daß es bequem

L 5 hinein=

*) Sieben Franken betragen nach deutscher Gel=
de, drey Gulden, zwölf und einen halben
Kreuzer, Rheinischer Währung. Uebers.

hineinpaßt. —Unter das Loch stellt man ein anderes Geschirr, um die Lauge so wie sie herauslauft darinnen aufzufangen. Wenn nun das Laugenfaß, auf das Stülchen, oder auf den Dreyfuß ist gesetzt worden, alsdann wird das Spindloch mit einer Menge langer und ganzer Strohhalme verstopft. Hierauf legt man eine Schicht von nachfolgenden Kräutern hinein, nachdem man solche vorher zwischen den Händen zerrieben, und klein gehackt hat.

Das erste darunter ist das sogenannte Kornkraut (herbe a blé). Dieses Kraut wächst Büschelweise wie das Korn, welches erst seit drey bis vier Monathen aufgegangen ist, mit welchem es ungemein viel Aehnlichkeit hat. Man reißt aber allemal den ganzen Büschel nebst der Wurzel heraus, welche sehr klein ist.

Das zweyte Kraut wird Pickenkraut (herbe à pique) genannt. Es hat diese Pflanze einen geraden Stengel, so dick als das Rohr von einem Gansskiele, und ist fünfzehen bis achtzehen Zoll hoch. An der äußersten Spitze kommt ein Blatt zum Vorscheine, welches in Ansehung der Festigkeit und Farbe, mit dem Sauerampferblatte übereinkommt, und übrigens dem Eisen von einer Picke gänzlich gleich sieht.

Das

Das dritte Gewächs endlich, ist die sogenannte übelberüchtigte Pflanze (la mal-nom-
mée). *) Dieses Kraut ist dünn, zart, und
beynahe eben so kraus als die Haare der Neger.
Von diesen dreyerley Arten Kräutern, wird von
einem so viel als vom andern, nebst einigen
Trümmern von der Brennen verursachenden
Lianne (lianne brulante), genommen. Diese Lianne ist zwar eine Gattung Epheu, hat aber
zärtere und dünnere Blätter, und ein viel
schwammigteres Holz, als der Europäische
Epheu. Es werden vorher sowohl die Blätter
als das Holz ein wenig zermalmt, ehe man solche in die Tonne legt.

Mit diesen vier Arten von Kräutern, wird
also der Boden des Fasses bis auf drey Viertel
seiner

*) Ich habe zwar sowohl wegen dieser Pflanze,
als der beyden andern, herbe à blé, und
herbe à pique, die besten ältern und neuern
botanischen Werke und Realwörterbücher nach-
geschlagen, auch einen hiesigen gelehrten Kräu-
terkenner darüber zu Rath gezogen: allein
nirgends den eigentlichen Namen dieser Pflanzen in Erfahrung bringen können. Labat mag
also, wie ich hieraus nicht ohne Grund vermuthe, diese Benennungen ihm ganz unbe-
kannter Kräuter, vielleicht selbst erfunden haben. Ueberf.

feiner Tiefe belegt, hernach aber eine Schicht
Afche eben fo dick darüber geftreut, wozu man
die Afche vom beften Holze welches nur ift verbrennt worden, erwählt. Dergleichen find
zum Beyfpiele, der Kaftanienbaum; das foge-
nannte rothe und caraibifche Holz; der See-
traubenbaum (raifinier); der Pomeranzen-
baum, und andere harte Holzarten, wovon die
Afche und Kohlen viel Salztheile enthalten.
Auf diefe Lage von Afchen, wird eben fo dick,
eine Lage ungelöfchter Kalk gelegt, und oben
darauf wieder eine frifche Lage von den nämlichen Kräutern. Hierzu fügt man noch ein oder
zwey Stücke vom Indianifchen Blumenrohre
(cannes d' Inde), oder giftigen Aron (fe-
guine batarde) welche im Feuer abgefchwelkt,
und in Scheiben fo dick als ein Thaler gefchnit-
ten werden.

Diefe Pflanze wächft am Ufer der Moräfte.
Sie hat einen runden, ohngefähr Daumens-
dicken Stengel. Ihre Haut ift fehr dünn und
überaus grün, das Innere ift weiß, ziemlich
dicht, und mit einem ganz außerordentlich beißen-
den Safte angefüllt, der in alle leinene und
wollene Zeuge, wo nur ein Tropfen davon hin-
kommt, einen fehr häßlichen Flecken macht, der
nicht mehr kann herausgebracht werden. Ihre
Blätter find was die äußerliche Geftalt anlangt,

den

den Lauch (porée) oder Berte (bette) Blättern vollkommen ähnlich. Allein sie sind viel grüner und glätter, und haben beynahe ganz unmerkliche Fasern. Man legt aber die Blätter nicht mit in die Lauge. Alle diese Kräuter sind außerordentlich scharf und fressend.

Auf solche Art füllt man das Fäßchen Schichtenweise mit Asche, Kalk und Kräutern, bis es ganz voll wird, und oben darauf wird noch eine Lage von diesen Kräutern gestreut, welche vorher rechtschaffen sind zerrieben und klein gehackt worden. Wenn man Aschen dazu nimmt, welche erst frisch aus dem Ofen gekommen, und also noch ganz glühend heiß ist, so wird das Fäßlein nur mit kalten Wasser angefüllt: wenn aber die Asche bereits kalt ist, so muß das Wasser vorher siedend gemacht werden, ehe es in das Faß gegossen wird.

Unter das Loch welches mit Stroh ist verstopft worden, setzt man einen irrdenen Topf, oder sonst ein Geschirr, um das heraustropfende Wasser hierein aufzufangen, welches man wieder ins Faß gießt, und über die darinnen befindlichen Trester laufen läßt, bis diese Lauge so stark wird, daß, wenn man etwas davon mit der Spitze seines Fingers auf die Zunge tropfen läßt, man solches nicht leiden kann, und

die

die Finger dadurch so gelb werden, als ob man
sie in Scheidwasser eingetaucht hätte.

Wenn die Zuckerrohre unreif, und eben
daher noch fett, und hart zu läutern sind, wird
diesen Kräutern, rohes, in Pulver verwandel-
tes Spießglas, noch beygesellt, diese Materie
reinigt zwar den Zucker vortrefflich von allen
Schmuße: schwärzt aber dagegen die Lauge, und
macht den Zucker grau.

Die Pfriemen (poinçons) deren man sich
bedient, den Zucker wenn er in den Formen
steht damit zu durchbohren, sind entweder von
Eisen, oder von Holz. Ihre Länge beträgt
einen Schuh, und fornen, bey ihrem runden,
wie ein Knopf formirten Griffe, sind sie ohngefähr Daumens dick. Man nimmt aber deswegen Caraibisches Holz hierzu, weil es nicht
allein überaus fest ist, sondern auch sehr lange,
hart aneinander liegende Fasern hat.

Die Messer, oder Spaten, womit der Zucker in den Formen herumgerührt wird, sind
gleichfalls von Caraibischen Holz. Sie werden
drey Schuhe lang, und von einem Ende, bis
auf sechs oder sieben Zoll hin, zween Daumen
breit gemacht, um anstatt des Griffs zu dienen.
Die Spaten selbst, sind in der Mitte fünf Linien dick, und werden gegen die Seiten zu,
wie ein stumpfes Messer, immer schmähler.

Man

Man gebraucht sie auch eine Zuckerprobe damit herauszunehmen: das heißt, nachzusehen, ob der Zucker, der sich im Batteriekessel befindt, vollkommen ausgekocht ist, oder nicht. Zu diesem Ende tunkt man das Messer in den Batteriekessel, und nachdem man solches ganz mit Syrop überdeckt wieder herausgezogen hat, berührt man es mit dem Daumen an der rechten Hand, worauf man sogleich mit dem mittlern Finger der nämlichen Hand dahin fährt, wo der Zucker welcher vom Messer ist abgenommen worden, noch auf dem Daumen liegt. Alsdann wird der Finger ganz langsam ausgedehnt, um den anklebenden Zucker in Fäden zu ziehen: der Daumen hingegen, nur ein wenig hin und her bewegt, damit der Zucker hiervon entzweybreche. Je höher nun, oder näher am Finger der Faden bricht, desto weniger Consistenz hat er: je länger hingegen der Faden sich ziehen läßt, desto besser ist der Zucker ausgekocht.

Hierinnen also besteht eigentlich die ganze Wissenschaft des Raffinirers: indem nicht alle Zuckerrohre den nämlichen Grad der Kochung erfodern. Die unreifen Rohre wollen nämlich viel stärker ausgekocht seyn, als jene Rohre, welche eben den rechten Grad ihrer Zeitigung erlangt haben, oder schon überreif sind. Der ungeläuterte Zucker muß ebenfalls weit mehr ein-

ringefottenwerden, als der Zucker welchen man
zum Bleichen beſtimmt, und daher mit Erde
überdeckt hat. Die jungen Zuckerrohre brauchen desgleichen nicht ſo ſtark gekocht zu werden.
Wenn der Saft noch fett iſt, und ſich in
Fäden ziehen läßt, ſo kann aus der gewöhnlichen Probe unmöglich mit Gewißheit erkannt
werden, ob er gehörig ausgekocht iſt, oder
nicht: man muß alſo ſolches aus der Figur ſeiner Blaſen abnehmen, welche er aufwirft indem man ihn mit dem Löffel herumrührt. Sieht
man ihn recht perlicht, das heißt, wenn er auf
dem Rücken des Löffels, viele kleine Blaſen
wie Saatperlen (femence de perle) geſtal-
tet, und von der nämlichen Farbe, in die Höhe wirft: alsdann iſt hieraus zu ſchließen, er
habe die gehörige Dickung erlangt. Weit
ſchwerer hält es mit dieſer Kenntniß, wenn man
ihn länger als nöthig iſt, hat einkochen laſſen,
indem er alsdann weder Fäden giebt, noch zerbricht. Das einzige Mittel iſt, ihn alsdann
wieder zu verdünnen. Dieſes geſchieht, wenn
man in den Batteriekeſſel zwey bis drey Kuffen
voll durchgezwungenen Veſou, oder kochenden
Waſſers ſchüttet, und denſelben alsdann wieder
von neuen abzuſchäumen anfängt. Mit einem
Worte zu ſagen, braucht es zuweilen ein zieml-
liches Nachſinnen, bis man den rechten Grad

der

der Einkochung des Zuckers sindt: da es hierinnen gleich gefährlich ist, das gehörige Maaß zu
überschreiten, oder zu verfehlen. Wenn er zu
viel gekocht hat, kann sich der Syrop nicht von
seinem Korne losmachen, und der Zucker wird
niemals recht weiß werden. Auf der andern
Seite hingegen, sinkt sein noch unformirtes
Korn mit dem Syrop zu Boden, und verursacht einen sehr großen Schaden.

Sechszehntes Kapitel.

Von den verschiedenen Arten der Zuckerformen, und was hierbey noch zu beobachten ist: desgleichen von den Lampen
und ihrem Oele in den Zuckersiedereyen.
Beschaffenheit der Absteckeisen (louchets)
und übrigen Geräthschaften, die in einer
Zuckerfabrick erfodert werden: nicht weniger von den Schirmdächern
der Oefen.

Die Formen deren man sich auf den Inseln
bedient, werden entweder im Lande verfertigt, oder kommen aus Frankreich, besonders aber von Bordeaux. Diese letztern sind

Mundloch (bouche) haben, welches man sonst
den Hals (collet) zu nennen pflegt. Man
muß sich aber hüten Füße daran zu machen, wie
es bey jenen von Bordeaux größtentheils ge=
schieht. Denn da diese Füße mehrentheils nur
angesetzt sind, werden sie gern loß, und machen
den Topf unbrauchbar. Diejenigen Töpfe wel=
che auf den Inseln gemacht werden, sind fünf=
zehen bis sechszehen Daumen hoch. Ihre Oeff=
nung hat ohngefähr fünfthalb Zoll im Durch=
schnitte. Der Boden ist doppelt so groß, und
ihr Bauch mag fünfzehen bis sechszehen Dau=
men weit seyn.

Der Preis dieser Töpfe richtet sich je nach
dem man solcher bedürftig ist, oder ob dieselben
im Ueberflusse, oder nur in sehr geringer An=
zahl vorräthig sind. Gemeiniglich wird der
Topf nebst der Forme, im Lande, und zwar
wenn man solche in der Fabrick selbst wo sie ge=
macht werden nimmt, um einen drey Livres, oder
halben Laubthaler, verkauft.

Ehe man sich dieser neuen Formen bedient,
ist zweyerley dabey zu beobachten. Erstlich
muß man solche mit drey Liannen Reifen um=
geben, damit sie nicht bersten. Einer davon
kommt über den Hals (collet) am Rande ih=
res weitesten Umfangs: der andere gegen das
Drittheil ihrer Länge, der dritte endlich, fünf
bis

bis sechs Zoll oberhalb ihres Endes. Zu die=
sen Reifen nimmt man eine Art von Liannen,
welche so dick als ein kleiner Finger, und wenn
sie abgeschält werden, grau sind. Man nennt
solche deswegen die Petersilienliannen, weil ih=
re, wiewohl viel grössere Blätter, den Peter=
silienblättern ähnlich sehen. Man spaltet solche
voneinander, und legt sie doppelt herum, wo=
bey der zweyte Ring den erstern überdeckt.

Der Raffinirer der eine Zuckerform reifen
will (cercler), als welche Arbeit ihm eigent=
lich zukommt, setzt solche auf ein großes rundes
Stück Holz, und zwar mit ihrem weitesten Um=
fange, damit sie von selbst aufrecht stehen blei=
be. Man nennt dieses den Boden der Forme,
das spitzige Ende hingegen, ihr Haupt. Die=
ser Kloß ist ein Trumm oder Stock von einem
Baume, ohngefähr zween Fuß in Umfang,
welchen man besserer Dauerhaftigkeit wegen, ei=
nen Schuh dick macht. Man läßt ihn auf drey
oder vier Beinen ruhen, welche ohne die Höhe
des Stocks zu rechnen, ohngefähr ein paar
Schuhe hoch sind, daß also der ganze Stock
drey Fuß hoch ist. Wenn nun die Zuckerform
solchergestalt auf den Stock gesetzt ist, wird der
größte Reif auf die Form gelegt, und durch
den Schlägel mit Gewalt so weit hineingetrie=
ben bis er den Kranz (cordon) erreicht hat,

M 3 wobey

wobey man die Form immer mit der rechten
Hand herumbreht.

Dieser Schlägel (chaffeoir) wird größe=
rer Dauerhaftigkeit wegen, und einen desto fe=
stern Streich damit führen zu können, aus ei=
nem harten schweren Holze von gewöhnlicher
Länge gemacht, und mit einem runden Hand=
griffe versehen. Das Treibholz (chaffe) ist
nichts anders als ein Stück von einer Faßdau=
be, sieben bis acht Zoll lang, und drey bis vier
Daumen breit. Man bedient sich aber der Faß=
dauben um so lieber hierzu, als eines jeden an=
dern Holzes, weil sie tiefrund (conca=
ves) sind, und sich daher besser an den ausge=
bogenen Umfang der Form legen.

Auf die nämliche Art wird mit den beyden
übrigen Reifen verfahren. Sie werden aber
jederzeit enger gemacht, als für den hierzu be=
stimmten Platz erfodert wird, damit man die=
selben mit solcher Gewalt als sie nur immerhin
auszuhalten vermögen, hineintreiben kann.
Da sich übrigens die Reife von grünen Liannen,
strecken, so bleiben sie auch fester anliegen, als
wenn sie von dürren gemacht sind.

Das zweyte Stück worauf man bey neuen
Zuckerformen zu sehen hat, bestehet darinnen,
daß man solche zween bis drey Tage lang, in
Canots mit Wasser angefüllt, weichen läßt,
unter

unter welches Zuckerrohrsaft, grober Syrop, und Zuckerschaum gemengt wird, um diese Materie miteinander gähren zu lassen, und hernach Brandtewein daraus zu machen. Diese Zurichtung ist so höchst nöthig, daß, wenn man solche unterläßt, der Zucker welcher in die Formen gegossen wird, so fest darinnen anklebt, daß man ihn unmöglich anderst als Stückweise wieder herausbringen kann, da er in die leeren Luftlöcher der Zuckerformen schlieft. Dieses geschieht aber nicht wenn sie vorher sind eingeweicht worden, indem alsdann diese Luftlöcher von dem erwähnten Safte ausgefüllt und durchdrungen werden.

Alsdann werden diese Zuckerformen mit größter Sorgfalt ausgewaschen, um ihnen den sauern und starken Geruch welchen sie an sich gezogen haben, zu benehmen, und läßt sie, noch ehe man Zucker hineinfüllt, zwölf bis fünfzehen Stunden lang in süßen Wasser liegen. Eben dieses wird beobachtet, so oft man frischen Zucker eingießt, wenn sie auch noch so lang sind gebraucht worden. Das nämliche geschieht auch mit den Häfen. Man ist besorgt sie allezeit auszuwaschen, und hernach umgekehrt auf das Mundloch zu stellen, wenn man vorher den darinnen befindlichen Syrop ausgeleert hat.

Es dörfen aber die Raffinirer ja niemals
unterlassen, um den ausgebogenen Rauft des
Hafenloches einen Reif zu legen: als welches
sie nicht allein in guten Stand erhält, sondern
auch verhindert entzwey zu brechen, wenn die
Last von einer mit Zucker angefüllten Form hin,
eingesetzt wird. Die gewöhnlichen Formen aus
Bordeaux, können dreyßig oder fünf und
dreyßig Pfunde Zucker enthalten, welche aber,
nachdem er ist gebleicht, und im Dörrhause
(é uve) getrocknet worden, bis auf zwanzig oder
zwey und zwanzig Pfunde zusammenschwinden.

Die verstärkten, oder unächten (bâtardes)
Zuckerformen, enthalten doppelt so viel: da
man sich aber derselben bloß zum Syropzucker
bedient, welcher viel leichter als der Rohrzucker
ist, läßt es sich auch nicht so genau bestimmen,
wie viel sie etwann fassen möchten, wenn der
Zucker gebleicht wird, indem es hierbey ganz
allein auf die Geschicklichkeit des Raffinirers an,
kommt der ihn bearbeitet hat. Dieser kann den
Zucker körnicht, dicht, und schwer machen, je
nachdem er in seiner Kunst erfahren ist, oder
nicht, wie wir solches nachher zeigen werden.
Die Formen auf den Inseln enthalten fünfzig
bis sechszig Pfunde Zucker, welcher durchs Blei,
chen nach Beschaffenheit seiner Güte im Gewich,
te leichter wird.

Man

Man bedient sich in allen Zuckersiedereyen einer Gattung Lampen mit zween Dochten, wozu ohne Unterschied, Fischthran oder Palma Ch istiöl genommen wird. Nun ist zwar dieses letztere wie ich schon bemerkt habe, etwas theuer, als der Fischthran, dennoch aber weit vortheilhafter zum Brennen, indem es nicht allein weniger Unreinigkeit bey sich führt, sondern auch länger dauert, und ein weit stärkeres und helleres Licht denn obiges Oel verbreitet. Hierauf kann aber in einer Zuckerfabrick nicht sorgfältig genug gesehen werden, da von den Kesseln ein so dicker Rauch aufsteigt, daß man schon um dieser Ursache willen allein, der Hellung höchst benöthigt ist, zumalen wenn weißer Zucker verfertigt wird. Ohne die Lampe des Raffinirers zu rechnen, welche er hinträgt wo es nöthig ist, setzt man allemal zwischen zween Kessel eine Lampe. In solchen Zuckerfabricken aber wo man nur ungeläuterten Zucker macht, ist es unnöthig so viel Hellung zu haben.

Der ungeläuterte Zucker wird aus dem Kühlkessel in Tröge, oder hölzerne Canots gefüllt, welche man neben den leeren Raum hinsetzt, der vor jedem Kessel, wie ich bereits angezeigt habe, freygelassen ist. Diese Tröge oder Canots, werden aus einem einzigen Stücke Holz, von welcher Art es auch immerhin seyn

M 5   mag,

mag, verfertigt, indem ſie nicht in Regen ſtehen, und alſo auch keine Gefahr laufen zu verfaulen. In dieſen Canots wird nun der Zucker
völlends kalt genug, um hernach in Tonnen gefüllt werden zu können.

Da man nun Meſſer oder Spaten nöthig
hat, um den Zucker, während daß er in den
Formen ſteht, damit herumzurühren: ſo braucht
man gleichfalls ein viel ſtärkeres Inſtrument
für jenem in den Canots befindlichen. Man
bedient ſich aber hierzu einer etwas kleinern Pa-
gaile, als man in den Canots auf dem Meere
zum ſchwimmen nimmt, um den Zucker im Canote rechtſchaffen damit herumzurühren, ehe man
ſolchen in die Tonnen füllt. Auf ſolche Art
muß ſich das Korn gehörig mit dem Syrop ver-
mengen, und das ſchon formirte Korn (grain)
dicker werden, oder dem Ueberreſte hierzu be-
hülflich ſeyn.

Man bedient ſich noch, überdieſes eiſerner
Spaten, oder Abſteckeiſen (louchets de
fer). Ihre Schaufel iſt vier Schuhe breit,
und ſechs Fuß lang. Es wird der Zucker welcher ſich als eine Rinde an das Canot oben herum anlegt, und mehrentheils das grobkörnigſte
davon iſt, damit abgelöſt, und herunter ge-
kratzt.

Das

Das Werkzeug dessen man bey den Oefen bedarf, hat sehr wenig zu bedeuten. Es bestehet bloß aus einigen Stangen, womit man das Holz tiefer in den Ofen stößt, und es gehörig zusammenruckt, damit es gut brennen, und eine stärkere Flamme von sich geben kann. Ferner aus einem Stücke Eisen, ohngefähr ein paar Fuß lang. In das eine Ende desselben, welches hohl ist, wird ein Stab gesteckt: mit dem andern umgebogenen und platten Ende hingegen, werden die Kohlen herausgenommen, auch stößt man die Asche damit herunter, welche auf dem Roste liegen bleibt.

Die Oefen sind jederzeit mit einem abhänglgen Wetterdache (abavent) versehen, welches auf der einen Seite an die Mauer der Zuckerfabrick mit eisernen Klammern befestigt wird, die es mehr als einen Fuß lang, davon entfernt halten, um dem Rauche freyen Durchgang zu gestatten. Auf der andern Seite hingegen, ruht es auf Holzpfählen, oder gemauerten Pfeilern, worauf man die Mauerlatten (sabliere) legt.

Zu dergleichen Schirmdächern nimmt man allezeit Dachschindeln oder Ziegel, niemals aber Schiefersteine, welche von der Hitze nur springen würden. Dieses wäre nunmehr alles was sich über die Zuckerfabricken und ihre Geräthschaften sagen läßt.

Sie-

Siebenzehentes Kapitel.

Von den mancherley Gattungen Zucker;
der Verschiedenheit des Zuckerrohrsaftes,
und wie solcher überhaupt muß gereinigt
und zubereitet werden. Unterricht für
Kaufleute, die vielen Betrügereyen wel=
che in Ansehung des Zuckers und der hier=
zu benöthigten Geräthschaften begangen
werden, zu erkennen, und sich dafür zu
hüten. Allerley Beobachtungen über den
Preis des Zuckers auf den Inseln zu Ende
des vorigen Jahrhunderts, und den hier=
aus entstandenen großen Gewinn der Raf=
finirer. Nachricht vom Ursprunge des
mit Thonerde gereinigten Zuckers (sucre
terré), und der Fabricken worinnen weißer
Zucker verfertigt wird; wie auch von dem
großen Handel der zu Anfang dieses Jahr=
hunderts auf den Amerikanischen der
Krone Frankreich zuständigen Inseln da=
mit getrieben wurde, und wie lang
solcher gedauert hat.

Man zählt wohl zehnerley Arten von Zucker.
Indessen darf man eben nicht glauben,
als ob ich diesen Unterschied nur mache, wie es
die Spetzereyhändler, Materialisten, und ande=
re Krämer zu thun pflegen, welche ihn nach

dem

dem Gewichte, und nach der Größe der Zuckerformen, oder Zuckerhüte die bey ihnen zu verkaufen sind, bestimmen. Diejenigen, welche also sprechen, und davon schreiben, legen hierdurch sattsam an den Tag, daß sie ganz unrechte Nachrichten haben, und viel besser thäten, den Zucker unverfälscht zu verkaufen, als dessen Natur und Eigenschaften zu untersuchen.

Wie solches unter andern auch, dem bekannten Materialisten Pomet *) wiederfahren ist, der in seinem großen Werke von den Eigenschaften aller Materialwaaren, den Zucker lediglich nach dem Gewichte der Zuckerhüte welche in seinen Laden gekommen sind, zu unterscheiden weis: woraus man auf die Richtigkeit seiner übrigen Nachrichten, zumalen da er die rothen Scharlachkörner (silvestre) ebenfalls mit der

Co-

---

*) Von diesem Materialisten, **Peter Pomet**, habe ich bereits im vierten Bande dieser Uebersetzung S. 99. einige Nachricht ertheilt; wohin ich also die Leser verweise, und hier nur noch erinnere, daß die erste Ausgabe seiner histoire des drogues, folio, Paris 1694. der zweyten und vermehrten Auflage, welche 1735 eben daselbst in zween Medianquartbänden an das Licht getretten ist, wegen der bessern Kupferabdrücke, von den Bücherliebhabern noch vorgezogen wird. Uebers.

190

Cochenille verwechselt, nicht unbillig schließen kann.

Die zehen verschiedenen Gattungen Zucker, haben aber folgende Benennungen.

1) Ungeläuterter Zucker; oder Moscouadeszucker.

2) Durchgelassener Zucker; oder grauer Cassonadezucker.

3) Mit Thonerde gereinigter Zucker; oder weißer Cassonadezucker (sucre terré).

4) Raffinirter Zucker; gestoßen, oder in Hüten.

5) Königszucker.

6) Gestampfter Zucker (sucre tappé).

7) Candyzucker.

8) Feiner Syrupzucker (sucre de syrop fin.)

9) Grober Syrupzucker (sucre de gros syrop.)

10) Schaumzucker. (sucre d'ecumes).

Der ungeläuterte Zucker (sucre brut), oder Moscouadezucker, wird zu allererst aus dem Zuckerrohrsafte hervorgebracht. Dieser ist am leichtesten zu machen, und aus ihm entspringen alle übrige Arten von Zucker.

Man verfertigt ihn aber folgender Gestalt. Nachdem die Zuckerrohre in der Mühle sind ausgepreßt worden, und ihr Saft, Brühe,

be, Vesou, oder Wein, wie es an einigen
Oertern heißt, im Canote, oder großen Kessel
sich befindt, alsdann wird seine Güte auf das
genaueste untersucht, um ihn gehörig behandeln
zu können. Wenn nun der Vesou, oder die
Brühe, hell und weißlicht aussieht, und ein
dünner Schaum von der nämlichen Farbe, oben
darauf schwimmt: so erhellt hieraus sicher und
gewiß, daß er noch grün und fett ist.

Wenn er hingegen braun, klebricht und
schleimigt ist, und indem er von der Brücke ins
Canot hinabtropft, oder in den Kessel abfließt,
einen grauen dicken Schaum formirt, und einen
süßen, gleichsam gewürzartigen Geruch hat:
so ist dieses ein Kennzeichen daß der Saft gut
und kernigt, leicht zu kochen und zu reinigen sey,
und man davon einen vortrefflichen Zucker bekommen werde.

Sollte aber der Vesou schwärzlicht und dick
seyn, übel, und etwas säuerlicht riechen, so ist
hieraus abzunehmen, daß die Zuckerrohre alt
waren: der Vesou wird auch, ungeachtet sie
mit der zuckrigten Materie angefüllt gewesen
sind, hart vom Schmuße können gereinigt werden, da er bereits überzeitig, und zum Theile
schon durch die Sonnenhiße ist ausgekocht worden. Indessen kennen Leute die hierinnen erfahren sind, diesen Unterschied, sobald sie nur
die

die Zuckerrohre sehen, oder höchstens etwas davon kosten. Hiernach richten sie sich alsdann
in der Zubereitung ihres Vesou, von der Zeit
da er in den großen Kessel kommt, bis er aus
dem Batteriekessel geschöpft wird.

Im erstern Falle wird der Löffel ohngefähr
mit eben so viel Asche angefüllt, als eine Pariser Pinte enthalten mag, wozu noch in gleicher Meng, ungelöschter und zu Pulver gestoßener Kalk genommen wird. Hierauf füllt man
den Löffel mit Vesou, und rührt diese Materien
gut durcheinander. Alles zusammen wird sofort
langsam und sachte in den großen Kessel hineingegossen, damit, wenn irgend etwann ein
Brocken Kalk sich noch nicht recht sollte aufgelöst haben, und zergangen seyn, nichts davon
in den Kessel fallen möchte. Dieses ganze Ge-
mengsel wird hernach im Kessel recht herumgerührt, damit es gehörig miteinander vermischt
werde.

Es wird aber hierdurch der Vesou vom
Schmutze gereiniget, indem seine fetten ölichten
Theile von jenen abgesondert werden, woraus
eigentlich das körnigte Wesen des Zuckers bestehen soll. Diese Unreinigkeiten sammlen sich,
je heisser der Kessel wird, und schwimmen oben
als ein Schaum herum, der um so fetter, bitterer, und klebrigter ist, da Kalk und Asche

durch

durch ihre Schärfe, und ihre beisende Eigenschaft, den übrigen Vesou, woraus das körnigte Wesen des Zuckers eigentlich bestehen soll, zu
reinigen.

In zweyten Falle mengt man unter den
großen Kessel, nur ohngefähr einen Schoppen
Asche, mit ein Drittheil Kalk, besonders wenn
weißer Zucker verfertigt wird: indem der Kalk
den Vesou, mithin auch den hieraus entsprin-
genden Zucker, roth färbt. Im dritten endlich,
wird eine Pinte Asche, nebst einem Schoppen
Kalk genommen. Man darf aber nicht vergessen Spießglaß unter die Lauge zu mengen,
und einige Minuten vorher, ehe man den Zucker herausschöpft, ohngefähr einen Schoppen
Kalkwasser, worinnen Alaun ist aufgelößt worden, in den Batteriekessel zu gießen. Ja man
sieht sich sogar in diesem dritten, und im ersten
Falle, zum öftern genöthigt, fein gestoßenen
Alaun in den Batteriekessel zu werfen, um das
fette rauhe Wesen des Zuckers vollends dadurch
zu verzehren.

Doch ich wende mich wiederum zur Verfertigung des ungeläuterten Zuckers. Wenn
nun Kalk und Asche im den großen Kessel unter
dem Vesou sind gemischt worden, treibt die
Hitze den Schaum in so grösserer Menge in die
Höhe, als Kalk und Asche viele Unreinigkeiten

im Vesou antreffen. Man fängt aber nicht
ehender an abzuschäumen, als bis die ganze
Oberfläche des Vesou mit Schaum ist bedeckt
worden. Hierbey muß mit größter Geschwindigkeit, und ohne den Saft dadurch trüb zu machen verfahren werden, damit der Vesou nicht
aufkochen kann, bevor er noch ist abgeschäumt
worden: denn die Blasen welche er aufwirft,
brechen den Schaum, und treiben solchen wieder zurück, daß er sich neuerdings unter den
Vesou mengt. Auf solche Art darf man sich
also keine Hoffnung machen einen Kessel recht
geläutert zu haben, wenn man den Vesou erst
nachdem er schon aufgekocht hat, abschäumt.

Nachdem nun der Vesou im großen Kessel
gekocht hat, und ohngefähr eine Stunde lang
ist abgeschäumt worden, schöpft man solchen
mit einem Löffel in den Reinigungskessel (propre). Diese Arbeit muß sehr schnell geschehen,
und je tiefer man auf den Boden des Kessels
kommt, desto hurtiger muß man seyn, aus
Furcht es möchte ihn sonst das untergeschürte
Feuer verbrennen, welches jetzo nur das bloße
Metall noch berührt. Eben dieser Ursach wegen, wird auch, um solches zu verhindern, noch
immer von Zeit zu Zeit mit dem Löffel im Kessel herum, Vesou verbreitet.

Sobald nur der Kessel ausgeleert worden
ist, wird die Oeffnung des Canots aufgemacht,
worinnen sich der Versou, wie er aus der Mühle kommt, gesammlet hat, und man läßt solchen in den großen Kessel laufen. Hierunter
wird nach obenbeschriebenen Verhältnisse, Kalk
und Asche gemengt, und diese Arbeit so oft
wiederholt, als man den Kessel von frischen
anfüllt.

Wenn der Vesou, der sich im Reinigungskessel befindet, zu schaumen anfängt, alsdann
muß der Schaum sorgfältigst herabgenommen
werden. Sobald er hingegen in Sud kommt,
wird etwas von der vorhin angezeigten Lauge
hineingegossen, um die Unreinigkeiten welche
sich etwann noch darunter befinden möchten, voll-
lends dadurch in die Höhe zu treiben. Mit
dem Abschäumen des Reinigungskessels wird so
lang fortgefahren, bis der große Kessel hinlänglich gekocht hat. Nachdem er nun wohl ist
abgeschäumt, und der Canot wieder mit frischen
Safte angefüllt worden, leert man den Vesou
der im Reinigungskessel war, in den Leuchte
(flambeau), oder Laugenkessel (lessive), je nachdem viele Kessel vorhanden sind, oder nicht.
Diesen Kessel füllt man zu gleicher Zeit, und
so geschwind als es nur möglich ist, wieder mit
dem Vesou aus dem großen Kessel, welchen

N 2   man

man sofort durch jenen ersetzt, der sich unterdeſ-
sen im Canote gesammelt hat.

Nachdem sich der Vesou in diesem dritten
Kessel befindet, welchen man mit groben Holze
schürt, wird er darinnen weit sorgfältiger als
in beyden erstern Kesseln, mit der Lauge gereinigt. Man gießt aber diese Lauge nicht in großer Menge hinein, sondern nur so viel auf einmal, als man ohngefähr in einem Eslöffel faſ-
sen kann: zu gleicher Zeit hebt man den Vesou
mit dem Schaumlöffel in die Höhe, damit sie
sich desto leichter miteinander vermischen, und
was alsdann emporsteigt, wird so schnell es sich
nur thun läßt, abgeschäumt. Sobald man
nun keinen Schaum mehr heraufkommen sieht,
gießt man wieder etwas Laugen hinein, um
frischen zu erregen. Wenn man endlich gewahr wird, daß beynahe gar kein Schaum mehr,
oder nur wenigstens ein ganz leichter zum Vorscheine kommen will, schöpft man hernach diesen
dritten Kessel in den vierten, oder Syropkessel.

Da nun der Vesou, durch die Ausdünstung
welche von der Hitze des Feuers entstehet, und
den davon abgenommenen Schaum, ist vermindert worden, und diesem vierten Kessel auch
viel stärker untergeschürt wird, als dem dritten
Kessel: so verändert der Vesou hier seine vorige
Eigenschaft, und fängt an, sich zu verdicken,

und

und in Syrop zu verwandeln. Alsdann muß
man solchen auf das schleunigste vollends reinigen, indem man Lauge hineingießt, und ihn
sorgfältigst mit einem Schaumlöffel abschäumt,
der viel kleinere Löcher hat als jene deren man
sich zu den vorhergehenden Kesseln bedient.

Ich halte es aber für überflüssig hier zu wie-
derholen, daß, wenn der Besou des dritten
Kessels, in dem vierten Kessel gekommen ist,
man sogleich den zweyten Kessel in den dritten,
und den ersten wieder in den zweyten Kessel ausleeren müsse: daß endlich der erste Kessel jederzeit durch den Zuckersaft der von der Mühle ins
Canot lauft wieder angefüllt werde.

Wenn die Zuckerrohre noch grün sind, und
deswegen ihr Saft hart zu kochen ist; so geschieht es zum öftern daß man die Mühle hemmen muß, da sie mehr Saft liefert, als man
sieden kann. Bey trockener Witterung hingegen, wenn die Zuckerrohre gut sind, und die
Oefen recht geheizt werden, kann die Mühle
nichts bessers thun, als solche unterhalten, das
ist, sechs Kessel hinreichend mit Zuckersaft versehen.

Sobald man nun glaubt der Syrop sey
beynahe vollkommen gereinigt, zertheilt man
ihn, oder gießt die eine Hälfte davon in den
Batteriekessel, wenn er leer ist, damit derselbe

desto

desto schleuniger ausgekocht werde. Man gießt
Lauge hinein, um den allenfalls noch darinnen
gebliebenen Schaum dadurch in die Höhe zu
treiben. So wie er nun sich verdickt, füllt
man die Batterie mit den Syrop aus dem vierten Kessel. Da nun der Batteriekessel große
Blasen aufwirft, und der darinnen befindliche
Syrop stark in die Höhe steigt, mithin durch die
gewaltige Hitze des untergeschürten Feuers endlich herauslaufen möchte, wirft man von
Zeit zu Zeit kleine Stücke Butter oder Fett
hinein, welches die Blasen stillt und nieder-
drückt, daß man Zeit hat den von der Lauge in
die Höhe getriebenen Schaum abzunehmen.

Den Syrop zieht man zum öftern mit dem
Schaumlöffel in die Höhe, um ihn zu lüften,
und fährt mit dem Besen auf der Erweiterung
(euvage) und ihrem Rande herum, um ihn
von dem Schaume welchen die aufgestiegenen
Blasen daselbst zurückgelassen haben, zu reinigen. Wenn nun der im vierten Kessel befindliche Syrop, völlig in die Batterie ist geschöpft
worden, und man aus der Schwere und Dicke
welche man fühlt, indem man mit dem Schaumlöffel etwas davon herauszieht, muthmaßt, er
möchte sich seiner Auskochung (cuisson) nähern, und man noch überdieses bemerkt hat, daß
der Besou fett und herb war, alsdann schüttet
man

man ohngefähr eine Pinte Kalkwasser, worinnen Alaun aufgelößt worden ist, in den Batteriekessel. In Ansehung des Alauns welcher hineinkommt, richtet man sich nach der Beschaffenheit des Vesou, je nachdem solcher noch unrein, hart zu kochen, und streng ist: niemals wird aber zu einer Pinte mehr als eine Unze schwer genommen.

Kalkwasser nennt man aber ein solches Wasser, worinnen eine gewisse Menge Kalk ist abgelöscht worden, wozu man sich eines Raffinerietopfes bedient. Man füllt solchen halb mit ungelöschten Kalk, und gießt vollends Wasser darauf, welches man mit einem Stabe umrührt. Dieses Wasser wird, nachdem es sich gesetzt hat, abgegossen, und in einen andern Topf, mit der eben angezeigten Portion Alaun gethan.

Durch dieses Wasser werden alle Unreinigkeiten welche vielleicht im Vesou möchten zurück geblieben seyn, vollends verzehrt und ausgetrocknet. Sollte man unterdessen an der gehofften Wirkung noch zweifeln, so wird kurz vorher ehe man den Zucker aus dem Batteriekessel herausschöpft, ein wenig pulverisirter Alaun hineingeworfen und mit dem Löffel umgerührt. Alsdann nimmt man den Zucker heraus, und läßt solchen im Kühlkessel (rafraichissoir) kalt werden.

Es

Es giebt einige Leute, welche anstatt des
Alauns, ohngefähr ein Pfund gestoßenen Gyps
in die Batterie zu schütten pflegen. Nun macht
zwar diese Materie den Zucker körnigt, und
giebt ihm ein festes glänzendes Ansehen; allein
es ist eine große Betrügerey darunter verborgen,
welche man erst in der Folge gewahr wird. Es
vereinigt dieses Pulver nicht allein die Zuckerkörner, sondern auch den Syrop, welcher sich
davon zusammensetzt, und, ein dem äußerlichen
Ansehen nach, dichtes, hartes, glänzendes
und schweres Korn formirt, woraus aber, wenn
man es dünner kochen, oder schmelzen will, um
raffinirt zu werden, nichts als ein dünner und
schwacher Zucker entsteht, der beynahe das raffiniren nicht aushalten kann.

Man muß also ein überaus geschickter Kenner des Zuckers seyn, um nicht betrogen zu werden, wenn man dergleichen Zuckergattungen in
den Zuckerfabricken selbst kauft. Durch ihr
Korn und durch ihr Gewicht, wird man nämlich verführt, als auf welche beyde Eigenschaften die Kaufleute bey ungeläuterten Zuckern vorzüglich sehen, da sich ihre Kenntnisse nicht weiter zu erstrecken pflegen.

Ich habe ausdrücklich einige Batteriekessel
voll Zucker auf solche Art verfertigen lassen, um
daraus diese Verfälschung kennen zu lernen.
In-

Indeſſen konnte ich nur zweyerley Eigenſchaften bemerken, welche zu dieſer Entdeckung Anleitung geben können: Erſtens, nämlich, das auſſerordentlich ſchwere Gewicht dieſes Zuckers: zweytens, die Figur und Farbe ſeines Korns.

Was ihn aber ſo ſchwer macht, iſt der Syrop, der, anſtatt davon abgeſondert zu werden, ſich vielmehr darinnen verhärtet, und verdickt hat. Nun iſt es ganz unläugbar, daß ein Gefäß von der nämlichen Größe, mit Syrop angefüllt doppelt ſo ſchwer wiegt, als wenn Zucker hineingethan würde: Indem der Syrop ein dichter Saft iſt, deſſen Theile insgeſammt feſt und genau aneinander liegen, mithin nicht den mindeſten leeren Zwiſchenraum haben. Der Zucker hingegen, beſtehet aus runden, oder dieſer Figur ähnlichen Theilen, welche niemals ſo genau können miteinander vereinigt werden, daß ſie nicht viel leeren Raum zwiſchen ſich laſſen ſollten: da nun dieſer leere Raum nichts als Luft enthält, ſo folgt hieraus nothwendig, daß ein mit Zucker angefülltes Gefäß, ungleich leichter ſeyn muß, als wenn es voll Syrop wäre.

Was die Figur des Zuckerkorns anlangt, ſo habe ich eben geſagt daß es rund iſt, oder doch beynahe mit dieſer Form übereinkommt. Bey dieſem Zucker hingegen, ſind ſie gleichſam

N 5   Rau-

Rautenförmig abgeschliffen, welches ihnen ein
schimmerndes und zurückstrahlendes Licht ver-
schaft, bald wie man solches am Kandiszucker
sieht. Indessen ist dennoch dieser Unterschied
daran zu finden, daß die Theile des Kandis-
zuckers, wenn man ein jedes insbesondere betrachtet, hell und durchsichtig sind, und daß
die Undurchsichtigkeit die im Mittelpunkte eines
etwas großen Brockens Kandiszucker anzutreffen ist, bloß durch die häufige Brechung der
Lichtstralen entsteht, welche darinnen geschieht,
und ihn verhindert das ganze Licht von sich zu
werfen. Wenn hingegen von diesem schlechten,
mit Gips vermengten Zucker ein Korn zerbrochen wird, werden seine Theile undurchsich-
tig, und je grösser ihre Anzahl ist, desto weniger sind sie hell und glänzend.

Es giebt aber noch ein anderes Mittel, welches diesen Betrug kann entdecken helfen: nämlich der verbrannte Geruch welchen er von sich
giebt wenn man ihn an die Nasen hält. Da
aber dieses Kennzeichen etwas zweydeutig ist,
indem es eigentlich bey einer andern Gattung
Zucker, wie ich zu seiner Zeit melden werde, angetroffen wird: so mögen die beyden ersten schon hinreichend seyn, um einen gegründe-
ten Verdacht zu erregen, daß bey einem Zucker
wo

wo solche bemerkt werden, ein Betrug unter-
lauft.

Um sich aber vollkommen davon zu überzeugen, darf man nur ein kleines Stück von solchem Zucker in die hohle Hand legen, und
mit lauen Wasser, oder mit Speichel anfeuch-
ten. Man wird sogleich sehen wie er sich auf-
löst, und sein Korn sich vom Syrop trennt.
Wenn man ihn hierauf ganz sachte mit der Fingers Spitze herumrührt, so fühlt man augenblicklich das harte Korn, welches mitten in einem
schwärzlichten, fetten, und klebenden Safte,
herumschwimmt, der nichts anders ist als der
Syrop, welchen der Gips zusammengehäuft,
und gleichsam verdickt hat.

Wenige Kaufleute sind indessen fähig dieses
zu überlegen, und die Factors deren sie sich hierzu bedienen, verstehen es noch weniger als sie
selbst. Es ist ihnen schon Bewegungsgrund
genug, wenn sie nur einen grobkörnigten, trockenen und schweren Zucker vor Augen sehen,
solchen einem andern unendlich bessern Zucker
vorzuziehen, an welchem sie diese drey Eigenschaften nicht in gleichen Grade bemerken. Indessen können sich jene die Zucker kaufen wollen
hiernach richten, um durch den Ruf welchen gewisse Privatpersonen haben, schönern Zucker
als ihre Nachbarn zu verfertigen, nicht hinter-
gangen

gangen zu werden: wiewohl sie diesen Ruhm
in der That bloß ihren eben beschriebenen schlim=
men Gewohnheiten zu verdanken haben. Doch,
ich komme wieder zu meinem Vorhaben.

Sobald nun der Zucker der sich im Batte=
riekessel befand, mit aller nur möglichen Ge=
schwindigkeit ist herausgenommen, und dagegen
der bereits im Syropkessel gereinigte Zucker, zum
Theile hineingefüllt worden, rührt man jenen,
der in dem Kühlkessel kam, mit einer Pa=
galle herum, damit er allenthalben gleichkö=
nigt werde. Hierauf läßt man ihn so lang ru=
hen, bis sich oben darauf eine Rinde, ohnge=
fähr Thalersdick, formirt hat. Je nachdem
also der Zucker mehr oder weniger körnigt ist,
oder die Zuckerrohre woraus er verfertigt wurde,
gut oder schlecht beschaffen sind, entstehet diese
Rinde entweder schnell, oder es wird lange Zeit
dazu erfodert bis sie anschleßt.

Wenn die Zuckerrohre gut sind, und der
Zucker mit gehörigen Fleiße ist gemacht worden,
alsdann formirt sie sich überaus geschwind, und
wird noch vor Ablauf einer halben Viertelstun=
de, so dick wie ein Thaler, und jemehr der
Zucker erkaltet, immer dicker. Im Gegen=
theile, wenn die Zuckerrohre noch unreif und
wässericht sind, oder wenn der Zucker aus dem
Batteriekessel ist geschöpft worden, bevor er
hin=

hinlänglich eingekocht war, so entsteht diese
Rinde nicht ehender, als bis er beynahe voll=
kommen kalt geworden. Wenn sich diese Rin=
de einmal formirt hat, wird der im Kühlkes=
sel gebliebene Zucker zum andernmale mit der
Pagalle stark herumgerührt, um die obere Rin=
de mit dem Korne welches sich am Rande an=
gehenkt hat, zu vereinigen, damit sich der
Ueberrest ebenfalls hierzu formiren, oder was
schon körnigt ist, es noch stärker werden kann.
Hierauf bringt man diesen Zucker in hölzerne
Canots, welche zu diesem Gebrauche schon be=
stimmt sind, um ihn darinnen setzen, und so
kalt werden zu laffen, bis man solchen in Ton=
nen füllen kann. Zu dieser Versetzung bedient
man sich des sogenannten Rabenschnabels (bec
de corbin). Derjenige nun welcher den Zu=
cker darinnen hinüberschaffen soll, hält solchen
bey seinen zwo Handhaben mit beyden Händen,
und stützt den Boden etwas mit seinem Schen=
kel. In dieser Lage setzt er die Spitze des Schna=
bels auf den Rand des Kühlkessels, damit die
Person welche ihn mit dem Löffel voll macht
oder einfüllt, nichts nebenherum verschütten
kann. Sobald er voll ist, wird er mit beyden
Handhaben gehalten, und ins Canot übergetragen,
wobey man sich ein wenig mit dem Vordertheile

des

des Schenkels, worauf er ohnehin ruht, zu helfen sucht.

Man muß aber den Rabenschnabel ganz langsam ausleeren, indem sonst zu befürchten stehet, es möchten die noch vorhandenen Brocken Zucker, wenn sie etwas hoch herunterfallen, den Syrop aussprützen, welcher sehr lang heiß bleibt, und daher wohin er trift überaus heftig brennt. Wenn nunmehr alles was im Kühlkessel befindlich war, ins Canot ist gebracht worden, wird es nochmals mit der Pagalle herumgearbeitet, damit das schon formirte Korn, die im Syrop steckende körnigte Materie, vollends zusammentreiben, oder vereinigen helfe.

So wie man den Zucker aus den Batteriekesseln herausnimmt, und ins Canot füllt, wird mit der eben beschriebenen Arbeit der Anfang gemacht. Hierbey ist aber wohl zu merken, daß man allemal den Zucker der sich im Canote befindet umrühren muß, so oft frischer Zucker darauf geschüttet wird, bis er dergestalt abgekühlt ist, daß man den Finger ohne Beschwerlichkeit davon zu empfinden, darinnen leiden kann, hierauf kommt er in Tonnen.

Die Fässer deren man sich bedient, den ungeldurterten Zucker hineinzufüllen, kommen mehrentheils in Bündel gebunden aus Europa: Alsdann lassen die Kaufleute solche aufsetzen, und

und geben jenen welche ihnen den Zucker liefern, Faß für Faß wieder zurück. Gemeiniglich sind sie sehr übel zusammengefügt, und noch weit schlechter mit Reifen gebunden. Den ersten Fehler suchen die Kaufleute damit zu entschuldigen: der Zucker, welchen man in diese Tonnen füllt, könnte sich, wenn die Fugen breit wären, desto leichter von dem noch darinnen stekenden Syrop reinigen. Der Beweggrund des zweyten Mangels, ist die Verminderung des Gewichts vom Holze, welches man die Thara zu nennen pflegt, weil auf das ganze Gewicht des mit Zucker angefüllten Fasses, zehen Pfunde vom Centner abgerechnet werden. Je leichter also das Faß im Gewichte ist, desto mehr Vortheil haben die Kaufleute dabey.

In den Plantagen weis man aber diesen beyden Mängeln auf zwey bis dreyerley Art abzuhelfen, welche ihnen Nutzen, dem Käufer hingegen Schaden bringen: da solche aber nicht allzurechtschaffen sind, können sich nur Leute derselben bedienen, welche kein sonderlich zartes Gewissen haben. Erstlich, bedecken sie inwendig im Fasse, alle Fugen der Dauben, und des Bodens, mit Thonerde, und zwar so dick, daß der Zucker kalt wird, und sein darinnen befindlicher Syrop vollkommen gerinnt, noch ehe als er die Leimerde hat abtrocknen, und sich einen

Weg

Weg bahnen können, durch diese Spalten abzulaufen. Zweytens endlich, formiren sie ihren Zucker, das ist, sie schlagen solchen in Tonnen, wenn er beynahe schon gänzlich erkaltet ist,
oder sie füllen die Fässer auf zwey bis dreymal.
Es ist aber nur allzugewiß, daß sich der Zucker
wenn er allzukalt wird, nicht mehr reinigt: indem der Syrop zugleich mit dem Zuckerkorne
schon in eine Masse zusammengeflossen ist.
Wenn aber die Tonnen zu verschiedenenmalen
angefüllt werden, läßt der Zucker, welcher
sich auf dem Boden befindt, so bald er einmal
kalt und hart ist, ehe man wieder frischen darauf gießt, nichts mehr von dem Syrop desjenigen Zuckers durchlaufen, den man oben darauf schüttet, und auf die nämliche Art der zweyte Zucker, nichts vom Syrope des dritten Zuckers. Mithin hat sich nur der zuerst hineinge-
füllte Zucker gereinigt, und der ganze übrige
Syrop ist fest und dick worden, welches das
Gewicht einer Tonne ganz ausserordentlich stark
vermehrt.

Dieser Betrug, um mich hierbey keines
schlimmern Ausdrucks zu bedienen, ist schwer
zu erforschen, ausser man müßte von jeder Tonne eine Daube wegnehmen, indem man die
Syropschichten alsdann leicht würde gewahr
werden. Doch ist der größte Theil der Kaufleute,

leute, oder ihrer Faktore, weder verständig genug, noch auf den Nutzen ihrer Freunde so
sehr bedacht, daß sie sich diese Mühe geben
sollten.   Sie betrachten den schönen Zucker an
heyden Enden des Fasses, und aus der Schwere desselben werden sie zu glauben bewogen, es
sey nichts als eitel körnigter Zucker darinnen
enthalten.   Hieran begnügen sie sich auch um
desto leichter, da jene welche mit dergleichen
Betrügeroyen umgehen, sogar noch die List haben, wenn die Tonne bis auf ein paar Daumen
vom Bodenfatze (jable) voll ist, solche mit einigen Löffeln guten Zucker, noch ganz heiß,
gar anzufüllen.   Dieses pflegten sie eine Oberdecke (couverture) zu nennen, wodurch der
untenliegende Zucker angefeuchtet wird, indem
sich der Syrop hineinzieht, und folglich der
obere Zucker das schönste äusserliche Ansehen
von der Welt hat.

    Einer königlichen Verordnung gemäß, soll
zwar jedes Zuckerfaß auf dem Boden drey Löcher eines Zolls weit, haben: dennoch pflegt
man aus alter Gewohnheit nur zwey Löcher hinein zu bohren, und ist damit zufrieden.   In
jedes Loch steckt man ein Stück von einem Zuckerrohre, welches etwas länger ist als die Tonne, und durch die Hitze des Zuckers zusammen
gezogen wird.   An dieser Rohrspitze hinunter,

    V. Band.   O   lauft

lauft der Syrop durch das Loch, welches Anfangs ziemlich genau damit ausgefüllt wurde, und fällt in die Cisternen.

Diese hineingesteckten Rohrspitzen muß man aber zuvor herausnehmen, ehe die Faßböden eingesetzt werden. Durch die Löther sieht man nämlich wie der Zucker beschaffen ist, der nahe am Boden liegt, und allemal schön seyn muß, weil er sich vom Syrop entledigt hat. Mittlerweilen ist der übrige Theil des Fasses, durchaus mit einem gestandenen Syrop angefüllt, der, wenn er sich unterweges auflößt und dünner wird, allen darinnen befindlichen körnigten Zucker verderbt, und in eine schlechte Marmelade verwandelt, welche beynahe zu gar nichts mehr kann gebraucht werden.

In einigen Zuckersiedereyen werden die Böden in den Fässern welche sie von den Kaufleuten erhalten, weggethan, und andere dafür genommen. Diese sind aus Stromholze, oder Kastanienholze verfertigt, mehr als Daumens dick, und ersetzen durch ihre natürliche Schwere, sehr vortheilhaft, das leichte Gewicht derjenigen Tonnen, welche die Kaufleute den Inhabern der Plantagen zu liefern sich befleißigen.

Indessen laufen alle dergleichen betrügliche Kunstgriffe, deren man sich auf beyden Theilen einander zu hintergehen bedient, schnurstracks

wider

wider Treu, Glauben und Billigkeit, als
worauf vorzüglich unter Handelsleuten sollte gesehen werden. Ich habe zwar bereits einiges
angeführt, und werde, so wie es die Gelegenheit mit sich bringt, noch mehr hiervon sagen,
um Kaufleute und ihre Faktors dafür zu warnen, damit sie inskünftige nicht noch öfters
betrogen werden. Uebrigens ist wohl nichts
leichter als gute Waare zu verfertigen, welches
sich ein Pflanzer der Ehre und Gewissen besitzt,
ganz besonders soll empfohlen seyn lassen.
Was aber die schlechten Fässer anlangt, so
darf man nur keine annehmen, die nicht vollkommen gut beschaffen sind. Im Falle dieses
nicht sollte vermieden werden können, muß man
sie durch einen Faßbinder, der mehrentheils in
allen Plantagen angetroffen wird, frisch wieder
aufsetzen, und sich alsdann von den Kaufleuten
auf jede Tonne sechs Pfunde Zucker bezahlen
lassen, sowohl dafür, als wegen der Nägel die
man zur Befestigung der Reife braucht, welche um die Böden gelegt werden. Wenn man
nun bedenkt, was für Zeit verloren geht bis
man die Faßböden verwechselt, so wird glaube
ich sattsam erhellen, daß mehr Schaden als
Nutzen bey dieser elenden Kargheit herauskommt.
Eine ganz ungewöhnliche Betrügerey ist es,
wenn man nach Verwechslung der Faßböden,

rich

noch eine größe Menge Thonerde hineinfüllt.
Nichtsdestoweniger hat es Leute gegeben, welche
es so weit damit getrieben haben, daß man in
ihren Fässern, wenn der Boden ist herausges
schlagen worden, mehr als vierzig Pfunde Er
den gefunden hat.

Nun ist mir zwar gar wohl bekannt, daß
man auf die Fugen eine Schicht Thonerde le
gen muß, indem sonst aller Zucker durch diese
Oeffnungen laufen würde: allein es muß diese
Schicht, so dünn als nur möglich ist, gemacht
werden. Man muß auch die Tonnen ganz eben
voll machen, damit sie, wenn sich der Zucker
durch Ablaufung seines Syrops zusammen setzt,
und also vollkommen gereinigt ist, dennoch zwee
bis drey Daumen über dem Falze angefüllt blei
ben. Wenn man nun den Boden darauf ma
chen, oder die Fässer zuschlagen will, so ist es
besser, aus einem zum vollfüllen der übrigen
Tonnen bestimmten Fasse, Zucker herauszuneh
men, als dergleichen Decken darauf zu machen,
wo der Syrop, da er nicht bis auf den Boden
dringen kann, um durch die Löcher der Zucker
rohre wieder heraufzulaufen, sich in den übri
gen Zucker worauf man sie gelegt hat, ziehen
muß, mit Gefahr solchen zu verderben.

Wenn dieses beobachtet wird, so findet sich
der Zucker im ganzen Fasse durchaus von gleicher
Güte.

Güte. Man darf keck, und ohne Furcht einer
andern Beschämung ausgesetzt zu werden, eini=
ge Dauben losbrechen laſſen, und behält dabey
ein unverletztes Gewiſſen. Gemeiniglich muß
ein Faß mit ungeläuterten Zucker, der auf eben
beſchriebene Art verfertigt, und wenn er recht
trocken und rein iſt, eingefüllt wird, ſechs bis
ſiebenhundert Pfunde wiegen. Wenn nun von
jedem Centner zehen Pfunde als Thara *) ab=
gerechnet werden, bleiben noch rein fünfhun=
dert und vierzig, bis ſechshundert Pfunde Zu=
cker übrig.

Es wird aber mit dem ungeläuterten Zu=
cker noch eine andere Schelmerey geſpielt. Die=
ſes geſchieht nämlich wenn man ſo bald nur die
Batterie ausgeſchöpft iſt, ein bis zween Ra=
benſchnäbel voll dicken Syrop, den man aus
der Ciſterne genommen hat, in den Kühlkeſſel
gießt. Da nun dieſer Syrop dicht und kalt iſt,
macht er den Zucker der im Kühlkeſſel ſteht,
ebenfalls feſt, und vereinigt ſich mit demſelben.
Indem er von hier, wenn er beynahe gerunnen

O 3 iſt,

*) Was unter dem Ausdrucke Thara oder Tha=
re, bey Kaufleuten verſtanden wird, habe ich
bereits im vierten Bande gegenwärtiger deut=
ſchen Ueberſetzung, Seite 41. erklärt, wo al=
ſo die Leſer nachzuſehen Belieben tragen wer=
den. Anm. des Ueberſ.

ist, ins Canot und in die Fäſſer gebracht wird, formirt er darinnen eine harte, ſchwere Maſſa. Dieſes befriedigt zwar den Geitz des Verkäufers: Da ſich aber die Maſſa bald auflößt, ſo wird hiervon das Zuckerkorn mit welchem er ſich vermengt hat, verdorben, und dem unglücklichen Käufer von dergleichen Waare, ein beträchtlicher Schaden damit zugefügt.

Unter allen fünf Sinnen der Natur, iſt der Geruch das einzige Mittel deſſen man ſich dieſe Betrügerey zu entdecken, bedienen kann. Dieſer Vermengung ungeachtet, iſt der Zucker zwar etwas braun, aber dennoch trocken und körnigt: allein es bleibt ihm beſtändig der Geruch des verbrannten Syrops, welchen gute Kenner ohne Mühe zu unterſcheiden wiſſen. Ueberdieſes verhindert es die braune Farbe dieſes Zuckers, ſolchen mit dem ganz aus Syrop verfertigten Zucker zu verwechſeln, welcher nicht ſelten, eben ſo feſt, körnigt, ſchwer und gelb iſt, als der bloße Rohrzucker.

Was endlich diejenigen anlangt, welche aus ihrem dicken Syrop ohne Gefahr zu laufen, einigen Nutzen ziehen wollen, ſo möchte es unmaßgeblich auf nachfolgende Art geſchehen können. Nachdem nämlich der Syrop iſt vollkommen eingeſotten, in die Formen gefüllt, recht läuter und trocken gemacht worden, könnte

ein wenig vorher, ehe der Zucker eine gehö=
rige Dicke erlangt hat, eine Form voll Syrop
in die Batterie gegoſſen werden: alsdann wird
noch eine Pinte oder etwas mehr Kalkwaſſer
mit Alaun vermengt, hineingeſchüttet, und der
Batteriekeſſel zur nämlichen Zeit da man ſolchen
auszuleeren gedenkt, ganz dünn mit geſtoßenen
Alaun überſtreut. Dieſe Vermengung bringt
dem Käufer zuverläßig nicht den mindeſten
Nachtheil, und der Zuckerfabrikant kann daher
ſeinen Syrop ſo gut als es nur möglich iſt, be=
nußen. Das hierinnen befindliche Zuckerkorn,
vereinigt ſich nämlich mit jenem aus dem Rohr=
zucker entſtehenden Korne, und die allzuſchwa=
chen Theile welche ſich nicht verdicken und körnigt
werden können, verwandeln ſich wieder in Sy=
rop, und laufen zugleich mit dem Zuckerſyrop
heraus.

Ich habe von dem eben vorgebrachten viel=
fältige Verſuche angeſtellt, und wurde dadurch
überzeugt, daß der Rohrzucker, worunter ich
trockenen und wohlgereinigten Syropzucker hat=
te miſchen laſſen, eben ſo viel Raffinatzucker gab,
als jener, worunter keiner war gemengt wor=
den. Nach dieſem angenommenen Saße, näm=
lich, bleibt nur dasjenige körnigte Weſen dar=
innen übrig, welches das erſtemal zu ſchwach,
und daher entkommen und weggefloſſen war,

D 4 ehe

ehe es sich noch verdickt hatte. Dieses Korn
nun, hat sich, als es zum andernmale gekocht
ward, zusammengesetzt, und gereinigt, welches
man mit dem Kalkwasser zu befördern suchte,
als wodurch es von den fetten ölichten Theilen,
womit es umgeben war, entlediget wurde, daß es
sich vereinigen, und in eine Masse sammlen konnte. Im Jahre tausend sechshundert und vier
und neunzig, kostete gegen baare Zahlung der
Centner vom ungeläuterten Zucker, nicht mehr
als vierzig bis fünf und vierzig Sous *). Die
Zuckerbillets wurden noch wohlfeiler abgegeben.
Man vertauschte ihn gegen andere Waaren, den
Centner zu sechzig Sous angeschlagen. Bey
diesem Preise blieb es bis auf das Jahr tausend
sechs-

---

*) Einigen unserer Leser zum Besten, welche den
Werth des französischen Geldes nicht genug kennen, müssen wir anmerken: daß ein Sous ohngefähr 5 Pfenninge gilt, 20 Sous einen Livre
oder Pfund ausmachen, oder nach unsern
deutschen Gelde 27 einen halben Kreuzer.
Drey Livres oder 60 Sous, machen einen kleinen
oder halben französischen Thaler, (welches ein
Gulden 22 ein halber Kreuzer ist) — und sechs
Livres einen großen oder ganzen Thaler aus;
welcher 2 Gulden 45 Kreuzer gilt. Vier dieser Thaler gelten so viel als ein neuer Louisdor, oder 11 Gulden. Anm. des Uebers.

sechshundert und sechs und neunzig, wo die
Kaufleute, weil man sich damals Hoffnung zu
einem nahen Frieden machte, genöthigt waren
solchen stark aufzukaufen, um ihre Schiffe, sobald sie nur nichts mehr von den Korsaren zu
befürchten hatten, damit beladen zu können,
und ihren Zucker Raffinerien in Frankreich Arbeit zu verschaffen, deren Anzahl sich seitdem,
besonders zu Nantes, um ein beträchtliches vermehrt hatte.   Gegen das Ende des nämlichen
Jahres, stieg also der Centner bis auf vier Livres, zehen Sous.   Das nächstfolgende Jahr
trieb man den Centner auf hundert Sous, und
verkaufte solchen während des Jahres tausend
sechs hundert und acht und neunzig, sogar um
neun Franken.

Der Rißwicker Frieden, und die vergrösser-
te Handlung, waren aber nicht allein Ursach
von dem erhöheten Preise des Zuckers.   Dieses
desto besser einzusehen, muß man bis auf den
Ursprung zurückgehen.   Es ist also wohl zu
merken, daß seit dem Kriege, der im Jahre
tausend sechshundert und acht und achtzig seinen
Anfang genommen hat, die geringe Anzahl der
Schiffe welche aus Frankreich kamen, die Waaren so theuer machte, daß schon eine mittelmäs-
sige Ladung hinreichend war, drey bis vier
Schiffe mit ungeläuterten Zucker zu beladen.

D 5   Da

Da nun dieser Zucker in solcher Menge verfertigt wurde, und man keinen rechten Abſatz davon machen konnte, fiel er dadurch, wie ich
kurz vorher gemeldet habe, ſo tief im Preiſe,
daß die Schiffe, indem ſie nur den allergering-
ſten Theil ihrer Ladung auf den Inſeln zurück-
laſſen wollten, faſt gar nichts von dieſer Waare
dagegen mitzunehmen Luſt bezeigten, ſondern
bloß Raffinatzucker, Cacaobohnen, Indigo,
Roucou, Baumwolle, oder Caret zu haben
verlangten.

Dazumal waren zu Martinicke nur vier bis
fünf Zuckerraffinerien vorhanden, welche die
Erlaubniß hatten Zucker raffiniren zu dörfen,
und nicht weniger als ſieben Pfunde ungeläuterten Zucker, vom beſten der nur anzutreffen
war, und nach ihrer eigenen Wahl, nahmen,
um dafür, wenn vier oder fünf Monathe ver-
floſſen waren, ein Pfund weißen Zucker zu liefern. Hieraus läßt ſich auf den großen Vortheil der Schluß machen, welchen dieſe Raffinirer dabey müſſen gehabt haben. Ueberdieſes
habe ich aus eigener Erfahrung eingeſehen, daß
dritthalb bis drey Pfunde rohen Zuckers, vollkommen hinreichend ſind, ein Pfund Raffinatzucker zu erhalten: ohne die Syrops zu rechnen,
von deren Betrag man die Barken in welche
der Zucker geladen wurde, zahlen, und alle
übri-

übrige unvermeidliche Kosten der Raffinirer bestreiten konnte. Die Inhaber der Plantagen
arbeiteten also das ganze Jahr, bloß die Raffinirer zu bereichern, und wurden dabey immer-
zu ärmer.

Hierdurch wurden endlich vielen Eigenthü-
mern der Plantagen die Augen geöffnet. Einige ließen daher ihre Zuckerrohre herausreißen,
und Indigo dafür hineinpflanzen: andere hingegen fiengen an Cacao und Roucou zu bauen,
und die Verfertigung des ungeläuterten Zuckers
völlig zu vernachläßigen. Ein anderer, und
zwar klügerer Theil derselben, welchen alsdann
in kurzer Zeit noch viel mehrere nachfolgten,
legten sich darauf ihren Zucker zu bleichen, wie
es einige unter ihnen, in Brasilien, zu Cayen-
ne, und in verschiedenen Plantagen zu Guadeloupe bereits gesehen hatten. Man ließ von
diesen Plätzen Arbeiter kommen, und beschrieb
dergleichen Leute aus Frankreich und Holland.
Es waren also zu Anfange des Jahres tausend
sechshundert und fünf und neunzig, schon viele
Pflanzer zu Martinicke vorhanden, welche ihren
Zucker bleichten, und den Raffinirern fehlte es
nunmehr an Kundschaft.

Der erste welcher sich darauf legte dergleichen Zucker zu verfertigen, war ein gewisser
Martin, den man zum Unterschiede eines an-

dern

dern gleichen Namens, nur den tollen Martin
zu nennen pflegte. Dieser letztere Martin schien
zwar etwas klüger zu seyn, dennoch hatte er
nicht so viel Verstand gehabt eine solche Fabrick
anzufangen, von welcher man mit Recht be-
haupten kann, daß sie eine Quelle des großen
Reichthums war, womit diese Insel nach der
Hand ist angefüllt worden.

Nun war diese Manufaktur dem Eigennu-
tze der Raffinirer in Frankreich gänzlich entgegen,
sie bewirkten also einen Befehl der königlichen
Rathsversammlung, wodurch der Einfuhrzoll
von dem weißen Zucker der aus den Inseln nach
Frankreich kam, auf sieben livres der Centner
erhöhet wurde. Mithin mußte vom Centner
weißen Zucker, der in Tonnen eingestampft, mit
Erde gereinigt, (terré) oder raffinirt war, fünfzehn Franken: von dem Zucker in Hüten
aber, zwey und zwanzig livres, zehen Sous
Einfuhrzoll bezahlt werden. Durch eine solche
Vermehrung des Zolls hoffte man nämlich diese
neuangelegten Fabricken zu stürzen. Um also
die Pflanzer noch mehr aufzumuntern die Verfertigung des ungeläuterten Zuckers wieder anzufangen, und durch dieses Mittel den Raffinirern Arbeit zu verschaffen, wurde der Einfuhrzoll vom Centner des ungeläuterten Zuckers, um
zwan-

zwanzig Sous herabgesetzt, daß man also nur
drey, anstatt vier Livres dafür zahlen durfte.

Allein es geschah gerade das Gegentheil von
dem was man im Sinne hatte. Man hielt diese Verordnung gleichsam für eine allgemeine
Erlaubniß, welche der König allen seinen Unter-
thanen gab weißen Zucker zu machen. Man
fieng also allenthalben an dergleichen Zucker zu
verfertigen. Die Schiffe von Bordeaux, welche mit Zuführung der Zuckerhäfen, und Zuckerformen, etwas ansehnliches gewonnen, brach-
ten dergleichen Waare in großer Menge dahin.
Man errichtete allenthalben Töpferwerkstätte,
wo hierzu taugliche Erde angetroffen wurde,
und ohne sich weiter darum zu bekümmern, wer
die funfzehen Franken Einfuhrzoll vom Centner
bezahlen würde, verfertigte man einen ganz er-
staunlichen Vorrath dieses Zuckers.

Nicht weniger haben die Portugiesen das
ihrige mit beytragen helfen, diese unsere Fabricken in Aufnahme zu bringen. Da sie nämlich Goldbergwerke entdeckt hatten, und Ströme welche dergleichen Metall in ihrem Sande
bey sich führten, brauchten sie ihre Neger zum
Theile zu dieser Arbeit, und vernachläßigten
deswegen ziemlichermaßen ihren Zucker. Viele
Europäische Plätze welche sich bisher des ihri-
gen bedient hatten, nahmen deswegen nunmehr
unsern

unſern **Zucker**, der hierdurch nicht allein in den
nordlichen Landſchaften, ſondern auch im ganzen mittelländiſchen Meere, einen ſehr ſtarken Abſatz fand.

Dieſes konnte aber um deſto leichter geſchehen, da die Provenzalen, als ſie das große
Vermögen ſahen, welches ſich die Herren Mau-
rellet, Kaufleute zu Marſeille, durch dieſe
Handlung nach den Inſeln erworben hatten, ihre mit einheimiſchen Waaren befrachtete Schiffe
dahinzuſenden, welche ſie vortheilhaft daſelbſt
verkauften. Dagegen gewannen ſie etwas an-
ſehnliches an dem weißen Zucker, Cacao, Indigo, und andern Gütern, welche ſie dafür mit
nahmen, und im ganzen mittelländiſchen Meere,
und den Handelsſtädten der Levante, mit gutem
Nutzen abzuſetzen verſichert ſeyn durften; als
woſelbſt von dem Türken, welche ſich ange-
wöhnten ihren Kaffe mit Zucker zu trinken,
ſehr viel verbraucht würde.

Auf ſolche Art alſo, iſt die Manufaktur
des weißen Zuckers entſtanden. Der ungeläuterte Zucker hingegen, wovon eben deßwegen
nur ein ziemlich kleiner Vorrath verfertigt wurde, ſtieg auf einen ſehr hohen Preis: wenn
alſo der Riswicker Frieden nur noch einige Jahre gedauert hätte, würden die Inſeln ein zwey-
tes Perou worden ſeyn.

Von

Von der Wahrheit dieses Umstandes wird man sich aber desto leichter überzeugen können, wenn man weis, daß in den Jahren 1700. 1701. und zu Anfange des Jahres 1702. vom weißen, mit Thonerde gereinigten, oder raffinirten Zucker, der Centner um zwey und vierzig livres, ja sogar bis um vier und vierzig livres verkauft wurde. Der ungeläuterte Zucker hingegen, kostete zwölf bis vierzehn livres: vom durchgeschlagenen Zucker, kam aber der Centner bis auf achtzehn livres zu stehen. Nachdem ich vorher den mit Thonerde gereinigten Zucker beschrieben habe, werde ich den durchgeschlagenen Zucker ebenfalls untersuchen, und was zu dieser Fabrick Anlaß gegeben habt, zeigen.

Achtzehntes Kapitel.

Von dem mit Thonerde gereinigten Zucker (sucre terré), und was hierbey zu beobachten ist. Vorsicht die man in Ansehung der Seihtücher (blanchets), und Zuckerformen zu beobachten hat. Wie man diese Formen anfüllt, den Zucker darinnen herumrührt, solche endlich öffnet, und durchsticht. Von den Reinigungs-
häu-

häusern (purgeries), ihrer Bauart, und
ihrem Gebrauche. Art den Zucker aus
den Formen abzulößen (locher). Woraus
man erkennt ob der Zucker schön weiß wird,
oder nicht, und wie man die Formen or=
dentlich im Reinigungshause hinstellt.
Von den Zapfen der Zuckerformen (fontaines des formes), und wie man die
Böden formirt. Wahres Mittel die ächte
Rouanische Thonerde von der unächten zu
unterscheiden: wie solche muß zubereitet,
und über die mit Zucker angefüllten Formen gelegt werden, auch was sonst noch
dabey zu beobachten ist. Beschreibung der
Trocknungshütte (etuve), und weitere Bearbeitung dieses Zuckers, bis er gestoßen,
durchgesiebt, und endlich fest in die Ton=
nen eingestampft wird. Erfindung deren
sich der Verfasser bedient, seinem Zucker
ein weißeres und schöneres Ansehen
zu verschaffen.

Mit Thonerde gereinigten Zucker (sucre
terré), pflegt man denjenigen Zucker
zu nennen, der, so bald er nur aus den Kesseln
kommt, gelblicht wird, ohne daß man solchen
wie den sogenannten Raffinatzucker, zum an=
bern

dernmale schmelzen, oder mit Eyern klar zu ma=
chen braucht.

Wenn die Reinlichkeit zu allen Gattungen
von Zucker nothwendig erfodert wird, so darf
man wohl sagen, daß sie bey diesem hier, gleich=
sam die Seele ist: wenn endlich gute Zuckerroh=
re gebraucht werden, um einen tüchtigen un=
geläuterten Zucker liefern zu können, so müssen
sie zu gegenwärtigen Zucker ganz vollkommen,
und ohne Fehler seyn.

Sobald sich also der Zuckersaft einmal im
großen Kessel befindt, wird gewöhnlichermaßen
Asche, aber nur wenig, oder gar kein Kalk
hineingeworfen, indem der Kalk, wie ich schon
oben angezeigt habe, den Zucker nur roth macht.
Nachdem er hierauf mit aller nur möglichen
Sorgfalt im großen Kessel ist abgeschäumt wor=
den, wird er durch das Seihtuch (blanchet)
in den Reinigungskessel (propre) gefüllt. Die=
se Seihtücher müssen aber gut stark seyn, und
wenn man den Vesou in die Küsten füllt, darf
man ja nichts davon auf die Abdachung (gla=
cis), oder die erweiterte Oeffnung (euvage),
tropfen lassen, weil er sonst ohne durchfiltrirt zu
werden, in den Reinigungskessel fallen würde.

Wenn der Kessel groß, oder der Vesou sehr
dick ist, macht er das Seihtuch gleichfalls ziem=
lich unrein, und zieht sich nur mit großer Mü=

he hindurch. In diesem Falle muß man lieber, sobald der Vesou halb durchgelaufen ist, das Filtrirtuch verwechseln, und anstatt des vorigen Tuches, ein anderes, rechtschaffen ausgewaschenes, und völlig abgetrocknetes nehmen. Hierbey ist aber wohl zu beobachten, daß man solche durchaus nicht unter die Schirmdächer der Oefen, oder vor die Ofenlöcher, darf aufhenken lassen, um solche, nachdem sie gewaschen sind worden, zu trocknen: indem das Feuer, sie mögen auch noch so weit davon entfernt seyn, solche dennoch ziemlich stark beschädiget, besonders wenn sie schon abgeführt sind, und sowohl die Haare als die Wolle davon absengt, welches gleichwohl das nothwendigste daran ist, um die Unreinigkeiten des Zuckers aufzuhalten.

Viel besser ist es also, mehrere derselben zu haben: damit man solche gemächlich an der Sonne, in der freyen Luft, oder im Winde kann trocken werden lassen. Ich habe mich aber eines andern Mittels bedient, welches mir jederzeit, besonders in unsern Zuckerfabricken, wo sechs Kessel vorhanden waren, nach Wunsch gelungen ist. Es bestund aber darinnen, daß ich den Vesou zweymal durchlaufen ließ. Erstlich aus dem großen Kessel in den Reinigungskessel, durch eine grobe, ziemlich dichte Leinwand von Witte, worinnen der gröbste Schmuß,

und

und andere Unreinigkeiten, welche der Zucker je=
derzeit mit sich führt, zurück blieben. Wenn
nun der Vesou in dem Reinigungskessel gehö=
rig war abgeschäumt worden, filtrirte man sol=
chen durch das wöllene Seihtuch (blanchet)
in den Laugenkessel, wo er viel leichter durch=
lief, und sich ungleich besser geläutert befand.

In diesen Kessel wird alsdann diejenige
Lauge hineingegossen, deren Zubereitung ich vor=
hin schon beschrieben habe: nur darf man kein
Spießglas mehr darunter mengen, weil es das
Zuckerkorn grau, oder schwarz färbt. Nach=
dem nun der Vesou rechtschaffen ist ausgelaugt,
und abgeschäumt worden, wird er in den Leucht=
kessel (flambeau), und von da in den Syrop=
kessel gefüllt, wo man solchen vollends läutert.
Hier in diesem Kessel bleibt er bis der Batterie=
kessel ausgeleert ist. Alsdann füllt man ohn=
gefähr aus dem Syropkessel den dritten Theil
hinein, damit diese in geringerer Menge vor=
handene Materie, eben deswegen desto leichter
vollends abgeklärt, und schleuniger eingekocht
werde, indem man bey dieser Arbeit den Zu=
cker nicht stark genug kann auskochen lassen, be=
sonders wenn er einmal ist durchfiltrirt, und ge=
laugt worden.

Je nachdem sich der im Batteriekessel vor=
handene Vesou, seiner rechten Dickung nähert,

wird

wird der im Syropkessel noch übrige Saft, jederzeit zween bis drey Löffel voll auf einmal, gar hineingeschöpft, und damit so lang fortgefahren, bis nur ohngefähr noch das vierte Theil von dem ganzen, anfänglich darinnen befindlich gewesenen Vorrathe, zurückbleibt. Alsdann wird alles vollends in den Batteriekessel hineingeschüttet, und der Syropkessel hierauf wieder aus dem Leuchtkessel (flambeau), dieser hingegen mit dem Safte aus dem Reinigungskessel (propre), und so immerhin weiter fort, angefüllt, bis zum Canote, welches den Vesou empfängt, wie solcher von der Mühle hineintropft.

Ein wenig vorher als der Batteriekessel sich im Stande befindt daß er kann ausgeschöpft werden, läßt der Raffinirer so viele Zuckerformen holen, als er glaubt mit dem herauszunehmendenSafte anfüllen zu können. Ich habe bereits oben angezeigt, daß man die neuen Formen einige Tage lang in den Canots der Weineßigbrдuerey einweichen muß, um solche damit vollzutränken. Dieses darf zwar nur einmal geschehen, allein so oft man sich ihrer bedienen will, muß man solche vorher allezeit fünfzehen bis zwanzig Stunden lang in süßen Wasser weichen lassen. Mehrentheils nimmt man hierzu einen großen Napf, hat man aber die Gelegenheit eines

Stro-

Stromes, oder einer Wassermühle, so bedient
man sich derselben sie rechtschaffen auszuwaschen
und zu reinigen, ehe man solche in die Zucker=
fabrick bringt.

Der Raffinirer muß alsdann mit der größ=
ten Sorgfalt untersuchen, nicht allein ob sie
den erfoderlichen Grad der Reinigkeit haben,
sondern auch nachsehen, ob kein Reif
fehlt, und nicht irgend ein neuer Spalt oder
Riß sich daran befindt, welchen der heiße Zucker
den man hineingießt, unfehlbar noch vergrössern
würde. Die Form würde nämlich dadurch
vollends entzwey bersten, und der Zucker verlo=
ren gehen, indem er sich auf dem Erdboden
herum ausbreiten, ja nicht selten, sogar an den
Füßen desjenigen Mannes abrinnen möchte,
welcher die Zuckerformen damit anfüllt, oder
ihn darinnen herumrührt, welche denn erschreck=
lich davon würden verbrennt werden.

Wenn sich nun die Zuckerformen in guten
Stand befinden, werden sie oben verschlossen
(on les tappe): das heißt, man verstopft die
Oeffnung welche sie an der Spitze haben, mit
einem Trumme Leinewand, oder Wollenzeug,
woraus man einen kleinen Kegel formirt, des=
sen spitzigen Theil man ins Loch steckt, und das
übrige neben herum ganz platt macht. Diese
Stöpfel hat man jederzeit in einem Hafen, oder

P 3   in

in einer Kufe, wo sie in frischen Waſſer ein=
geweicht liegen, neben ſich ſtehen.

Nachdem alſo die Zuckerformen oben ver=
ſtopft ſind, ſtellt man ſolche an die Mauer,
oder nächſt an ein kleines Gitterwerk, das neben
den Platz vor den Keſſel iſt aufgerichtet wor=
den. Die verſtopfte Spitze wird gegen den Bo=
den geſetzt, und man legt ſie dergeſtalt in Ord=
nung daß der Rand ihrer Oeffnung ganz gleich
iſt. In dieſer Lage werden ſie durch andere
Formen erhalten, welche man auf ihrem Bo=
den ſtellt, um ſie dadurch recht zu ſtützen.

Sobald der Batteriekeſſel ausgeſchöpft wor=
den iſt, und man den Zucker im Kühlkeſſel, mit
dem Löffel, oder der Pagalle recht umgerührt
hat, wird der Rabenſchnabel mit dem Löffel
vollgefüllt. Derjenige nun welcher ihn trägt,
und die aufgeſtellten Formen einfüllen ſoll, ver=
theilt ſeinen im Rabenſchnabel vorhandenen Zu=
ckerſaft in alle Zuckerformen: wenn alſo die
Batterie ſo viel Zuckermaterie enthält, als hin=
reicht vier Zuckerformen damit anzufüllen,
gießt er in jede Form ohngefähr den vierten
Theil aus dem Rabenſchnabel, und bemerkt zu=
gleich dabey die Form in welche er zuerſt ange=
fangen, und bey welcher er aufgehört hat, Zu=
cker einzugießen. Der nächſtfolgende Raben=
ſchnabel wird auf die nämliche Art ausgetheilt,
indem

indem man bey jener Zuckerform wo das erste=
mal aufgehört worden ist, einzufüllen anfängt,
und bey derjenigen hingegen, welche den An=
fang gemacht hat, wieder endigt. Auf diese
Weise fährt man so lang fort, bis alle Zucker=
formen ganz nacheinander angefüllt sind. Wenn
nun allenfalls noch etwas weniges vom Zucker=
safte im Kühlkessel sollte übrig geblieben seyn,
schüttet man solchen entweder in den Batterie,
oder in Syropkessel.

Nach Verlauf einer Viertelstunde, oder so
etwas dergleichen, entsteht oben auf der Form
eine Rinde, welche der Raffinirer, wenn er
solche für dick genug hält, mit seinem Zucker=
messer zerstößt, und umsticht, oder, um mich
nach ihrer Weise auszudrücken, den ganzen Zu=
cker aufrührt. Er macht damit den Anfang,
daß er die ganze Höhe der Form durchsticht, in=
dem er das Messer bis auf den Boden hinein=
stößt, und es zum öftern wieder herauszieht.
Alsdann fährt er mit dem flachen Theile des
Messers, rings um den innern Rand der Form,
um den Zucker davon abzulösen, und damit in
der ganzen hohlen Fläche der Zuckerform, nicht
das mindeste Fleckchen übrig bleibe, woran noch
ein Zucker klebt, so wird diese Arbeit drey bis
viermal von ihm wiederholt.

P 4　　　　　Hier=

Hierauf sticht er noch einigemal mitten hinein, und nachdem er sein Messer am Rande der
Form abgestreift hat, damit der Zucker, welcher sich allenfalls möchte angehenkt haben, dadurch herunterfalle, läßt er solches oben darauf liegen, zu einem Kennzeichen, daß die Zuckerform nur erst ein einzigesmal ist umgerührt
worden. Ohngefähr eine halbe Stunde hernach,
geschieht das nämliche, wobey man vor allen
Dingen darauf sehen muß, den Zucker in der
Form wohl abzulößen, indem sich der Zucker,
wenn er nicht recht umgerührt wird, so stark
an die Form henkt, daß es Mühe kostet ihn
davon hinwegzubringen, ja er wird sogar von
der Erde woraus die Form ist gemacht worden,
fleckfärbigt.

Nachdem also die Zuckerformen zweymal
sind umgerührt worden, nimmt man das Zu-
ckermesser von ihnen hinweg, und legt es neben
den Batteriekessel, indem sonst zu besorgen wäre, man möchte den Zucker, wenn es oben auf
den Formen liegen blieb, zum drittenmale damit herumstechen, als welches ihm, da er schon
seine gehörige Festigkeit erlangt hat, und folglich
durch diese dritte Bewegung nur wieder zerstoßen werden könnte, höchst nachtheilig seyn würde. Dieses zweymalige Umrühren ist aber
schlechterdings nothwendig, nicht allein damit
sich

ſich das Zuckerkorn beſſer möchte formiren, und
allenthalben gleich ausbreiten können: ſondern
auch die Fettigkeit des Zuckers deſto ſchneller in
die Höhe ſteige, ſich zuſammenſetze, und ver=
härte. Es iſt nämlich viel leichter ſie auf dieſe
Art herabzunehmen, als wenn ſolche in der gan=
zen Form ausgebreitet, und der Zucker daburch
verhindert würde weiß zu werden.

In dieſem Zuſtande verbleiben die Zucker=
formen zwölf bis funfzehen Stunden lang, wo=
rauf man ſie von ihrem anfänglichen Platze weg=
nimmt. Derjenige nun, welcher die Form auf=
hebt, nimmt ſolche in die Arme, hebt ſie in
die Höhe, und drückt dieſelbe gegen ſeinen Ma=
gen. Der Raffinirer, oder ein anderer, läßt
ſich ſofort mit dem einem Kniee auf den Boden
nieder, und nimmt die Stöpfel heraus, welche
er wiederum ins Waſſer wirft, um ſich ihrer
ein anderesmal bedienen zu können. Alsdann
ſtößt er den hölzernen oder eiſernen Pfriemen
durch die Formöffnung hinein, wobey er ſo lang
mit einem Hammer oder Triebel von Holz dar=
auf ſchlägt, bis er ihn ſieben oder acht Zoll tief
hineingetrieben hat, worauf er ſolchen wieder
herauszieht, und in einem neben ihm ſtehenden
Gefäße mit Waſſer eintunkt, und reinigt, um
den daran klebenden Zucker daburch herabzu=
bringen. Hiernächſt ſteckt er ihn nochmals in

das

das nämliche Loch, und treibt ihn wenn er es
für nöthig hält, mit seinem Schlägel noch tiefer hinein, außerdem aber fährt er bloß zwey
bis dreymal damit hin und her, indem er solchen jederzeit abwäscht, in der Absicht den Zucker der sich um die Oeffnung in der Zuckerform
herum befindet, damit anzufeuchten, und dem
Syrop Gelegenheit zu verschaffen, durch dieses
Loch abzulaufen.

Wenn man damit fertig ist, trägt derjenige
welcher die Zuckerform hält, solche auf den
Fußboden der Cisterne, wo schon ein anderer
einen Topf hierzu in Bereitschaft hat, und dem
erstern, solche so gerade als es nur geschehen
kann hineinsetzen hilft. Hier bleiben die Formen bis Sonnabend Abends, oder Sonntags
frühe, stehen, welche Zeit nämlich bestimmt ist,
solche in das Reinigungshaus zu tragen.

Dieser Ort muß aber von der Zuckersiederey
so weit entfernt seyn, als es sich nur immerhin
will thun lassen. Der Rauch, und die fetten
Ausdünstungen welche sich von den Kesseln allenthalben verbreiten, würden nämlich allemal
an dem Zucker kleben bleiben, und solchen unfehlbar verderben, wenn er in einem Reinigungshause stünde, welches allzunahe bey der Zuckerfabrick läge, oder gar daran hingebauet wäre.

Gemei-

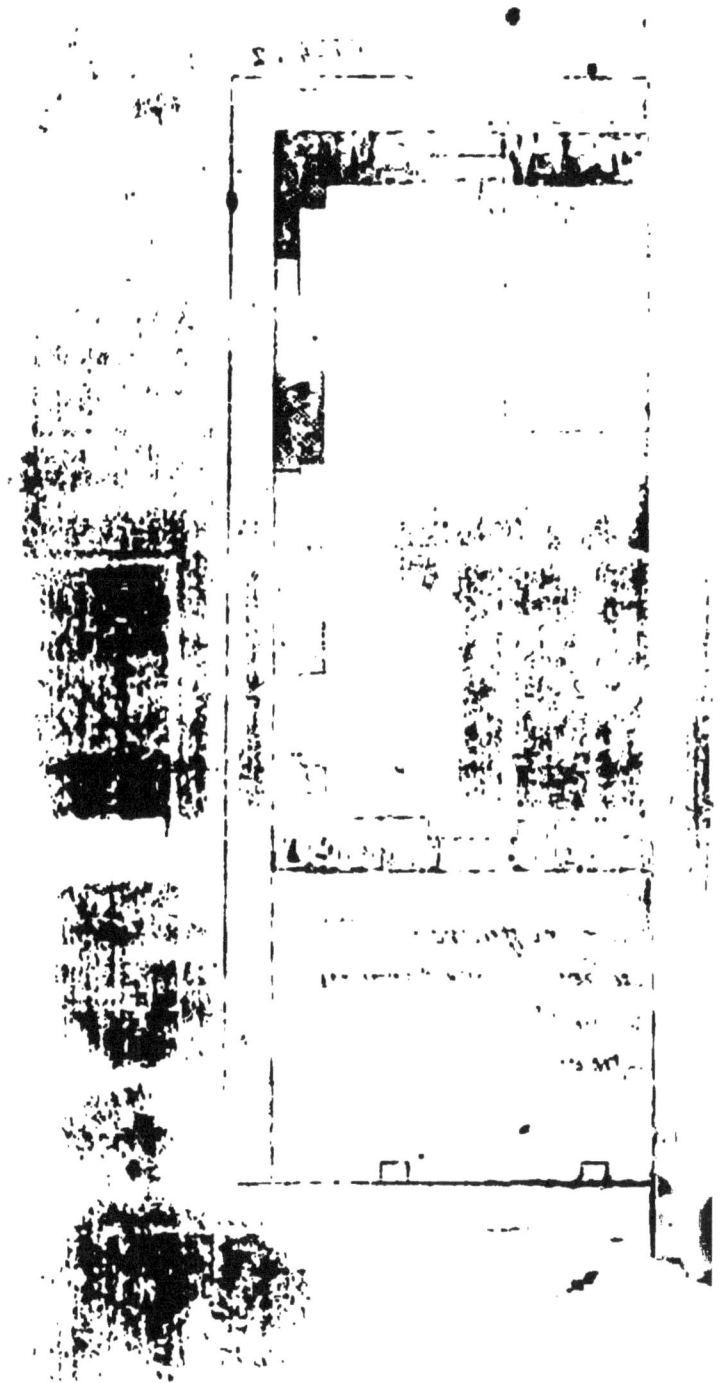

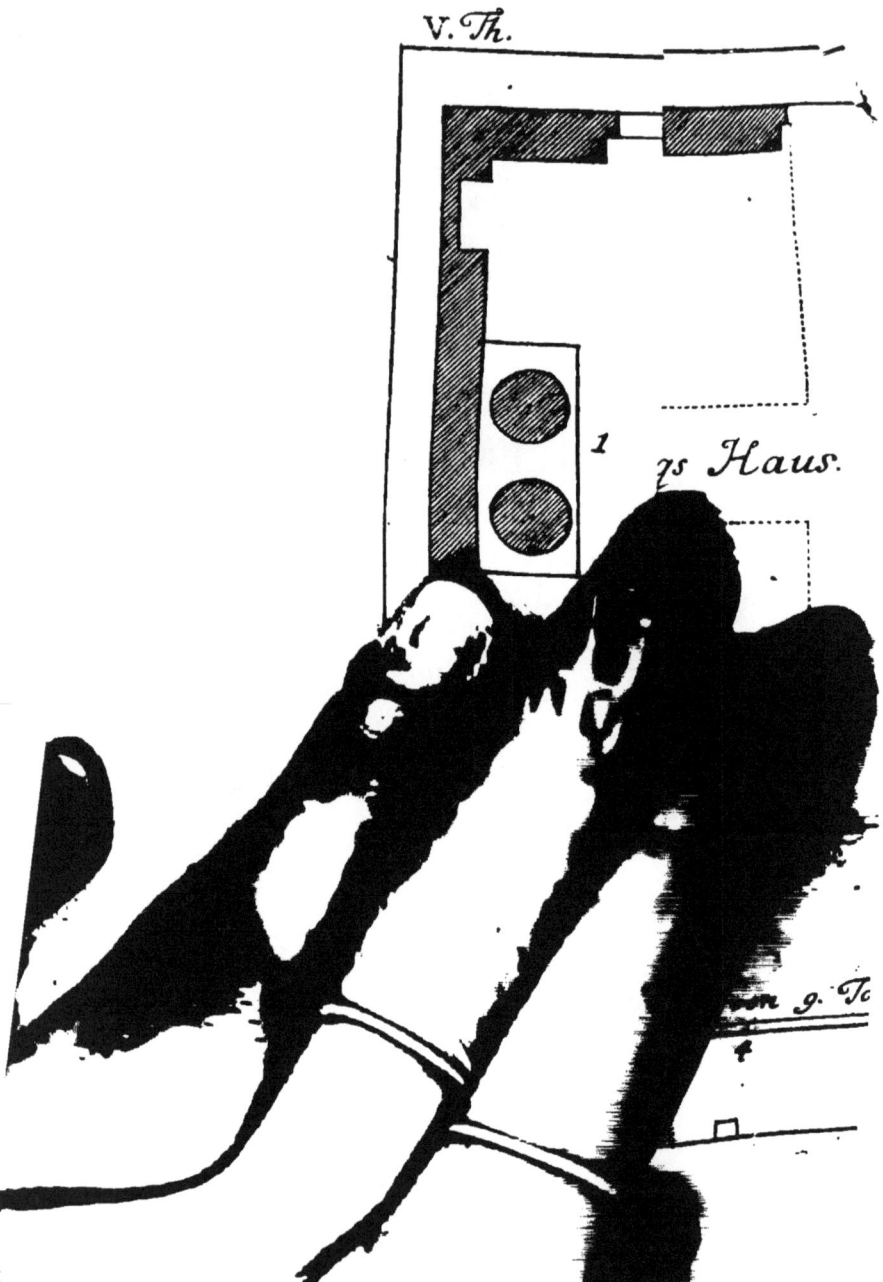

Gemeiniglich werden die Reinigungshäu=
ser (purgeries) viel länger gebaut, als sie
nach Verhältniß ihrer Breite sey.1 sollten. Das=
jenige Reinigungshaus, welches ich im St.
Jacobsgrunde hatte aufführen lassen, war hun=
dert und zwanzig Fuß lang, und acht und zwan=
zig Schube breit: es konnte siebenzehen bis acht=
zehen hundert Zuckerformen enthalten. Wenn
noch ein Stockwerk soll darauf gesetzt werden,
muß man Sorge tragen, die Bretter woraus
der Fußboden bestehet, recht genau zusammen=
fügen zu lassen. Ja, die Fugen müssen sogar
noch mit Werg ausgestopft, und mit Theer über=
gossen werden, damit, wenn allenfalls irgend
ein Topf umfallen, oder gar zerbrechen sollte,
der auf dem Fußboden verbreitete Syrop, den
im untern Stockwerke befindlichen Zucker nicht
verderben möchte.

In diese Reinigungshäuser muß man aber
eine hinreichende Anzahl Oeffnungen, oder Fen=
ster machen lassen, daß viel Hellung hinein=
fallen kann. Diese Fenster müssen noch mit
Läden verschlossen werden, damit so wenig Luft
möchte durchstreichen können, als nur immer
seyn kann, besonders wenn einmal die Thoner=
de auf den Zucker liegt. Wind und Luft wür=
den nämlich die Erde allzu schnell austrocknen,
und ihre Feuchtigkeit davon verzehrt werden,
wel=

welche sich doch allgemachs in den Zucker soll
hineinziehen, und indem sie durch die Oeffnung
wieder ablauft, den noch übrigen Syrop dage=
gen mit wegnehmen.

Nicht weniger vortheilhaft ist es, an einer
Ecke des Reinigungshauses, einen oder zween
eingemauerte Kessel zu haben, um die feinen
Syrops darinnen auskochen, und sie raffiniren
zu können, ohne daß man sich erst die Mühe
geben darf, die Syrops, oder den Zucker wel=
cher raffinirt werden soll, in die Zuckerfabrick
zu schaffen. Eben so nützlich ist es, wenn es
angeht, auf einer Seite dieses Reinigungshau=
ses, ein Schirmdach angebaut zu haben, um
die Canots oder Napfe darunterzustellen, in
denen man die Thonerde weichen läßt, womit
der Zucker überdeckt wird: desgleichen diejenigen
Gefäße, deren man sich bedient den Zucker
wenn er aus der Dörrhütte (etuve) kommt,
darinnen zu stoßen, nebst Waage und Gewicht
solchen abzuwiegen. Das Haus zum trocknen,
oder dörren (l'etuve), muß, so wie es sich
nur will thun lassen, zu Ende dieser Schirmdä=
cher gebaut werden, damit man bedeckt ist,
wenn man den Zucker aus der Reinigungshütte
dahin trägt, und ihn wieder hieraus abholt,
um gestoßen zu werden.

Wenn

Wenn man nun eine hinreichende Anzahl
von Zuckerformen angefüllt hat, als erfodert
wird die Trocknungshütte (l'etuve), welche
mehrentheils fünf bis sechshundert Formen enthalten kann, damit voll zu stellen, wird der
Zucker abgelößt (on loche): das heißt, man
untersucht alle Formen worinnen sich Zucker befindt. In dieser Absicht wird ein altes Seihtuch auf den Boden ausgebreitet, worauf man
die Formen mit ihrem Untertheile umstürzt,
wenn sich der Zucker darinnen angehenkt hat,
weil entweder die Form nicht recht war ausgewaschen, oder eingefeuchtet worden, wenn solche mit Zucker vollgefüllt wurde. Das näml-
che geschieht auch wenn derjenige welcher den
Zucker in der Zuckerfabrick umrühren muß, solchen nicht recht in der Form herum abgelößt hat:
oder wenn der Zucker etwann um irgend einer
andern Ursach willen, nicht gern aus der Form
herausgeht, welches doch schlechterdings nöthig
ist seine Beschaffenheit kennen zu lernen, und
ihn mit Thonerde zu überlegen. In diesem
Falle hebt man die Form ein wenig in die Höhe, und schlägt mit ihrem Rande gegen den
Boden, damit diese Bewegung dem Zucker
heraushelfe.

Sobald man spührt daß er abgeledigt ist,
ergreift man mit der linken Hand die Zuckerform

form oben an der Spitze, und setzt während
man solche ein wenig umneigt, zugleich die Finger der rechten Hand unter den Ranft. Indem man nun die Form auf solche Art empor-
hebt, wird mit dem einen Finger ein Zeichen
an den Zucker gemacht, damit der Raffinirer
wenn er die Beschaffenheit desselben untersucht
hat, die Zuckerform an ihren alten Platz, und
in der nämlichen Stellung die sie vorhin hatte,
wieder hinsetzen kann. Nachdem der Zucker
abgelößt ist, und der Raffinirer nach Beschäf-
fenheit seiner Güte bestimmt hat, welcher mit
Erde soll belegt, oder wenn er misrathen ist,
wieder muß umgeschmolzen werden, stellt man
die Formen in Ordnung: das heißt, man setzt
jede schön gerade in ihren Topf. Man muß
aber vorher allen Syrop der sich darinnen gesammlet hat, ausleeren, und solchen in die Zuckerfabrick tragen, um ihn mit den übrigen
Vorrath an groben Syrop von einer Woche,
frisch abzukochen.

Man erkennt aber die Güte des Zuckers,
und ob er schön weiß werden wird, wenn man
sieht, daß er die ganze länge der Form hindurch recht glatt liegt, und eine hübsche, ja
noch einigermaßen hellere Farbe, als die Perlen
haben, bekommt: daß endlich die Spitze wohin sich der Syrop gezogen hat, stark, etwas
tro-

trocken und glänzend ist. Wenn er hingegen
röthlichte, oder schwarze, ins gelbe fallende
Flecken, und ein gelbes ölichtes Haupt hat, so
ist hieraus sicher zu schließen, daß der Zucker
fett und übel zubereitet ist, auch niemals recht
weiß werden wird. In diesem Falle kann
nichts besseres damit vorgenommen werden, als
daß man solchen wieder in den großen Kessel
werfen und umschmelzen läßt.

Wenn das Reinigungshaus (la pur-
gerie) breit genug ist, läßt man die ganze Länge hindurch in der Mitte einen Weg frey, um
die Formschichten abtheilen zu können, wovon
die ersten Lagen welche hingesetzt werden, an die
Mauer zu stehen kommen. Man ist aber besorgt sie ganz schnurgleich (de niveau) zu stellen, damit die eingeweichte Erde, womit sie bedeckt werden sollen, senkrecht, und durchaus
mit gleicher Stärke wirken kann. Mehrentheils
werden sechs Reihen gelegt, welche einander berühren. Diese Anzahl nun wird eine Form-
schicht genannt. Zwischen jeder Schicht läßt
man einen Fußsteig frey, so breit als der Umfang einer Zuckerform beträgt, damit man zwischen den Schichten durchgehen, und am Zucker
arbeiten kann.

Diese Schichten werden aber deswegen nicht
breiter gemacht als sechs Reihen betragen, damit

mit man den Zucker der im dritten Gliede stehet,
mit der Hand erlangen, und zubereiten kann,
welches aber bey einer grössern Anzahl von Reihen nicht recht geschehen könnte. Eine jede
Zuckerform hat nämlich nur ohngefähr vierzehen
Zoll im Durchschnitte, mithin betragen drey
neben einander stehende Reihen solcher Formen,
einen Raum von vierthalb Schuhen, welches
das weiteste Ziel ist, wohin eine Menschenhand
langen kann, um frey zu arbeiten. Diese Arbeit könnte zwar noch leichter verrichtet werden,
wenn die Schichten nur aus vier Reihen von
Zuckerformen bestünden: da aber hierzu eine
grössere Anzahl von Fußsteigen dazwischen nöthig wäre, so würde dieses allzuviel Raum
wegnehmen.

Aus beyfolgender Kupfertafel, ist die Stellung der Formen in einem Reinigungshause zu
ersehen. Wenn nun die Formen also hingelegt,
oder gestellt sind, so macht man ihren Boden
(on fait leur fond): das heißt, nachdem
man die sogenannten Zapfen (fontaine) der
Form weggenommen hat, füllt man solche mit
gekörnten Zucker (sucre en grain) bis auf einen Zoll breit vom Rande; welchen leeren
Raum man für die Erde welche darauf soll gelegt werden, spart.

Um

Um aber zu wissen, was man eigentlich unter diesen Zapfen der Formen (fontaine de
formes) versteht, so wird man sich zu erinnern
belieben, daß der heiße Zucker, wenn er in die
Form gegossen wird, eine Rinde formirt: nachdem nun diese Rinde durch zweymaliges Umrühren des Zuckers ist zerbrochen worden,
kommt eine dritte zum Vorscheine, welche höckericht und ungleich ist, weil sie aus den
zerbrochenen Trümmern der beyden vorhergehenden Rinden besteht. Unter dieser Rinde bleibt
ohngefähr Daumensdick, und bisweilen noch
mehr, ein leerer Raum, worunter sich wieder
eine andere braune, und beynahe schwarze Rinde ansetzt, welche in der Mitte Daumensdick
ist, gegen den äussern Rand hingegen dünner
wird. Diese Rinde bestehet aus dem Fette des
Zuckers, welches leichter als das Zuckerkorn ist,
und daher in die Höhe steigt, sich daselbst zusammensetzt, und gerinnt. Dennoch klebt es
beynahe gar nicht fest an den Zucker welcher
sich unter ihm befindt, wovon es mithin sehr
leicht kann abgesondert werden.

Anfänglich wird die erste Rinde abgenommen, welche trocken und ambrafärbig ist, und
wie Gerstenzucker schmeckt. Man legt solche
beyseits, um raffinirt zu werden, und dieß
nennt man den ersten, oder trockenen Zapfen

(fontaine feche). Was aber die zweyte
Rinde anlangt, welche man den fetten Zapfen
(la fontaine graſſe) nennt, ſo wird ſie mit
einem kleinen eiſernen Brechſtänglein (petite
tille de fer), in Stücke gebrochen, welches vier
bis fünf Zoll lang, und zween bis drey Zoll
breit iſt, und einen hölzernen, nicht mehr als
fünf Zoll breiten Stiel hat.

Man ſchneidt ſie, ſage ich, in Stücke,
um ſolche deſto leichter herunter nehmen zu können, und verwahrt dieſelbe gleichfalls beſonders,
um ſie entweder, wenn ſie recht abgetrocknet iſt,
wiederum unter den rohen Zucker abzukochen,
oder ſolche in den großen Keſſel zu werfen, um
den Zucker, welcher noch unter dem Fette ſteckt,
herauszuziehen. Hierauf ſucht man mit dem
kleinen eiſernen Brechſtänglein (avec la petite tille), einen oder zween Zoll tief unter
dem Platze welchen der ſogenannte fette Zapfen
(la fontaine graſſe) einnahm, weil ſich bisweilen noch eine zweyte Rinde darunter befindt,
welche man ſchlechterdings ablößen muß, indem ſie den Durchzug des Waſſers, welches
ſich durch die aufgelegte Thonerde zieht, nur
verhindern würde.

Mittlerweilen man die Zapfen durchſucht,
wird mit einem Schnittmeſſer (couteau à deux
mains) eine Form des nämlichen Zuckers ge-
ſchabt,

schabt, welchen man in Körner verwandelt, und sich derselben bedient den leeren Raum damit auszufüllen, den man durch Hinwegnehmung der beyden Zapfen (fontaines) übergelassen hat. Man füllt also diesen leeren Platz bis auf einen Finger breit vom Rande, und macht solchen fest, und recht glatt, indem man die Zuckerkörner auseinander breitet, und mit einer eisernen, oder kupfernen Kelle, welche drey bis vier Zoll im Durchschnitte breit ist, darauf schlägt. Dieses geschieht aber, damit die Thonerde womit man diese Oberfläche bedeckt; wenn sie solche fest, eben, und ganz platt findet; durchaus mit gleicher Stärke arbeiten kann, ohne Löcher zu machen, welches sich dennoch unfehlbar zutragen müßte, wofern die obern Stellen oder Flächen, nicht allenthalben von gleicher Stärke und Glätte wären.

Dieses also pflegt man das Boden machen zu nennen (faire les fonds), worauf ein Raffinirer nicht Sorgfalt genug anwenden kann. Man läßt aber die Zuckerformen drey bis vier Tage lang in freyer Luft stehen, ehe man solche mit Thonerde bedeckt, damit ihre Oberfläche austrocknen, und etwas fester werden kann. Gemeiniglich braucht man, die Böden von hundert Formen zu machen, sieben bis acht, zuweilen auch zehen Zuckerformen.

Q 2   Acht

Acht bis zehen Tage bevor man diese Erde
braucht den Zucker damit zu bedecken, muß solche vorher eingeweicht werden. Die beste Thonerde deren man sich zu diesem Gebrauche bedienen kann, kommt von Rouen. Sie ist weißlicht, fein, dünn, lind, und weder mit Steinen noch Sand vermengt: überdieses ist sie fett
genug, daß etwas grössere Klumpen, als die
Kugeln zum Ballspiele sind, daraus können
formirt werden. In solcher Beschaffenheit
wird sie auf die Inseln gebracht, wo ich die
Tonne voll, um fünf und zwanzig bis dreyßig
Thaler habe verkaufen sehen. Nun geschah
dieses zwar zu Kriegszeiten, wo es überaus gefährlich war, und man sehr theure Fracht, auch
starke Assecuranzen zu bezahlen hatte. In
Friedenszeiten ist das Faß um zehen Thaler zu
haben.

Uebrigens ist dieses ein ziemlich billiger
Preis, wenn sie nur ächt ist: indem einige zu
Nantes ansäßige Kaufleute, nach ihrer löblichen hergebrachten Gewohnheit nicht ermangelt
haben diese Waare zu verfälschen, und eine
gewisse mit Kreyde vermengte Erde, welche sie
für Rouanische Thonerde ausgaben, dagegen
hinbrachten. Es hält schwer diesen Betrug
eher als bis man die Erde braucht, zu entdecken.
Da aber Noth den Verstand schärft, habe mich
uns

um diese Kenntniß zu erlangen, folgenden Mittels bedient, ohne erst zu warten bis diese Erde
aufgebraußt hätte, und es folglich zu spät gewesen wäre solche dem Kaufmanne wieder zurück zu geben.

Ich nahm einen Brocken von der aus Nantes hergekommenen Erde, und einen andern von
jener aus Rouen. Beyde ließ ich genau abwiegen, und in zwey verschiedenen mit Waffer
angefüllten Gefäßen weichen. Nachdem sie sich
recht aufgelöst, und zu Boden gesetzt hatten,
goß ich das Waffer mit aller nur möglichen
Vorsicht gant langsam herunter, und ließ beyde wieder trocken werden. An der Erde aus
Nantes bemerkte ich alsdann zweyerley Eigenschaften, welche ich an jener von Rouen nicht
fand. Erstlich, war sie nicht mehr so weiß als
vorher, weil sich die darunter gemengte Kreide
im Waffer aufgelöst, und verschwemmt, mithin die Erde ihre vorige natürliche Farbe wieder erlangt hatte. Zweytens, war sie nachher
viel leichter, als da ich solche hatte einweichen
lassen. Keines dieser beyden Stücke fand ich
an der Thonerde aus Rouen, welche nicht allein ihre ganze Farbe, sondern auch noch beynahe ihr vollkommenes Gewicht beybehalten
hatte.

Unter-

Unterdeſſen bedient man ſich gleichwohl dieſer Thonerde von Nantes, und einer andern beynahe ähnlichen, welche man von Bordeau herbringt, ungeachtet ſie weder ſo gut ſind als jene von Rouen, und viel weniger dauern. Uebrigens beruhet die Güte der Rouaniſchen Thonerde, und der andern Gattungen, die man den Zucker damit zu bedecken nimmt, auf folgenden drey Puncten. Erſtlich, das Waſſer welches ſie enthalten nicht zu färben; zweytens, ſolches langſam, und unmerklich durchſickern zu laſſen; drittens endlich, nichts von der Fettigkeit des Zuckers einzuſchlucken, welche faſt jederzeit daran zu kleben pflegt, ſondern dieſelbe in der freyen Luft verrauchen zu laſſen, woran die Erde geſetzt wird, nachdem man ſolche vom Zucker herabgenommen hat.

Hieraus glaube ich wird ſattſam erhellen, daß ſowohl gefärbte Erden, als ſolche welche das Waſſer färben, worinnen ſie aufgelößt werden, zu dieſer Arbeit untauglich ſind. Das herauskommende Waſſer würde nämlich dem Zucker, deſſen Luftlöcher es durchdringt, die Farbe welche es bey ſich führt, mittheilen.

Fernerhin ſieht man daraus, daß fette und ſtarke Erden, die kein Waſſer von ſich geben, oder es bloß gegen ihre Oberfläche treiben, wo es Luft und Hitze wieder zerſtreuen und wegs
dünſten

dünsten machen, eben so wenig dazu taugen, als
jene Erdarten, die sandigt sind. Diese nämlich
lassen alles Wasser womit sie getränkt worden
sind, auf einmal durchlaufen, welches durch
ihre Poren gleichsam eben so schnell als in einem Siebe, und ohne sich aufzuhalten, lauft.
Nicht viel besser endlich zum Gebrauche, ist die
magere Thonerde, welche leicht das Fett ein-
schluckt, und solches in ihre Luftlöcher einnimmt,
weil sie keine Dauer hat, und Kosten verursacht, die allzuhäufig vorkommen, wenn auch
die beyden erstern Eigenschaften welche ich an
der Erde von Rouen bemerkt habe, bey ihr anzutreffen wären.

In unserer Plantage zu Guadeloupe hatten wir eine graue Erde, welche zwar kein Wasser färbte, und es ganz langsam durchsickern
ließ, mithin sehr gut für den Zucker war, und
uns die Kosten ersparte dergleichen Erde von
Rouen zu kaufen: allein sie wurde leicht schmutzig, und man konnte sich ihrer kaum öfters als
dreymal bedienen. Wir konnten uns aber leicht
darüber zufrieden geben, indem man so viel
davon nehmen durfte als nur verlangt wurde,
ohne daß es uns weiter etwas kostete, als die
Mühe solche ausgraben zu lassen. Wir bedienten uns dieser Erde mit dem besten Erfolge von

Q 4 der

der Wele, und erlaubten allen denen welche der
gleichen nöthig hatten, davon zu nehmen.

Es soll aber diejenige Erde womit man den
Zucker bedecken will, acht bis zehen Tage vor
her, ehe man einigen Gebrauch davon macht,
eingeweicht werden. Man muß ein süßes, helles und reines Wasser, so gut man solches nur
immerhin haben kann, dazu erwählen. Hierzu bedient man sich eines aufgemauerten Trogs,
oder einer Kufe, neun bis zehen Zoll lang, und
ohngefähr drey Fuß breit. Wenn man aber keine
solche Gelegenheit hat, oder diesen Aufwand
nicht machen will, nimmt man nur ein hölzer-
nes Canot. Indessen muß ein jedes Gefäß
welches man hierzu nimmt, es mag nun von
Holz oder von Mauerwerk seyn, bedeckt unter
einem Dache stehen: weil die Sonne, wenn sie
ihre Stralen auf die eingeweichte Erden wirft,
das Wasser erhitzt, die Erde in Gährung
bringt, und sauer macht, wodurch sie zu den bestimmten Gebrauch ganz untauglich wird.

Wenn die Thonerde im Canote liegt, und
höchstens die Hälfte desselben einnimmt, wird
es vollends mit Wasser ausgefüllt. Nach Verlauf von vier und zwanzig Stunden, schöpft
und gießt man das oben schwimmende Wasser
heraus: alsdann zerschlägt man die Erdenklöse, damit sie sich gar auflösen kann, worauf frisches
Waß

Waſſer in den Trog gefüllt wird, welches man
alle vier und zwanzig Stunden verändert. Die
Erde wird dabey jederzeit rechtſchaffen umgerührt und durchgearbeitet, ſo lang bis man
über der Erde ein reines helles Waſſer ſieht,
welches nicht mehr grünlicht iſt, wie es Anfangs war, als man die Erde eingeweicht hatte.

Wenn die Böden der Zuckerformen ſo weit
im Stande ſind, daß man die Erde auflegen
darf, wird das oben ſchwimmende Waſſer,
größtentheils mit einem Cou, welcher aus einem Trumme von einer Calebaſſe gemacht iſt,
abgeſchöpft, indem man nicht mehr als drey
bis vier Finger hoch darauf ſtehen läßt. Alles
dieſes in der Kuffe ſtehen gebliebene Waſſer,
wird ſtark mit der Pagalle umgerührt, und in ein
kleines Canot, welches man neben dem Troge
ſtehen hat, vermittelſt eines Durchſchlags, oder
großen kupfernen Keſſels geſeiht, worein Löcher,
ohngefähr eine Linie im Durchſchnitte weit, gebohrt ſind. Die eingeweichte Erde muß aber
deswegen alſo durchgeſeiht werden, um ſowohl
diejenigen Theile davon abzuſondern, welche
allenfalls nicht recht aufgelöſt wären, als ſie
von den Steinen und noch darinnen befindlichen
Unrathe vollends zu reinigen, welche man in
währenden durchlaufen könnte antreffen. Als-

Q 5   dann

dann wird sie in Butten in das Reinigungs‐
haus (à la purgerie) getragen.

Der Raffinirer hält in der Hand einen klei‐
nen kupfernen Löffel, der ohngefähr eine Pari‐
ser Pinte fassen mag, und mit einem schwachen
eisernen platten Reife umgeben ist, der sich auf
eine Höhlung endigt, um einen hölzernen Stiel,
drey bis vier Fuß in der Länge, halten zu kön‐
nen. Mit diesem Löffel schöpft er aus den But‐
ten, und macht die Formen bis an Rand voll.
Die Festigkeit dieser Erde muß aber folgender‐
gestalt beschaffen seyn, daß, wenn man einen
halben Fingers dicken Strich darauf zieht, sich
derselbe nur allgemachs wieder anfüllen muß,
fast wie der Kinderbrey, welcher bald ausgekocht
ist. Ihre innere Güte, und ob sie gehörig
zubereitet ist, läßt sich daraus erkennen, wenn
sie auf die Böden gelegt, weder aufbraußt, noch
Blasen wirft, und indem man sie vor die Na‐
se hält, keinen Geruch hat. Wenn nämlich,
eines von diesen dreyen geschieht, kann hier‐
aus zuverläßig abgenommen werden, daß sich
die Erde erhitzt habe und sauer worden sey.
Alsdann ist zu besorgen sie möchte den Zucker
verderben, oder wenigstens nicht mehr gähren.

Sobald nun die Erde auf dem Zucker liegt,
werden alle Fenster im Reinigungshause zuge‐
schlossen, damit weder Luft noch Hitze die Erde
aus‐

austrocknen möchten. Ja man giebt, wenn
die Erde einmal ist aufgelegt worden, drey bis
vier Stunden sorgfältig acht, um alle widrige
Zufälle denen der Zucker unterworfen seyn könnte, abzuwenden. Indem sich, wofern die Böden
übel gemacht sind, das heist, wenn sie nicht
recht gerade stehen, oder nicht allenthalben gleich
geschlossen werden, alles im Erdreiche befindliche
Wasser, auf diejenige Seite niedersenkt wo es
einen Abhang findt, den Zucker durchdringt,
und solchen von oben bis unten aushöhlen würde, wenn man nicht bey Zeiten suchte Rath zu
schaffen.

Sobald man also gewahr wird, daß diese
Thonerde an einem Orte stärker als am andern
gährt, welches man aus einer kleinen runden
Höhlung erkennt, welche oben auf der Erde
entsteht, nimmt man etwas feinen trockenen
Sand, der hierzu allemal in Bereitschaft vorhanden ist, womit man diese ganze Vertiefung,
und alles ringsherum ausfüllt. Dieser Sand
verschluckt und zieht alles Wasser in sich, welches seinen Lauf hieher genommen hatte. Wenn
aber die Erde nur einmal drey oder vier Stunden lang gegohren hat, alsdann ist weiter nichts
übles mehr zu befürchten.

Diese erste Schicht von Thonerde läßt man
aber so lang auf den Zucker liegen, bis sie,

nach-

nachdem sich alles darinnen enthaltene Wasser
durchgezogen hat, vollkommen ausgetrocknet ist.
Nachdem also die Witterung trocken, oder feucht
ist, braucht die Erde mehr oder weniger Zeit
zum austrocknen: mehrentheils werden aber
neun bis zehen Tage hierzu erfodert. Sobald
man nun sieht daß sie trocken worden ist, nimmt
man solche herunter, und breit sie in der freyen
Luft auseinander, wobey diejenige Seite welche
der Zucker berührt hat, oben muß zu stehen
kommen.

Man hütet sich aber wohl sie an die Sonne zu legen, oder wiederum einzuweichen, bevor dieselbe vollkommen ausgetrocknet ist, indem die Erde durch die Sonnenhitze nur das
Fett welches daran kleben blieb, in sich schlucken
würde: oder wenn sie ehender ins Wasser gelegt
werden sollte, in Gährung und Fäulniß
übergehen dürfte. Wenn man sich indessen dieser Thonerde öfters als zweymal auf den Inseln bedienen will, muß alles Fett mit einem
Messer sauber abgeschabt werden. So tief nun
das Fett eingedrungen ist, wird die Erde durch-
geschnitten, und was davon übrig bleibt, getrocknet, um sich dessen künftig bedienen zu
können.

Sobald man nur die Erde vom Zucker herabnimmt, wird die Oberfläche mit langhaarigten
Bürsten

Bürsten abgekehrt. Diese Besen sind rund, haben vier Zoll im Durchschnitte, und eben so lange Borsten. Der Griff, welcher sich perpendicular am Stiele befindt, hat fünf bis sechs Zoll in Umfang. Man kehrt aber mit diesem Besen eine Gattung braunen und fetten Staubs herunter, welcher sich auf die Oberfläche des Zuckers gelegt hat: bald, wie es bey dem Schnee zu geschehen pflegt, wenn er einige Zeit lang auf dem Erdboden gelegen ist, und der in der Luft herumfliegende, unsichtbare Staub, seine blendende weiße Farbe in etwas verdunkelt hat, welche aber gleichwohl noch durch diesen feinen Staub schimmert.

Wenn man die Formen oben gereinigt hat, sieht man erst wie weiß der darinnen enthaltene Zucker ausfallen wird. Man betrügt sich also, wenn man glaubt, durch eine zwey oder dreymalige Auflegung dieser Thonerde, könnte der Grad seiner Weiße erhöht werden. Die zum andernmale aufgelegte Erde, kann indessen weiter nichts ausrichten, als das Haupt der Zuckerform zu bleichen: weil nämlich die erste Auflegung den Syrop nicht vollkommen hat hinaustreiben können, so bringt es zwar die andere vollends dahin, daß er sich ganz zu Boden setzt, allein der Grad seiner Weiße wird niemals dadurch vermehrt.

Nach=

Nachdem nun die Formböden recht sind
abgeputzt worden, durchsucht man solche mit
einem kleinen Brecheisen, ohngefähr eines Zolls
tief: worauf man dieselben neuerdings wieder
in die Höhe richtet, und mit der Kelle gleich
und fest streicht. Zwey bis drey Stunden hernach, wird zum andernmale, eine, gleich der
ersten durchgeschlagene Erde, in der nämlichen
Menge, und mit eben der Sorgfalt und Vorsicht, aufgelegt. Man verschließt alsdann die
Fenster des Reinigungshauses, und läßt diese
zweyte aufgelegte Thonerde eben so lang gähren,
denn die erste, und ohne sie ehender hinweg zu
nehmen, als bis sie vollkommen abgetrocknet ist.

Einige Raffinirer pflegen zwar diese zum
andernmale aufgelegte Thonerde, nachdem sie
solche vorher etwas durchgearbeitet haben, wieder zu erneuern, ohne solche von dem Zucker
abzunehmen, indem sie einen oder zween Löffel
voll reine Erde darüber schütten. Sie nennen
dieses die Erde kneten (plumoter), und be-
haupten, daß die Zuckerform dadurch oben an
der Spitze so weiß gemacht werde, als unten
der Boden.

Indessen ist dieses Verfahren ganz und gar
schädlich, und ein ansehnlicher Verlust für dem
Eigenthümer. Vorausgesetzt nämlich, wenn
es auch durch vieles kneten dahin könnte ge-

bracht

bracht werden, daß die Spitze der Form eben
so weiß als ihr Boden ausfallen müßte: so
würde es doch nicht anderst als durch eine Ver=
minderung ihrer Höhe geschehen können. Wenn
also diese Spitze, welche man zu bleichen ver=
langt, fünf bis sechs Zoll hoch, und wo sie an
breitesten ist, vier oder fünf Daumen im Durch=
schnitte hat, wird solche niemals zwey Pfunde
schwer seyn, welche doch gleichwohl sechs
bis sieben Pfunden nicht gleich zu schätzen sind.
Um so viel wird nämlich die Form, wo sie an
breitesten ist, leichter, und dieses bloß um die
Eitelkeit eines Raffinirers zu befriedigen, da=
mit er sich allenthalben rühmen kann, sein Zu=
cker, den er verfertigt, habe kein Haupt (tête):
mittlerweilen er solches lediglich mit Einbuße
von sechs bis sieben Pfunden Zucker bewerkstel=
ligt hat, welche sein Herr an jeder auf solche
Art gekneteten Form verlieren muß.

Ein jeder Pflanzer, der seinen Vortheil nur
in etwas verstehet, wird also dergleichen Kne=
tung der Erde (plumotage) niemals gestatten.
Wenn der Zucker recht und von guter Materie
verfertiget wird, ist eine zweymalige Aufle=
gung der Erde hinreichend die Zuckerform durch=
aus zu bleichen. Bey solchem Zucker hingegen,
wo man in der gehörigen Zubereitung, oder
Materie gefehlt hat, wird alles Kneten in der
Welt

Welt nichts weiter ausrichten, als sein Gewicht
vermindern, und wenn es auch dahin kommt,
daß er sich bleicht, so geschiehet dieses bey der
Spitze gewiß niemals anderst als mit Verlust
des Bodens.

Wenn nun der Zucker nicht so beschaffen ist,
daß er durchaus könnte gebleicht werden, schlägt
man lieber fünf bis sechs Zolle von der Spitze
herunter, ehe man die Form ins Trocknungshaus bringt, als sich der Gefahr auszusetzen, solche mit Verlust von sieben bis acht Pfunden
Zucker vom Boden, weiß machen zu wollen.
Da man übrigens die Zuckerformen ohnehin
zerbrechen muß, um sie stoßen, und in die Fässer füllen zu können: was liegt also wohl daran,
ob man solche ganz oder abgekoppt auf die
Dörre (à l'étuve) bringt? Ueberdieses sind
diese abgeschlagenen Spitzen nicht verloren, man
verwahrt solche, um sie mit den trockenen Zapfen (fontaines seches), und andern Zuckerbrocken welche nicht recht weiß haben werden
wollen, raffiniren zu lassen.

Sobald nur die zum andernmale aufgelegte
Erde ist trocken worden, nimmt man solche herunter, und legt sie, gleich der ersten in die Luft,
ehe man dieselbe wieder ins Wasser bringt um sich
ihrer ein anderesmal bedienen zu können. Die
obere Seite des Zuckers, reinigt man sorgfältig
mit

mit dem Beſen, und ſchabt mit einem Meſſer
den obern Umfang der Zuckerform, um die Erde, welche noch allenfalls daran möchte hangen
geblieben ſeyn, vollends herunter zu bringen,
damit dieſer Rand den Zuckerhut nicht beſchmu-
tzen kann, wenn man ſolche aus der Form zieht.
Alsdann werden auch die Fenſter des Reini-
gungshauſes geöffnet, damit Luft und Hitze
eindringen können, und den Zucker vollends
austrocknen helfen, wozu man ihm gemeiniglich
noch acht bis zehen Tage lang Zeit läßt.

Wenn wir alſo rechnen, daß man drey
Wochen zugebracht, ſechshundert Zuckerformen
zu verfertigen, bis man ſolche mit Thonerde
belegt hat; daß ſie dreyßig Tage im Reinigungshauſe geſtanden ſind, oder die Erde ſo lang
darauf gelegen iſt, oder bis ſie trocken waren,
ſo viel Zeit erfodert wurde, ehe man ſolche auf
die Dörr bringen konnte, wo ſie gleichfalls noch
neun bis zehen Tage haben bleiben müſſen: ſo
wird man finden, daß eine mit fünfhundert und
funfzig, oder fünfhundert und ſechzig Zuckerformen angefüllte Dörrhütte, eine zweymonath-
liche Arbeit erfodert habe, bevor ſolche in ver-
käuflichen Stand geſetzt waren. Da nun die
Arbeit ununterbrochen fortdauert, folgen dieſe
Schübe zum trocknen (etuvée), alle drey Wochen aufeinander, wenn man eine hinreichen-

R   de

de Anzahl von Zuckerformen hat, um solche
fortſetzen zu können. Indeſſen ſind zwey tau-
ſend, oder zweytauſend und vierhundert Zuckerformen, hierzu vollkommen hinreichend.

Mittlerweilen nun das Waſſer vom Zucker
vollends abtröpft und wegdünſtet, und er in
den Formen austrocknet, wird die Trocknungshütte (l'etuve) in welche er ſoll geſetzt werden, unterdeſſen zubereitet. Dieſes Gebäu muß
mit dem Reinigungshauſe (purgerie) auf gleichen Boden ſtehen, oder in einer Linie fortlaufen, und zwar zu Ende der Schirmdächer, damit man bedeckt möchte dahin gehen können.
Eine Trocknungs oder Dörrhütte, welche ſechs
bis ſiebenhundert Formen enthalten ſoll, muß
im Lichte (dans oeuvre) zwölfhundert Qua-
dratſchuhe haben. Die Mauern hingegen, werden dritthalb Fuß dick gemacht.

Der Eingang iſt mit ſechs Schuhen über-
flüſſig hoch genug, und zween Fuß, oder ſechs
und zwanzig Zoll, ſind für ſeine Breite zwiſchen den Thürrahmen (tableaux) vollkommen
hinreichend. Es können aber doppelte Thür-
flügel daran gemacht werden, wovon einer inwendig, der andere dagegen auswärts aufgehet,
um die Hitze deſto beſſer beyſammen zu halten.
Der Thüre gegen über, wird die eiſerne Küſte
zum Feuer hingeſetzt. Dieſe Küſten ſind von
gegoſ-

gegoſſenen Eiſen verfertigt, ſechs und zwanzig
bis dreyßig Zoll lang, zwanzig, oder zwey und
zwanzig Zoll breit, vier und zwanzig Zoll hoch,
und zween Daumen dick. Von den ſechs Seiten woraus ſie gleich allen Cubiſchen Körpern be-
ſteht, ſind vier von Eiſen, und zwo offen, nämlich die äußerſte, und die unterſte Seite. Die
äußerſte offene Seite, wird drey bis vier Zoll
tief in die Mauerdicke geſetzt, oder eingefügt
und mit Ziegelſtücken und guten Mörtel feſt
hineingemauert.

Hieran müſſen die Nebenpfeiler (pieds
droits), Schwelle, und der Sturz des Ofenloches, oder Kamineingangs, ſtoßen. Die
untere Oeffnung (le vuide de deſſous) ruhet
aber auf den eiſernen Roſt worauf das Holz zu
liegen kommt. Unter dieſem iſt das Aſchenloch,
deſſen Oeffnung unter dem Ofenloche ſich befindet, und mit demſelben eine gleiche Größe hat.
Der untere Umkreis der Feuerkiſte innerhalb
des Trocknungshauſes, ſteckt in einer Einfaſ-
ſung von Quaterſteinen, oder wird mit zerbrochenen Ziegeln gut eingemauert, damit weder
das inwendige Feuer, noch der Rauch in die
Dörrhütte drühgen können. Gemeiniglich wird
er vier bis fünf Zoll hoch über der Bodenfläche
des Trocknungshauſes aufgeführt, welche ge-
pflaſtert werden muß.

Die

Die Höhe vom Fußboden bis über die Bekleidung der Thüre (chambranle de la porte), wird durch zwo Reihen Balken, drey bis vier Zoll ins Viereck dick, welche auf jeder Seiten der Thüre, und der Feuerkiste, fest in die Mauer eingemacht werden, in drey Theile abgesondert, und lassen in der Mitte einen leeren Raum, vier Fuß breit, übrig. Auf diese Balken nagelt man Latten, welche einen Zoll dick, und zween Daumen breit sind, und alles für voll gerechnet (tant plein que vuide) gleich weit voneinander müssen gesetzt werden. Mit dem Schlichthobel muß man solche glatt stoßen, und ein gutes Holz dazu nehmen. Auf diese Latten nun, werden die Zuckerhüte gesetzt.

Von dem Platze über der Thüre, bis an die oberste Decke des Trocknungshauses, werden drey andere Stockwerke aufgerichtet, wovon jedes drey Schuhe hoch gemacht wird. Sie ruhen auf viereckigten, drey bis vier Zoll dicken Balken, welche in die Mauer befestigt sind, und worauf man die Latten, wie bey den andern Halbgeschoßen (demi etages), annagelt. Man läßt dritthalb Fuß ins Gevierte, einen leeren Raum, welcher auf die Mitte des Gebäudes trift, um von einem Stockwerke ins andere gehen, und die Zuckerformen dahin setzen zu können. Da es sich aber zutragen könnte, daß

daß der über der Feuerküste stehende Zucker,
wenn er durch die allzugroße Hitze zerspränge,
und auf diese Feuerküste herabfiel, dadurch in
Brand gerathen, und die übrige Dörrhütte
ebenfalls anstecken möchte: so werden hier anstatt der Latten, Bretter mit eingebohrten Löchern darauf genagelt.

Das obere Theil der Trockenhütte (le des-
sus de l'etuve), wird so hoch die Mauer
reicht, mit einem Boden von guten Dillen bedeckt, worauf noch ein Mauerwerk, neun bis
zehen Zoll dick, zu liegen kommt. Mitten in
dieser Decke, wird eine Oeffnung frey gelassen,
gleich jener welche durch die Stockwerke geht,
und mit einer Fallthür verschlossen. Sie dient
sowohl frische Luft hineinzubringen, als die ersten Dünste, welche vom Zucker aufsteigen,
wenn er trocken zu werden anfängt, verrauchen
zu lassen, worauf man solche wieder zuschließt,
damit die Hitze desto besser beysammen bleibe.
Oben auf das Trocknungshaus, kommt ein
Dachwerk zu stehen, welches mit Schieferstei-
nen, oder Schindeln gedeckt wird.

Einige Tage vorher, ehe man den Zucker
in das Trocknungshaus bringt, wird es ausge-
kehrt und geheizt, damit sich die Feuchtigkeit,
welche sich seit dem letzten Gebrauche desselben,
darinnen gehäuft haben möchte, zerstreuen könnte,

und

und um solches desto leichter zu bewerkstelligen,
die Fallthür und der Eingang offen gelassen.
Wenn es nun recht ausgetrocknet ist, und der
im Reinigungshause vorhandene Zucker, sich
so weit im Stande befindt, daß er dahin kann
versetzt werden, löst man die Zuckerformen, eine
nach der andern auf dem Blocke heraus, und
trägt diejenigen Formen welche durchaus weiß
sind, in die Trocknungshütte. Was hingegen an
den übrigen zum Raffiniren bestimmten Zuckerformen nicht weiß genug ist, wird herabge-
schnitten.

In jedes Steckwerk stellt man einen Neger,
und einen an den Eingang. Dieser nimmt die
Zuckerhüte wie man ihm solche bringt in Em-
pfang, und reicht sie dem Neger im ersten Stockwerke, dieser übergiebt sie jenem im zweyten
Stockwerke, welcher sie hinwieder dem im dritten Stockwerke befindlichen Neger darreicht, der
solche zuerst im dritten, und hernach auch in
den niedrigeren Stockwerken, in Ordnung stellt.
Wenn die größern Stockwerke voll sind, werden die kleinern angefüllt, und im Nothfalls
kann man auch sogar die Pflastersteine damit
besetzen.

Daß man alle Formen untersucht, habe ich
bereits oben angezeigt, damit man, wenn die
Häupter daran allenfalls schwarz seyn sollten,

solche

solche abschneiden kann, um sie besonders zu
verwahren, und hernach zu raffiniren. Oder
wenn einige Formen vorhanden wären, welche
noch feucht sind, da ihr Wasser noch nicht ganz
abgetropft ist, setzt man solche auf die halben
Stockwerke, oder gar auf den Boden, damit,
wenn dieselben zerbrechen sollten, sie nicht mit:
ten in das Trocknungshaus, oder auf andere
Zuckerformen fallen können, welche sie nur be:
schädigen würden, besonders wenn es sich zu:
trägt daß sie in Syrop zerfließen.

Die beyden ersten Tage wird nur ein mit:
telmäßiges Feuer hineingemacht, aus Furcht,
die allzustarke Hitze möchte Anfangs den Zucker
etwas zu schnell austrocknen. Während dieser
nämlichen Zeit besucht man zum öftern das
Trocknungshaus, um nachzusehen in welchen
Zustand sich der Zucker befindt, den herabge:
stürzten aufzulesen, oder diejenigen Zuckerhüte
welche sich umgeneigt haben, und herunterfal:
len könnten, wieder gerade zu richten. Nach
Verlauf dieser zween Tage, schließt man die
Falkthüre zu, und verstärkt das Feuer dermaßen,
daß die Feuerküste ganz glühend wird. Ein,
acht Tage, und acht Nächte lang, unaufhörlich
unterhaltenes heftiges Feuer, ist hinreichend ei:
ne ganze Hütte voll Zucker vollkommen auszu:
trocknen. Wenn man nun glaubt daß er so

R 4   trocken

trocken ist, als er seyn soll, öffnet man die
Fallthür, und erwählt einen heißen trockenen
Tag ihn zu stoßen.

Hierzu bedient man sich zweyer Tröge, oder
Canots. Diese Tröge sind wie große Küsten
formirt, zehen bis zwölf Schuhe lang, dritthalb Fuß breit, und eben so tief. Sie bestehen aus zween Zoll dicken Bohlen, welche genau zusammen gepaßt sind, und zum öftern noch
in eine Rahm gesetzt werden, die mit hölzernen Nägeln fest zusammen gekeilet wird. Wenn
man aber Canots dazu nimmt, welche ganz aus
einem Stücke bestehen, läßt man sie allenthalben in gleicher Dicke machen. Man senkt sie beyderseits halb in den Erdboden, damit sie sowohl
fester stehen, als des gewaltigen Stoßens wegen, desto weniger der Gefahr unterworfen sind,
sich auseinander zu begeben. Man darf aber
nicht unterlassen, diese Canots Tags vorher
auswaschen, und wieder recht austrocknen zu
lassen.

Hierauf werden die Fässer in welche der
Zucker kommen soll, erstlich mit Nummern bezeichnet, und die Thara darauf geschrieben:
das heißt, man wiegt die leeren Tonnen, mit
dem Gewichte welches sich mehrentheils schon
neben dem Canote, unter eben diesem Schirm-
dache (appentis) befindt, und bemerkt auf
den

der Boden einer jeden Tonne was sie gewogen
hat, und dieß pflegt man die Thara zu nennen.
Man bemerkt gleichfalls die Nummer der Tonnen, um desto leichter Rechnung darüber führen
zu können. Wenn sie angefüllt und zugeschla-
gen sind, werden sie neuerdings abgewogen,
und unterhalb der Thara das reine Gewicht angezeigt, oder wie viel Zucker, nach Abzug der
Thara, oder des Holzgewichtes, sich darinnen
befindt.

Die Stempfel deren man sich hierzu bedient, müssen aus einem harten und schweren
Holze gemacht werden: dergleichen die Acomas, Balatas, Seifenbäume, und das sogenannte rothe, oder Eisenholz, haben. Sie werden acht bis neun Zoll hoch, und fünf Zoll dick
gemacht. Ihre Figur ist cylindrisch, und sie
haben in ihrer Bogenrundung (leur cintre)
eine Oeffnung, zu einem runden Stiele, der
sechs Fuß lang, und Daumens dick ist.

Diejenigen Neger und Negerinnen, welche
den Zucker stoßen sollen, werden zu beyden Seiten des Canots gestellt. Man wirft die Zuckerhüte, einen nach den andern hinein, um sie
besser und leichter stoßen zu können, und wenn
das Canot voll ist, wird es mit einer Haue auf-
gegraben, und der gestoßene Zucker mit Couis
herausgeschöpft und in die Fässer gebracht. Auf

jeder

jeder Tonne befindet sich ein Hebichet, oder
Gattung von Sieb, aus den Ribben der Latanblät-
ter, oder von gespaltenen Schilfrohren verfertigt, in welches man ihn schüttet.

Bey jedem Hebichet bestehet eine Person, die es herumdrehet, und den Zucker durchlaufen läßt. Sobald er nun im Fasse eine
Höhe von sieben bis acht Zoll erreicht hat, stellen sich von jenen welche bisher im Canote gestoßen hatten, drey oder vier zu jeder Tonne,
und stampfen den darinnen befindlichen Zucker,
so fest sie können, zusammen, um eine desto größ-
sere Menge hineinzubringen. Hierauf wird
wechselsweise wieder durchzusieben und zu stoßen
angefangen, so lang bis die Tonne ein wenig
oberhalb des Falzes angefüllt, und der Zucker
recht fest zusammen gepreßt ist. Ob ein Faß
rechtschaffen eingedruckt ist, erkennt man daraus, wenn man mit dem Finger daran klopft,
und es einen hellen Klang wie ein vollkommen
ganzes Dillenstück, von sich giebt.

Um zu verhindern daß der Faßboden durch
das erstaunliche heftige Stoßen nicht ausge-
sprengt werden möchte, wird noch ehe der Zucker hineinkommt, ein Reif um den Falz genagelt, damit die Böden fest bleiben müssen,
und nicht herausfallen können, wenn es allenfalls geschehen sollte, daß die Reife durch die
große

große Menge Zucker welche man in die Fässer
mit Gewalt hineinpreßt, lotter würden. Je
trockener nämlich der Zucker, und je stärker er
gestoßen, und eingestampft ist, desto besser hält
er sich unterweges, ohne die mindeste Feuchtigkeit, als welche ihn nur grau machen würde,
anzunehmen. Eine wohl eingestampfte Tonne
muß sechs bis siebenhundert Pfunde pur Zucker
enthalten.

Diejenigen Brocken welche nicht durch das
Sieb laufen konnten, werden in ein anderes
Canot geworfen, wo die Neger welche den Zucker in die Fässer gestampft haben, solche stoßen, mittlerweilen die übrigen mit dem Durchsieben beschäftigt sind. Die Jesuiten Patres
zu Martinicke, hatten daselbst eine kleine Mühle, die aus zween Mühlsteinen zusammengesetzt
war, worauf diejenigen Zuckerbrocken, welche
man Krusten zu nennen pflegt, gemahlen wurden. Hierdurch konnte zwar die Arbeit nicht
wenig beschleunigt werden, allein wenn sich diese Mühlsteine nur in mindesten abrieben, so
wurde der Zucker damit verdorben, welches auch
in der That viele Personen abgehalten hat, einigen Gebrauch davon zu machen.

Auf solche Art wird aller Zucker, der aus
dem Trocknungshause kommt, in Tonnen gefüllt, wobey man sich aber wohl in Obacht
nimmt,

nimmt, ja niemals zur Nachtzeit zu arbeiten, weil die Luft, welche alsdann sehr feucht ist, ihre Feuchtigkeit dem Zucker gleichfalls mittheilt, und solchen verderbt. Es ist nämlich eine unläugbare Wahrheit, daß, je trockener der Zucker, und je feiner solcher gestoßen ist, ein desto weißeres Ansehen muß er bekommen. Indessen giebt es Fälle wo man sich genöthigt siehet auf andere Mittel bedacht zu seyn, ihm diese Eigenschaft zu verschaffen, wann es daran fehlt, deren ich mich zum öftern bedienen mußte.

Ich hatte einstmals eine ganze Dörrhütte voll Zucker, von beynahe sechshundert Formen, über den Hals liegen, welcher durch seine Weiße den Kaufleuten eben nicht sonderlich ins Gesicht zu fallen Hoffnung machte. Als ich solchen einem Schiffscapitaine zeigte, da er noch im Trocknungshause stund, wollte er mir durchaus nicht mehr denn siebenzehen Livres, zehen Sous (acht Gulden und fünf Pfennige) für den Centner geben, ungeachtet der Marktpreis damals zwey und zwanzig Livres und zehen Sous (zehen Gulden und neunzehen Kreuzer) war. Ich ließ Anfangs etwas weniges von diesem Zucker stoßen, hatte aber nicht Ursach damit zufrieden zu seyn. Endlich gerieth ich auf den Einfall einen Brocken davon zu reiben, und

fand

fand daß ihm das Riebeifen einen ganz andern
Glanz verschaffte: denn da es seine Theilchen
nicht so stark zermalinte als der Stempfel, so
blieb ihnen eine Menge kleiner Flächen, welche
das Licht zurück warfen, und folglich ihre Weiße
vergrösserten.

Ich machte sofort noch einige Versuche damit, welche mich vollends überzeugten. Indem ich aber befürchtete es möchten mich meine
Augen hintergehen, und in einer Sache wo es
meinen eigenen Vortheil betraf, eben kein allzu
richtiges Urtheil fällen, übersendete ich zwey
Packete des nämlichen Zuckers, wovon einer
gestoßen, der andere hingegen gerieben war, einem meiner Nachbarn, der von dieser Waare
sehr gute Kenntniß hatte, und ließ ihn ersu-
chen mir von jedem derselben den Preiß zu bemerken. Er taxirte beyde Sorten, und ich hatte das Vergnügen zu vernehmen, daß er meinen geriebenen Zucker um drey und zwanzig
Franken (zehen Gulden drey und dreyßig Kreutzer); den gestoßenen Zucker hingegen, nur um
siebenzehen Franken (sieben Gulden und acht
und vierzig Kreutzer), schätzte.

Nun brauchte es keinen weitern Beweggrund mehr, mich dahin zu bringen, daß ich
beynahe sechshundert Zuckerformen reiben ließ,
und wiewohl dieses eine überaus langdauernde

und

und verdrüßliche Arbeit seyn mußte, glaubte ich
dennoch es verlohne sich schon der Mühe, einen
Gewinn von fünf bis sechs Franken (zween
Gulden und achtzehen Kreuzer, bis einen Laubthaler) auf den Centner, nicht in Stich zu laß
sen. Ich kaufte daher sogleich ein Dutzend
Riebeisen (grages), woran ich die Spitzen ein
wenig abstutzen ließ, damit der Zucker etwas
feiner gerieben würde. Alsdann mußten sich
vier Tage lang, fünfzehen bis sechszehen Neger
mit der Arbeit beschäftigen allen diesen Zucker zu
reiben.

Wie nun nach Verlauf einiger Tage, der
nämliche Schiffkapitain wieder zu mir kam, und
mich aus Scherz fragte, ob ich ihm nicht etwas
von meinem grauen Zucker überlassen wollte?
antwortete ich dagegen, daß ich dermalen keinen andern als einen sehr weißen Zucker zu verkaufen hätte, und mein Vorrath würde ganz
sicher auch Leuten die mehr Schwierigkeiten als
er mächten, gefallen: er stand also in der Meynung, daß ich den gesehenen Zucker bereits verkauft hätte. Als ich ihm nun meinen geriebenen
Zucker vorzeigte, fand er solchen so ungemein
schön, daß er den Centner um zwey und zwanzig Franken und fünfzehen Sous (zehen Gulden, und sieben und zwanzig Kreuzer), ohne
Anstand zu nehmen, kaufte. Nachdem unser

Handel

Handel einmal abgeschlossen wär, sagte ich ihm
es wäre der nämliche Zucker den er schon einmal gesehen hätte, und ließ zum Beweise einige Zuckerhüte die noch übrig geblieben waren,
herbringen. Diesem ungeachtet würde er dieser
Verwandlung niemals Glauben beygemessen haben, wenn ich nicht in seiner Gegenwart einen
Versuch damit hätte anstellen lassen. Andere
Personen haben sich dieses Geheimnisses, nachdem sie solches von mir gelernt hatten, ebenfalls
mit dem nämlichen guten Erfolge bedient.

Neunzehentes Kapitel.

Vom durchgelassenen Zucker (sucre passé),
und seinem Ursprunge. Mißbräuche welche sich bey dessen Verfertigung eingeschlichen haben, und wie ihnen kann abgeholfen werden. Auf welche Art die Engelländer solchen zubereitet haben.

Diese Gattung Zucker, hat dem erhöheten Einfuhrzoll, womit der weiße Zucker im Jahre tausend sechshundert und acht
und neunzig ist belegt worden, ihren Ursprung
zu danken. Die Raffinirer in Frankreich, kauf-
ten nämlich den mit Erde gereinigten Zucker;
um

um ihn wieder umzuschmelzen, und kleinere
Hüte daraus zu machen, welche sie hernach für
Königszucker wieder verkauften: allein diese Zoll-
erhöhung nahm ihnen beynahe allen Gewinn den
sie hierbey machen konnten. Während des
Kriegs hatten sie aber aus der Erfahrung gelernt,
daß sich der Zucker welchen man aus den Englischen Prisen bekam, sehr gut raffiniren ließ,
indem er seiner vortrefflichen Reinigung wegen,
nichts als ein schönes, festes, und wohl zube-
reitetes Korn hatte, wovon im schmelzen wenig
abgieng, und welches leicht abzuklären war.

Sie schickten daher einige Kaufleute nach
den Inseln, welche den dortigen Plantageinhabern den Vorschlag machen mußten, daß sie ihren Zucker nach Englischer Art verfertigen sollten, und sie dazu durch den hohen Preis, worauf sie diesen Zucker in kurzer Zeit trieben, er-
munterten. Beyde konnten hierbey etwas ansehnliches gewinnen. Diejenigen Pflanzer,
welche keine Gelegenheit hatten ihren Zucker
bleichen zu können, fanden dabey ihre Rechnung, indem sie sich die Mühe dadurch erspa-
ren konnten, solchen mit Thonerde zu belegen,
im Dörrhause zu trocknen, und zu stoßen, um
ihn hernach in die Tonnen zu füllen.

Noch weit mehr gewannen aber dabey die
Raffinirer, da sie, weil dieser Zucker für uns
geläu-

geläutert angesehen wurde, nicht mehr als einen Thaler vom Centner Einfuhrzoll bezahlen durften. Diesem ungeachtet war er im schmelzen eben so ergiebig, als der mit Thonerde gereinigte Zucker, indem zwischen beyden kein anderer Unterschied mußte anzutreffen seyn, denn, daß man diesen hier, in durchgebohrte Tonnen füllte, welche mit zween bis drey Zuckerrohren versehen waren, damit er sich desto leichter möchte reinigen können; dahingegen man jenen der mit Erde überlegt werden sollte, in Formen goß.

Ich ließ zwar einigen Vorrath von dieser Gattung Zucker verfertigen, welcher schon über die Hälfte weiß war, als er den Kaufleuten ausgeliefert wurde: allein ich fand eben nicht daß es für uns sehr nützlich war, da wir alles hatten was erfodert wurde ihn zu bleichen, und alsdann noch einmal so theuer zu verkaufen. Nicht zu gedenken, daß man die feinen Syrops dadurch verlor, welches keineswegs ein so geringer Verlust war, den man nicht achten durfte. Nun konnte man zwar den heraustropfenden Syrop wieder benutzen, allein niemals so schöne Waare daraus verfertigen, als von jenen Syrops die in Töpfen aufgesammlet wurden, da sie jederzeit viel reiner sind, denn die

S   Cisten

Cisternen, wenn man auch noch so viel Sorgfalt deswegen anwendet.

Sehr viele Pflanzer ließen unter diesen Zucker allen Syrop laufen, welchen sie aus jenem erhielten, der in die Formen gekommen war, um mit Erde belegt zu werden. Dieses ist aber eine Betrügerey: indem ganz zuverläßig alle Zuckersyrops, sie mögen auch noch so gut und tüchtig gearbeitet seyn, niemals im Guße so viel ausgeben, als die Zucker vom bloßen Zuckerrohrsafte. Die Kaufleute also, welche sich nicht wollen betrügen lassen, müssen wohl Acht haben von wem sie kaufen, und selbst einige Kenntniß davon besitzen.

Sie werden sich aber zu erinnern belieben, daß ihnen der Geruch hierinnen mehr Licht geben wird, als der Geschmack, die Hände, und Augen. Diejenigen Plantageinhaber hingegen, welche es einmal so weit gebracht haben, daß sie weißen Zucker machen können, sollten diese Manufactur billig denen überlassen, welche noch nicht im Stande sind ihren Zucker selbst zu bleichen, aus Furcht der Versuchung zu unterliegen, ihre Syropzucker mit dem Rohrzucker zugleich durchseihen zu lassen.

Es hat sich aber noch ein anderer Mißbrauch bey Verfertigung dieses Zuckers eingeschlichen. Man hat nämlich, anstatt ein wollenes

lenes Tuch zum durchseihen zu nehmen, wie es
doch ihre Pflicht eigentlich erfoderte, und wie
man alle Zucker welche sollen gebleicht werden,
durchlassen muß, sich bloß eines groben leinenen
Tuchs hierzu bedient. Nun bleibt zwar der
gröbste Unrath im Tuche zurück, allein das Fett
lauft allemal ganz durch, mithin ist derselbe
kaum besser zubereitet, als der gewöhnliche ungeläuterte Zucker.

Die Engelländer, denen es nicht erlaubt ist
ihren Zucker in America zu bleichen, begnügen
sich aber nicht bloß solchen durch ein Tuch zu
seihen, sondern füllen denselben nachdem er gekocht ist, in hölzerne Formen, welche vierseiti-
ge Pyramiden vorstellen. Wenn er sich nun
rechtschaffen gereinigt hat, schneiden sie solchen
in Stücke, welche sie an der Sonne trocken werden lassen, und alsdann in Fässer packen. Auf
solche Art wird der Zucker zu Jamaika, und in
einigen Gegenden von Barbados verfertigt.
Dieser Zucker ist überaus schön, und sehr leicht
zu reinigen. Man würde aber auf den französischen Inseln besser gethan haben, ihn ebenfalls nach dieser Weise zu verfertigen.

Zwan-

Zwanzigstes Kapitel.

Von dem Syrop und Schaumzucker. Zu
welcher Zeit man den Zuckerschaum und
die Syrops abkochen muß. Verkaufspreis der groben Syröps aus den Cisternen. Vom Zucker aus den groben Syrop
der Formen, und größer Nußen welchen
man von diesem Zucker hat. Vom Zucker
der aus den feinen Syrops verfertigt wird,
und wozu der Syrop von den Syrops
kann gebraucht werden. Von dem Schaumzucker, und welche Vorsicht man hierbey
anzuwenden hat. Geschichte eines Capitains und Kaufmanns von
Nantes.

Der Zuckerschaum aus den drey ersten Kesseln, wird in die Weinessigbräueren, oder
ins Distillirhaus gebracht, um hernach Brandtewein daraus zu brennen. Jener aus dem
Syrop und Batteriekessel wird abgesondert, und
in einem ausdrücklich hierzu bestimmten Canote
aufgehoben. Man läßt sie alle Morgen in einem in der Zuckerfabrick eingemauerten Kessel,
der sonst zu nichts anders gebraucht wird, abkochen.

kochen. Alle Montag werden die groben Sy=
rops gesotten, das ist jene Syrops, die aus den
Zuckerformen abgetropft sind, ehe man solche
in das Reinigungshaus getragen, oder sie mit
Thonerde bedeckt hat. Was hingegen die fei=
nen Syrops anlangt, oder diejenigen, welche
man aus den mit Erde belegten Zuckern be=
kommt, so kocht man solche allezeit wenn der
Zucker in die Dörrhütte gesetzt wird.

Es giebt dreyerley Arten Syrop, welche
vom Zucker abtropfen. Denjenigen erstlich,
welcher von den mit ungeläuterten Zucker an=
gefüllten Tonnen herauslauft, und in Cisternen
aufgefangen wird. Man bediente sich Anfangs
dessen einzig und allein, Brandtewein daraus
zu machen. Als aber der Zucker in den oben
angezeigten Jahren im Preise gestiegen war,
fiengen die Kaufleute an diesen Syrop aufzukau=
fen, um ihn nach Norden zu schicken, wo man
vielen Syrop brauchte, sowohl Brandtewein,
als andere abgezogene Wasser daraus zu verfer=
tigen, nicht weniger zu ihren Honigkuchen,
und andern dergleichen Dingen, daß also der
Centner bis zu hundert Sous (oder um zween
Gulden und achtzehen Kreuzer) verkauft wurde.

Die holländischen und deutschen Raffinirer,
welche man nach den Inseln hatte kommen las=
sen, erfanden noch ein ganz anderes Mittel ihn

wei=

weit vortheilhafter für ihre Herren anzuwenden,
indem sie solchen in Zucker verwandelten. Sie
läuterten ihn rechtschaffen mit Kalkwasser, und
füllten solchen, wenn er eingekocht war, in
Tonnen, worinnen sich in der Mitte ein Zuckerrohr eingesteckt befand. Nachdem er sich
fünfzehen bis zwanzig Tage lang gereinigt hatte, bedeckten sie ihn sechs Zoll hoch, mit grober,
wohl eingeweichter Leimerde, welche den übrigen Syrop vollends herauszog, und solchen
tüchtig machte unter den ungeläuterten Zucker
gemengt zu werden. Dieser konnte dadurch
eben nicht verschlimmert werden, weil er recht
ausgetrocknet, und von guter Beschaffenheit
war, und man jederzeit auf den Boden der
Cisternen eine ansehnliche Menge körnigten Zucker fand, der sich daselbst formirt, und so wie
der Syrop hineinfließt, sammlet. Diesen groben
Syrop aus den Cisternen recht zu benutzen,
muß man die Cisternen, so oft der Syrop herausgenommen wird, jedesmal sorgfältig auswaschen. Sogar dieses Spühlwasser ist nicht
unnütz: es lauft nämlich in die Canots der
Weineßigbrauerey, und hilft daselbst den Saft
woraus man den Brandtewein abzieht, in Gährung bringen.

Die zweyte Gattung Syrop, kommt von demjenigen Zucker der mit Thonerde gereinigt wird,
Man

Man nennt aber jenen Syrop, der aus den Zuckerformen heraustropft, sobald sie nur ange-
bohrt, und bevor sie noch mit Erde belegt wurden, den dicken, oder ersten Syrop. Alle
Montags frühe, nachdem die Zuckerformen in
das Reinigungshaus sind gebracht worden, kocht
man solchen, und verfährt folgendergestalt damit. Der Keßel worinnen er soll gesotten werden, wird zur Hälfte damit angefüllt, und noch
neun bis zehen Häfen voll Kalkwasser hinein-
gegoßen. Hierauf wird ein helles starkes Feuer
darunter gemacht, und der Schaum, so oft
einiger in die Höhe steigt, fleißig herabgenommen.

Einige Raffinirer schütten noch überdieses
Lauge hinein, dagegen andere solches unterlaf-
sen. Ich meines Theils habe bemerkt, daß es
den erstern vortrefflich damit gelungen ist, indem die Lauge ihren Zucker vollkommen gut rei-
nigte. Es machte ihnen dieses zwar etwas mehr
Arbeit, weil die Lauge den Schaum in die Höhe treibt, und man also sehr geschwind seyn
muß solchen herunter zu bringen, und mit dem
Schaumlöffel empor zu heben, um ihm Luft zu
verschaffen, und zu verhindern, daß er nicht über
den Rand des Keßels ablaufen kann.

Diese Mühe scheint mir aber durch den
schönen Zucker welchen man davon erhält, über

flüssig

flüssig belohnt zu werden. Er kann aber allein
mit Erde belegt, oder wenigstens nebst den
Häuptern der Formen, den trockenen Zapfen
(fontaines seches), und andern Zuckertheil=
chen raffinirt werden, welche man weder dem
mit Erde gereinigten Zucker einverleiben kann,
noch unter den ungeläuterten Zucker mengen
darf. Dieser Syropzucker bringt einen so an=
sehnlichen Gewinn, daß solcher in einer wohl
eingerichteten Plantage, nebst dem Ertrage des
Brandteweins, hinreichend seyn muß, die Aus=
gaben und Unterhaltung des Herrn, seiner
Bedienten, Neger, und alle übrige Unkosten ei=
ner Zuckersiederey davon zu bestreiten.

Die dritte Gattung endlich des Syrops, ist
jener, der aus dem Zucker tropft, nachdem er
mit Erde ist bedeckt worden. Man pflegt sol=
chen den feinen Syrop zu nennen, und er ist sol=
ches auch in der That, als das feinste desselben,
welches zwischen den Zuckerkörnern war henken
geblieben, wovon es durch die wässerigten Thei=
le der aufgelegten Thonerde war losgerissen wor=
den, und nebst ihnen im Topfe zu Boden ge=
fallen. Hierauf wird er gleich den vorhergehen=
den eingesotten, und abgeschäumt.

Noch ehe diese Syrops so weit abgesotten
sind, daß sie aus den Kessel können geschöpft
werden, hält man unterschiedliche Kühlkessel in
Be=

Bereitschaft, um sie hineinzufüllen. Je mehr nun solche Kühlkessel vorhanden sind, desto sicherer darf man sich zu einem guten Erfolge Hoffnung machen. Dieser Zucker erfodert nämlich eine desto schleunigere Abkühlung, da sich sein Korn sonst nur in einen dicken Schaum verwandeln würde, der sich niemals zusammen setzt. Aus diesem Grunde sind auch die hölzernen Canots hierzu untauglich, indem sie allzu leicht heiß werden, und ihre Hitze zu lang behalten.

Den ganzen Boden der Kühlkessel, bedeckt man Fingersdick, mit weißen, fein gestoßenen, und wohl ausgetrockneten Zucker. Wenn nun der Syrop ausgekocht ist, welches entweder an den Blasen die er aufwirft, oder durch die gewöhnliche Probe erkannt wird, vertheilt man den Syrop, wenn der Batteriekessel groß ist, in zween Kühlkessel, wo man denselben, sobald er sich darinnen befindt, stark mit der Pagalle herumrührt, um den eingestreuten gestoßenen Zucker, mit dem Safte der erst hineinkommt, zu vereinigen, damit der schon gemachte Zucker, dem andern sich kann formiren helfen, und die Körner sich vereinigen und dick werden.

Hierauf überstreut man die ganze Oberfläche der im Kühlkessel befindlichen Materie, ein, bis zwo Linien dick, mit trockenen, fein ge-

S 5

stoße-

stoßenen Zucker, welches ebenfalls die Entste=
hung des Korns beschleunigen hilft, und den
Zucker verhindere zu schäumen, oder vielmehr
Perlen zu bekommen, und kleine Blasen auf=
zuwerfen. Beyde Kühlkeſſel läßt man hernach
ruhen. Es formirt ſich alsdann oben darauf
eine Rinde, welche allgemachs dick wird.

Der zweyte Batteriekeſſel, welchen man
ausſchöpft, wird in ein paar andere Kühlkeſſel
gefüllt, wenn man dergleichen hat: außerdem
darf man eben nicht ſo ſtark eilen ihn abzuſieden,
um dem erſtern Keſſel Zeit zu laſſen kalt zu werden.
Wenn nun der Zucker in beyden erſten Kühlkeſ=
ſeln ſeine Rinde erlangt hat, und ein anderer
Batteriekeſſel in Bereitſchaft ſtehet, daß er kann
ausgeſchöpft werden, ſchneidt man mit dem Meſ=
ſer ein kleines Stück von dieſer Rinde, fünf
bis ſechs Zoll im Durchſchnitte heraus, und
macht ringsherum in den Kühlkeſſeln alles ledig
und los, damit ſich die Rinde nicht mehr darin=
nen ankleben kann.

Je nachdem man den Batteriekeſſel mit den
Rabenſchnäbeln ausleert, wird ſolcher in die
Kühlkeſſel getragen, wobey man durch die Oeff=
nung welche in die Rinde iſt gemacht worden, den
Syrop hineingießt. Da ſie nun nicht mehr am
Rande klebt, ſo erhebt ſie ſich allgemachs, ſo wie
der Syrop darüber fließt. Wenn der ganze Vor=

rath

rath von Syrop ist gesotten worden, wird die
Rinde zerbrochen, und mit der Pagalle alles
was sich in den Kühlkesseln befindt, stark herumgerührt. Alsdann wird es mit den Rabenschnäbeln in die hierzu bestimmten Formen getragen, wobey man wohl Acht hat, die Rinden-
brocken in alle Formen, wie man solche nacheinander anfüllt, zu vertheilen, welches ich vorhin schon, als die Rede vom Rohrzucker war,
angezeigt habe.

Wenn nun jener in den Zuckerformen sich
zusammengesetzt hat, und kalt worden ist, hebt
man die Formen hinweg, öffnet sie, und setzt
solche in die Töpfe. Man durchbohrt sie auch,
wenn sie so weit im Stande sind daß es geschehen kann, macht ihre Böden, und bedeckt sie
mit Thonerde gleich den Rohrzucker. Dieser
Zucker ist zwar eben so schön, als jener von welchem er herkommt, ja bisweilen noch viel weißer: allein seine Weiße ist viel schwächer, und
bey weiten nicht so lebhaft und glänzend, als vom
Rohrzucker.

Ich habe Raffinirer gesehen, welche die
Syrops wieder kochten, die aus diesen Syrops
herkamen, und groben Zucker daraus machten.
Wenn nun dieser Zucker mit einer dick aufgelegten Erde in Tonnen gefüllt wurde, wie mit
dem Syropzucker aus den Cisternen zu geschehen
pflegte,

pflegte, so wird er zwar dadurch tüchtig gemacht, daß er wiederum unter den ungeläuterten Zucker könnte gemengt werden, allein er
giebt ihm einen so starken brandigten Geruch,
und einen dermaßen bittern Geschmack, daß
man den ganzen Vorrath worunter er gemengt
worden ist, für einen Syropzucker halten muß.
Das beste ist also, wenn man diesen Syrop
der Syrops, bloß zum Brandtewein machen
nimmt.

Was aber den Schaum anlangt, der vom
Syrop, und vom Batteriekessel abgenommen
wird, so muß man ihn alle Morgen, oder doch
wenigstens alle zween Tage kochen, wenn anderst keine Gefahr zu besorgen ist, daß er sauer
werden möchte. Man füllt solchen in die zum
absieden der Syrops bestimmten Kessel, nebst
den vierten Theil so viel Wasser, damit er sich
nicht so schnell verdickt, und Zeit hat sich zu
reinigen. Sobald er nun zu kochen anfängt,
gießt man die gewöhnliche Lauge hinein, und
nimmt den Schaum sorgfältigst herunter. Wenn
er bald dick genug ist, wird Kalkwasser und
Alaun hinein geworfen, und wenn der Batteriekessel soll ausgeschöpft werden, ein wenig zu
Pulver gestoßener Alaun darauf gestreut. Ich
habe dergleichen Zucker in Formen gegossen, und
mit

mit Erde bedeckt gesehen, welcher ungemein
schön war.

Wenn es aber den Raffinirern gelingt, diesen Schaumzucker vollkommen weiß zu machen,
so ist es für ein Meisterstück von ihnen anzusehen, worauf sie eben so stolz sind, als es ein
commandirender General über den Gewinn einer
Schlacht immerhin seyn kann. Allein man hat
wohl Ursach, darauf zu sehen, daß sie unter dem
Vorwand Schaumzucker zu verfertigen, nicht
zugleich nebst dem Schaume etwas vom Zucker
aus dem Batterie und Syropkessel mit fortneh-
men. Denn eben dieses was ihre Eitelkeit befriedigen könnte, würde dem Herrn offenbar
zum Schaden gereichen. Man muß also, sowohl in diesem Puncte, als in hundert andern
Dingen, bey dergleichen Leuten die genaueste
Aufsicht haben.

Man hat aber solchen Zucker, der aus den
groben Syrop des mit Thonerde gereinigten Zuckers ist verfertigt worden, für ungeläuterten,
ja bisweilen sogar für durchgeschlagenen Zucker verkauft. Dieses ist eine Betrügerey.
Es ist nämlich unläugbar, daß, wenn man
diese Zucker einschmelzt, um solche zu raffiniren,
sie bey weiten niemals so viel ausgeben, als
die Rohrzucker. Wer sein Gewissen bedenken
will, darf solche für nichts anders verkaufen, als
was

was sie eigentlich sind, damit der Käufer ihre Beschaffenheit wisse, und wozu er sie gebrauchen könne. Die wenigsten Personen sind nämlich so erfahren, daß sie diese Zucker von jenen aus Rohrzucker gemachten, sollten unterscheiden können, besonders wenn sie recht gearbeitet sind.

Bey dieser Gelegenheit begegnete mir mit einem gewissen Schiffshauptmanne von Nantes, ein ziemlich sonderbarer Handel. Er hatte mir einige Waaren geliefert, wofür ich ihm an Zahlungsstatt ungeläuterten Zucker, den Centner um acht Franken (drey Gulden und vierzig Kreuzer), überlassen sollte. Als ich ihm nun sagen ließ, er möchte seine Bezahlung abholen lassen; bekam ich zur Rückantwort, er würde selbst kommen, indem er sich nicht auf seinen Factor verlassen wollte, da ihm bekannt wäre daß ich weißen Zucker verfertigen ließ, und er also zu befürchten Ursach hätte, ich möchte es wie andere machen, und ihm bloßen Syropzucker geben.

Ich fragte ihn alsdann, ob er sich wohl so viel Geschicklichkeit zutrauete, den Unterschied zu erkennen, und wie er dieses angreifen wollte? Er versetzte mir darauf, daß er schon eine hinlängliche Kenntniß habe, um nicht betrogen zu werden, ja ich würde ihn was dieses anlangt, gewiß so leicht nicht hintergehen können: das kör-

körnigte Wesen, und das Gewicht des Zuckers, wären zwey unfehlbare Mittel den Rohrzucker vom Syropzucker zu unterscheiden. Ich fieng sofort an zu lachen, und zweifelte nicht mehr daß er sich selbst hintergehen würde: doch glaubte nicht verbunden zu seyn, ihm das unbekannte Geheimniß sogleich zu entdecken.

Er kam also an den von mir bestimmten Tag, und verlangte, daß ich ihm, wie es unser abgeschlossener Contract mit sich brachte, selbst die Auswahl überlassen sollte. Hierzu verstund mich auch ohne Anstand, und ließ ihm die Niederlage aufsperren, worinnen ohngefähr achtzig Tonnen Zucker lagen, unter denen sich einige mit Syropzucker angefüllte befanden, welche ich bereits einem andern Kaufmanne, als Syropzucker, den Centner für sechs Livres, zehen Sous (oder drey Gulden), versprochen hatte. Da nun dieser Zucker gut und schön war, ermangelte mein guter Herr von Nantes, nicht, solchen behseits zu setzen. Ich sagte ihm zwar seinen Irrthum, und daß nichts als Syropzucker darinnen befindlich wäre: allein er wollte ihn ausdrücklich behalten, indem er darauf zur Antwort gab, daß ich, wenn es auch in der That dergleichen Zucker wäre, gewiß nicht so viel Christenthum besitzen würde, ihn dafür zu

war-

warnen. – Uebrigens brauche er meinen Rath
nicht.

Er nahm also die achtzehen Tonnen Syropzucker, und verwarf dagegen jene mit bloßen
Rohrzucker angefüllte Fässer, indem er beständ-
tig bey seinem Systeme blieb, diese beyden
Gattungen Zucker, durch die Schwere, und durch
das körnigte Wesen, von einander zu unterscheiden. Inzwischen war auch, die Wahrheit zu
sagen, der Zucker in diesen achtzehen Tonnen,
vollkommen schön, körnigt wie Sand, glänzend, fest und durchsichtig. Er war nicht weniger so schwer, daß sich ihr reines Gewicht,
das heißt der bloße Zucker nach abgezogener
Thara, auf mehr als eilfhundert Pfunde
belief.

Nachdem unsere Rechnung einmal abgeschlossen und unterschrieben war, fieng ich an
über seine vermeynte große Kenntniß des Zuckers
zu spotten, und ihn zu versichern, daß er kein
einziges Faß Rohrzucker, sondern nichts als
bloßen Syropzucker ausgesucht hätte. Er behauptete das Gegentheil, und foderte mich nach
einigen Wortwechsel auf, achtzehen andere mit
Zucker angefüllte Tonnen, an seine empfangenen
Fässer, welche man bereits auf den Einschif-
fungsplatz brachte, zu setzen. Ich sahe mich
also

also gezwungen diese Wette anzunehmen, welche zu Papier gebracht, und unterschrieben
wurde.

Ein jeder von uns ernannte einen Raffinirer zum Schiedsrichter, welche unter sich einen
dritten, als Oberschiedsmann erwählen konnten,
um diesen Streithandel zu entscheiden, wenn
sie allenfalls beyde nicht sollten einstimmig werden können. Da sich nun dergleichen Leute bereits zugegen befanden, war der Proceß bald
ausgemacht, und er wurde ihm einhellig abge-
sprochen. Er lernte also mit seinem eigenen
Schaden, daß er Syropzucker ausgesucht hatte, da er doch hätte Rohrzucker nehmen können.
Hierüber war er nun höchst bekümmert, und
hatte auch Ursach solches zu seyn. Für einen
Schiffshauptmann aus Nantes, der in diesem
Stande seine erste Reise unternahm, da er noch
im vorigen Jahre als Schiffsbüttner hieher gekommen war, hatte nämlich ein solcher Verlust
allerdings viel zu bedeuten.

Zuletzt hatte ich Mitleiden darüber, und
gab ihm seinen Zucker zurück, welcher zum
Theile schon wieder in die Niederlage war ge-
schafft worden. Allein es geschah dieses unter
folgenden drey Bedingungen: Erstlich, sollte

T   er

er den drey Schiedsrichtern ein Frühstück geben, wovon ein jeder noch einen Bekannten mitbringen dörfte; zweytens, meinen Schubkärnern für ihre gehabte Mühe ihm seinen Zucker welchen er von mir geschenkt erhielte, hinzuführen, einen Louisdor zahlen; und drittens endlich, gegen Niemand von seiner eben verlornen Wette sich nur das mindeste merken lassen. Diese Bedingungen ließ er sich mit Freuden gefallen, und erfüllte die beyden ersten als ein rechtschaffener Mann. Was aber die dritte Bedingung anlangte, so konnte er sich nicht ganz bezwingen: denn, er mochte es nun selbst jemand gesagt haben, oder solches durch einen andern Kanal ausgebreitet worden seyn, kurz, man erfuhr es gar bald auf der ganzen Insel. Ja, es kam diese Geschichte sogar bis nach Frankreich, und allenthalben wo es Streitigkeiten wegen des Zuckers gab, unterließ man niemals diesen Schiffshauptmann zum Schiedsrichter darüber anzunehmen, da er unfehlbar hierinnen die vollkommenste Kenntniß müste erlangt haben, nachdem er ein so gutes Lehrgeld gegeben hatte.

Hiernächst hatte ich noch so viel Großmuth ihn zu belehren, daß man den Zucker nicht allein durch die beyden Sinnen des Gesichts und

Ge-

Gefühls zu erkennen im Stande wäre, sondern
auch noch den Geruch dabey zu Hülfe nehmen
müste: indem zwar der Syropzucker wohl die
nämlichen Eigenschaften, als der ganz reine
Rohrzucker haben, ja sogar noch schöner aussehen kann, allein er wird jederzeit etwas bran-
digt riechen. Ein Raffinirer kann daher mit
aller seiner Geschicklichkeit weiter nichts zuwege
bringen, als diesen Geruch ein wenig schwä-
chen. Ich ließ ihn hiervon selbst einen Versuch machen, und an verschiedene Arten von
Zucker riechen.

Dieses sind nun die vier Gattungen von
Zucker, welche aus dem Syrop und Schaume
können verfertigt werden. Der schönste ist der
Zucker aus dem feinen Syrop: die zweyte
Stelle hat der Schaumzucker, der allerschlechte-
ste hingegen, ist jener, vom Cisternensyrop.

Ein

Ein und zwanzigstes Kapitel.

Vom Raffinatzucker. Anzahl der Keſſel
in den Zuckerraffinerien. Art den Zucker
auf den Inſeln zu raffiniren. Großer
Unterſchied zwiſchen den ausländiſchen und
franzöſiſchen Raffinirern, in Anſehung
ihrer Brauchbarkeit. Mittel deren ſich
der Verfaſſer bedient hat, ſeine Raffinirer
fleißiger zu machen: nebſt verſchiedenen
andern Bemerkungen über die Güte,
Schönheit, und übrige Eigenſchaften
der mancherley Zuckergattungen.

Ungeläuterter Zucker, durchgeſchlagener Zu=
cker, die trockenen Zapfen (fontaines
ſeches), und die nicht recht weiß gewordenen
Häupter der Zuckerformen, ſind die Materien
woraus dieſer Zucker verfertigt wird.

In den Europäiſchen Zuckerraffinerien, be=
finden ſich, wie in jenen auf den Inſeln, nicht
mehr als zween Keſſel eingemauert. Sie haben
gemeiniglich vier Schuhe im Durchſchnitte,
und ſind dritthalb Fuß tief, ohne die fliegende
Erweiterung (euvage volant) von ſieben bis
acht Zoll breit, zu rechnen, welche man, je
nachdem es nöthig iſt, hinmacht, und wiederum
davon nimmt. Ihr Boden iſt flach und gleich.

Die

Die Oefen darunter, haben den Eingang in=
wendig im Gebäue, wo sie aufgemauert sind,
ihre Luftlöcher (soupirails) hingegen, außer=
halb, oder in irgend einem Kaminrohre. Die
Oeffnung ihres Eingangs wird mit einer eiser=
nen Thüre verschlossen, damit das Feuer den
Arbeitern nicht möchte beschwerlich fallen.

Der eine von diesen beyden Kesseln dient
den Syrop abzuklären, der andere aber, den
geläuterten Syrop darinnen abzukochen. Bis=
weilen reinigt man solchen in beyden Kesseln,
und kocht ihn erst hernach. Es machen sich
aber nur sehr wenige Leute den Aufwand mit
dieser Gattung von Kesseln. Ich habe selten
dergleichen anderwärts gesehen, als bey solchen
Personen, welche eigene Raffinerien hatten;
alle übrige bedienen sich des großen Kessels zum
abklären, und des Reinigungskessels (propre)
zum kochen. Es wird aber folgendergestalt da=
mit verfahren.

Man wiegt so viel Zucker als man raffini=
ren will, und gießt solchen mit der nämlichen
Quantität Wasser, das heißt eben so schwer
Kalkwasser, in den Kessel wo er soll abgeklärt
werden. Alles was durch die Hitze in die Höhe
getrieben wird, schäumt man sorgfältig herun=
ter, und seihet den Syrop durch das Tuch,
wenn kein Schaum mehr emporsteigt. Hierauf

wird

wird er abgeklärt, welches auf nachfolgende Art
geschieht. Man zerschlägt in einem tiefen kupfernen Becken, ein bis zwey Dutzend ganze
Eyer, nebst Schale, Weißen, und Dotter, welche man mit Kalkwasser vermengt, und mit
Ruthen so lang abklopft, bis es einen Schaum
giebt. Diese vermischte Materie wirft man
zum Theile in den Kessel, und rührt solche unverzüglich mit dem Löffel durcheinander, damit
sich alles recht mit dem Syrop vereinigen möchte. Die mit dem Kalkwasser abgerührten Eyer,
haben die Eigenschaft, das fette, und übrige
unreine Wesen des Zuckers zusammen, und im
Kessel auf die Höhe zu treiben, wo man solches so schnell und sorgfältig als es nur immerhin geschehen kann, mit dem Schaumlöffel
herabsäumt.

Wenn man keinen Schaum mehr emporsteigen sieht, gießt man noch mehr von dieser
aus Eyern und Kalkwasser bestehenden Vermi-
schung hinein, welches so oft wiederholt wird,
als man glaubt daß es der Zucker nöthig habe,
sich zu reinigen und abzuklären. Dieses erkennt man leichtlich an der Hellung und Durch-
sichtigkeit des Syrops. Alsdann seiht man
ihn zum andernmale durch das Tuch, und da
man jederzeit eine grössere Menge Zucker abklärt,
als kann abgesotten werden, zertheilt man solchen

chen in zwo bis drey Batterien, damit er sich
desto schneller einkoche. Es muß aber dieser
Zucker so kurze Zeit als nur möglich ist, über
den Feuer bleiben, indem man sonst schwer ver-
hüten kann daß er nicht fett werde. Ich weis
zwar nicht ob die Raffinirer in Europa ihren
Syrop zweymal durchlaufen lassen, allein bey
uns auf den Inseln ist dieses eingeführt, welches mir eben nicht misfällt.

Wenn nun der im Batteriekessel befindliche
Zucker ist abgekocht, und die gewöhnliche Probe davon genommen worden, schafft man solchen in die Kühlkessel, nachdem man vorher
die Böden derselben, eines halben Fingers
dick, mit schönen weißen, trockenen, und fein
gestoßenen Zucker bestreut hat. Einen Batteriekessel zertheilt man in zween Kühlkessel, welche man sofort mit einer Pagalle umrührt, und
oben mit gepulverten Zucker überstreut, damit
sich das Korn besser formiren, und auf der
Oberfläche eine Rinde entstehen kann.

Sobald ein frischer Batteriekessel in Bereitschaft ist, daß er kann ausgeschöpft werden,
wird mit einem Messer ringsherum die Rinde
eingeschnitten, um solche abzuledigen, und ein
Stück fünf bis sechs Zoll groß, davon herausgenommen, worein man ganz langsam mit dem
Rabenschnabel den Zucker gießt, so wie er aus

T 4   dem

dem Batteriekessel herauskommt. Die Batterie-
riekessel werden aber jederzeit in alle Kühlkessel
eingetheilt, welche man nach Verhältniß des
Vorraths der soll abgekocht werden, in Bereitschaft hat.

Ehe man den letzten Batteriekessel vollends
auskocht, läßt man die Formen in welche der
Zucker soll gefüllt werden, mit größter Sorgfalt, und sehr reinen Wasser, auswaschen, nachdem man sie vorher vier und zwanzig Stunden
lang darinnen hat weichen lassen. Man verstopft ihre Oeffnung, und setzt sie, wie gewöhnlich. Wenn nun der letzte Batteriekessel, da
alle Kühlkessel, ist vertheilt worden, alsdann
wird diese Rinde zerstoßen, und rechtschaffen
mit dem Korne welches sich auf den Boden gesetzt hat, durcheinander gerührt. Hernach
wird alles auf gleiche Art in die Formen eingetheilt: das heißt, man gießt von dem in einem
Kühlkessel vorhandenen Safte, in alle Zuckerformen etwas, und fährt solchergestalt fort,
alle übrige Kühlkessel auszuleeren, so lang bis
die Formen durchaus damit angefüllt sind.

Wenn die Formen kalt sind, werden sie an-
gebohrt, und auf die Zuckertöpfe gesetzt. Nachdem sie sich nun acht bis zehen Tage lang gereinigt haben, durchbohrt man solche neuerdings,
macht ihre Böden, giebt ihnen zweymal Erde,
und

und die übrige, schon bey Gelegenheit des Ter-
rinzuckers (sucre terré) angezeigte Bearbeitung. Hierbey hat man sich aber jederzeit wohl
zu erinnern, daß man in allen Stücken, welche diesen Zucker betreffen, einen um so stär-
keren Fleiß und Behutsamkeit anwenden muß,
da nicht allein die Materie, woraus er bestehet
viel theuerer ist, sondern auch die Nachläßigkei-
ten welche man hierinnen zu Schulden kommen
läßt, einen desto grössern Nachtheil bringen
können.

Es ist aber ein Irrthum, wenn man sich
vorstellt, man müsse das Einkochen des Zuckers,
nach der Größe der Formen in welche er soll gefüllt werden, abmessen. Ich selbst habe es
Anfangs gleich andern geglaubt, ehe mich Erfahrung und eine gute Beurtheilungskraft des
Gegentheils belehrt haben. Zuletzt habe ich
eingesehen, daß es nichts als eine bloße listige
Spitzfindigkeit der Raffinirer ist, welche alles
für ein Geheimniß ausgeben, um ihre Kunst
desto wichtiger zu machen, sich ein großes Ansehen, und einen stärkern Lohn zu verschaffen.
Hierbey kann ich aber zu bemerken nicht umhin,
daß unter allen Raffinirern, deren man sich bedienen kann, keine bessere anzutreffen sind, als
Deutsche und Holländer.

T 5 Sie

Sie sind nämlich von Natur reinlich, munter und arbeitsam: ihre Geschäfte und den Nutzen ihres Herrn, lassen sie sich bestens angelegen seyn, und da sie gewohnt sind alles, sogar das Wasser womit die Kessel ausgespühlt, und in welches die Zuckerformen eingeweicht werden, zu benützen, so ziehen sie aus den Zuckerrohren, und was davon herkommt, allen nur möglichen Vortheil. Nun sind sie zwar, wenn sie nach den Inseln kommen, was die erste Kochung des Zuckersaftes anlangt, wie er unmittelbar aus dem Rohren herkommt, ganz und gar unerfahren, allein sie lernen solches in wenig Tagen. Ja sie bestreben sich, vermög einer löblichen Nacheiferung, einander sowohl in Ansehung der Schönheit als Menge des Zuckers zu übertreffen, welchen sie aus der ihnen anvertrauten Materie erhalten.

Als ich im Jahre 1704, zum Superior unsers Klosters zu Guadeloupe war bestimmt worden, hatte ich einen Raffinirer gemiethet. Er hieß Cornelius von Jerusalem, und war von Hamburg gebürtig. Da aber unsere Väter verschiedener Ursachen wegen, und insbesondere damit ich unser Gebäu im Ankerplatze, welches meine Reise nach Guadeloupe und Sant Domingo unterbrochen hatte, vollends könnte ausbauen lassen, den Wunsch äusserten, daß ich

ich Superior zu Martinicke werden möchte:
schrieb mir der Religios welcher als Superior
zu Guadeloupe war ernannt worden, daß er
sich dieses Raffinirers, weil er lutherisch wäre,
kaum würde bedienen können.

Dieser Gewissenszweifel war mir höchst
angenehm, indem ich ihn schon längst gern in
unserer Plantage im St. Jacobsgrunde gehabt
hätte, und nicht wußte wie ich es sollte angreifen. Ich antwortete ihm sogleich, daß er mir
diesen Menschen nur senden möchte, da es mir
gleichviel gelte, ob der von ihm verfertigte Zucker katholisch, oder lutherisch sey, wenn er
nur recht schön weiß wäre. Zu gleicher Zeit
schrieb ich dem Raffinirer daß er kommen sollte, welches auch mit größten Vergnügen von
ihm geschah. Jedermann war mit ihm zufrieden, und ich insbesondere, weil er uns den
schönsten Zucker den man nur sehen konnte,
verfertigte.

Es kommen aber die Französischen Raffinirer, in Ansehung des Fleißes, und Eifers
auf ihre Arbeit, den fremden bey weitem nicht
gleich. Da ihre angebohrne Gemüthsart eben
nicht dadurch verändert wird, wenn sie in ein
fremdes Klima kommen, sind sie unbeständig,
nachläßig, und ihren Ergötzlichkeiten viel zu
sehr ergeben, als daß sie sich so viel Zwang sollten

ten anthun, als nöthig ist, um genau und
unverdrossen, Tag und Nacht, der Arbeit in
einer Zuckerfabrick obzuliegen. Die aller-
schlimmsten darunter sind aber die Creolen, oder
die auf den Inseln gebohrne Franzosen. Sie
besitzen eine unerträgliche Eitelkeit, und sind die
größten Faullenzer von der Welt.

Ueberdieses sind sie dem Saufen, Huren
und Spielen ergeben. Dabey haben sie noch
eine so außerordentlich große Einbildung von
sich selbst, und sind solche ruhmredige lügen-
hafte Kerl, daß ich Pflanzer gesehen habe, welche bereit waren ihre in den Zuckerfabricken gemachte Einrichtungen, den Zucker zu bleichen,
lieber zu verlassen, als das unbeständige, düm-
me, wunderliche Betragen dieser Gattung Leute,
noch länger auszustehen. Wenn man sie reden
hört, sind sie ohne Fehler, und es ist niemals
ihr Versehen, wenn sie eine ganze Dörr voll
Zucker verdorben haben. Sie werfen die
Schuld vielmehr auf die Zuckerrohre, das Holz,
die Seihtücher, auf die Thonerde, und das
Trocknungshaus: man sieht sich also bisweilen
genöthigt sie noch zu bitten nicht ungehalten zu
werden, um nur die Ruhe in seinem Hause zu
erhalten.

Ich fand einen von dieser Art, als ich die
Besorgung unserer Güter übernahm. Er
hatte

hatte schon unter meinem Vorfahrer gearbeitet,
der eben keine Ursach hatte mit ihm zufrieden zu
seyn, allein sich nicht getrauet ihn fortzuschicken,
weil er vom Superior bey uns war angenom=
men worden. Ich machte nicht so viel Um=
stände: denn, sobald ich nur von meinem Amte
Besitz genommen hatte, rechnete ich mit ihm
zusammen, bezahlte denselben, und gab ihm
seinen Abschied. Dem Superior hingegen,
schrieb ich, daß mir dieser Mensch nicht an=
ständig gewesen wäre.

Es ließen sich zwar eine große Anzahl der=
selben anbieten, welche aber eben so leer wieder
fortgiengen, als sie gekommen waren, da sie
meine Vorschläge vernahmen, besonders aber,
jenen, daß ihr Lohn in Zucker, und nicht mit
baaren Gelde sollte bezahlt werden, und sie al=
len durch ihre Nachläßigkeit verdorbenen Zucker,
auf Abrechnung, und zwar um eben den Preis
annehmen müßten, als der schönste Zucker wür=
de verkauft worden seyn. Nur einen einzigen
fand ich der dreist genug war diesen Vorschlag
anzunehmen. Ich versprach ihm drey hundert
Thaler Gold, meinen Tisch, wenn ich keine
Gäste bey mir hätte, freye Wäsche, ein Pferd,
so oft er in häußlichen Geschäften verreisen
müßte, und einige andere Kleinigkeiten.

Die

Die beyden erstenmale da er die Trocknungshütte mit Zuckerformen anfüllte, war ich sehr
wohl mit ihm zufrieden: als ich aber bemerkte
daß er überaus nachläßig wurde, und der Ver-
folg nicht mit dem Anfange übereinstimmte,
warnte ich ihn, wohl zu bedenken, daß, da ich
meiner Seits nicht anderst dächte, als den mit
ihm abgeschlossenen Contract auf das pünctlich-
ste zu befolgen, ich dagegen die Erfüllung des
seinigen ebenfalls fodern könnte. Er sah wohl
daß er bey dem fünften Transporte zum dörren,
Gefahr lief fortgeschickt, und mit dem schlech-
testen Zucker bezahlt zu werden, weil er bemerkt
hatte, daß ich solchen bey Auslieferung des
übrigen Zuckers hatte besonders stellen, und bezeichnen lassen. Er suchte mich also zu überli-
sten, indem er mir durch hierzu bestimmte Leute, Wechsel überreichen ließ, welche er auf
Abrechnung seines Soldes ausgestellt hatte.

Ich überschrieb solche auf die Zeit meines
Contracts, welchen ich nach der Länge erklärte.
Diese Art zu handeln ließ ihn weiter nicht
mehr zweifeln, daß ich beschlossen hätte ihm den
Abschied zu geben: er glaubte daher seine Ehre
erfodere es mir hierinnen vorzukommen, und
foderte also seinen Abschied, diesen bekam er
ohne Verzug, nebst seiner Rechnung in Ab-
schrift, worinnen er den ganzen Vorrath des
schlech-

schlechten Zuckers, bezeichnet, und eben so
theuer angesetzt fand, als der schönste Zucker
war verkauft worden. Die einzige Gnade welche ich ihm noch erzeigte, war, daß er die Fässer von mir geschenkt bekam. Auf solche Art
gelang es mir also diese schlechten Leute zurecht
zu weisen. Viele Inhaber der Plantagen, welche meinem Beyspiele folgten, wurden hernach
besser als es vorhin geschehen war, von ihren
Leuten bedient.

Da nun die Güte und Schönheit des ungeläuterten Zuckers, vorzüglich in der Dicke seines Korns, seiner Hellung und Festigkeit, bestehet, ingleichen daß er rechtschaffen gereinigt
und ausgetrocknet ist: so bestehet im Gegentheile
die Schönheit des weißen Zuckers, von welcher
Gattung er auch immerhin seyn mag, des mit Erde gebleichten, raffinirten, oder Königszuckers,
daß er weiße und kleine Körner habe, welche
einen glatten, schweren, harten, und nicht allzu
durchsichtigen Hut formiren müssen. Je mehr
nun der Zucker diese Eigenschaften, durch vielfältiges umschmelzen erlangt hat, desto stärker
vermindert sich seine Süßigkeit.

Der einzig und allein mit Thonerde gereinigte Zucker, hat vielmehr Süßigkeit, als der
raffinirte, und dieser ist hinwiederum süßer denn
der sogenannte Königszucker. Ungeachtet nun
alle

alle drey Gattungen den nämlichen Grad der
Weiße besitzen können, so ist man doch leicht
in Stand sie von einander zu unterscheiden,
wenn man sie nur ein wenig in der Hand erwarmen läßt, und alsbann an die Nase hält.
Je mehr Uebereinstimmung nämlich, der Zucker
mit dem Rohre hat, woraus er entspringt, desto süßer ist auch sein Geruch, der beynahe dem
Honig und Violengeruche gleich kommt: je
stärker hingegen er sich davon entfernt, desto
schwächer wird sein Geruch. Dieser Geruch ist
im Syrop enthalten. Der Syrop hat auch
ganz zuverläßig vielmehr Süßigkeit, als der
Zucker den man herausgezogen. Da nun im
ungeläuterten Zucker eine größere Menge Syrop
steckt, als im Zucker der mit Thonerde ist gereinigt worden: so hat daher die erstere Gattung
einen ungleich stärkern Grad der Süßigkeit denn
die andern Zuckerarten.

Es enthält aber der mit Thonerde gebleichte
Zucker mehr Syrop als der raffinirte, und folglich auch mehr Süßigkeit. Denn alles Schmelzen, Ablaugen, und Reinigen, welches man
mit ihm vornimmt, hat keinen andern Endzweck,
als den Syrop herauszuschaffen, und ihn vom
Korne zu trennen. Man vermindert also seine
Süßigkeit ganz natürlich eben so oft, als man
ihn schmelzt und umarbeitet. Ja, man könnte

es

es durch vielfältiges Schmelzen dahin bringen,
weißern Zucker als der Schnee ist, zu machen,
und beynahe so hart als Marmor: allein er
würde fast gar keine Süßigkeit mehr haben, und
auf der Zunge bloß ein ganz leichtes Brennen
(picottement) erregen, oder einen Reiß als
ob man ein wenig Salz im Munde hätte. Der
Zucker ist auch in der That nichts anders denn
ein süßes, aus dem Zucker herausgezogenes
Salz.

Zwey und zwanzigstes Kapitel.

Vom Königszucker, und dessen Zubereitung. Geheimes Kunststück des Verfassers, dem Zucker einen Blumengeruch zu
geben: nebst einigen andern Bemerkungen über diesen Zucker.

Man hintergehet das Publicum nicht wenig
mit demjenigen Zucker, welchen man
ihm unter den Namen des Königszuckers verkauft: denn wofern er in der That ein solcher
wäre, könnten die Raffinirer und Kaufleute
denselben unmöglich um den Preis geben, wofür sie ihn erlassen. Sie geben nämlich den
raffinirten, in kleine Hüte, zu drey bis fünf

Pfunden vertheilten Zucker, für Königszucker
aus.

Es muß aber zum Königszucker der schönste
raffinirte Zucker genommen werden, den man
nur haben kann. Man läßt solchen mit schwachen Kalkwasser schmelzen, das ist, worinnen
nur sehr wenig Kalk ist abgelöscht worden. Um
ihn nun noch weißer zu machen, und zu verhindern daß er vom Kalke nicht roth werde,
wird Alaunwasser dazu genommen. Man läutert solchen dreymal, und läßt ihn eben so oft
durch das beste und dichteste Tuch laufen: alsdann wird er mit der kräftigsten, und auf das
allerbeste zubereiteten Thonerde bedeckt, oder
man verfährt auch auf die Art wovon weiter
unten soll gehandelt werden.

Auf diese Art bearbeitet, ist er weißer als
der Schnee, und so durchsichtig, daß man die
Finger womit man ihn hält wo der Zuckerhut
an dicksten ist, durchscheinen sieht. Ich habe
bisweilen dergleichen Zucker verfertigen lassen,
sowohl um Geschenke damit zu machen, als
auch einstmals unter andern, gewisse Personen
zu überführen, welche behaupteten dieser Zucker
sey bloß deswegen so durchsichtig, weil die kleinen Hüte die man davon macht, nur sehr wenig Materie enthielten, und daß es bey seiner

Weiße

Weiße größtentheils auf die Güte des Erdreichs ankomme.

Diesen Zucker ließ ich zum Theil in halbe Mittelformen (dans des demies batardes) gießen, welche mir als sie trocken waren, fünf und vierzig und sieben und vierzig pfündige Zuckerhüte lieferten. Ich ließ auch keine Thonerde darauf legen, sondern runde Stücke von grober Leinewand, nach dem Umfange der Formen schneiden. Diese ließ ich sorgfältigst auswaschen, und nachdem sie in dem hellesten reinsten Wasser, recht eingeweicht waren, auf den Zucker legen, wenn man vorher die Böden gemacht, und wie gewöhnlich zurecht gesetzt hatte, als es zu geschehen pflegt wenn man sie mit Erde belegt. Diese aufeinander gelegten Stücke Tuch, waren ohngefähr anderthalb Zoll hoch. Man veränderte sie acht Tage lang, täglich, und sie hatten bey diesem Zucker die nämliche Wirkung, als die aufgelegte Thonerde: das heraustropfende Wasser durchdringt nämlich, indem es sich ganz langsam hineinzieht, die ganze Tiefe der Zuckerform, und schlägt den wenigen Syrop der noch zwischen den Körnern übrig geblieben war, zu Boden.

Ich ließ diesen Zucker an der Sonne trocken werden, aus Furcht die Hitze im Trocknungshause, möchte die Formen oben roth machen,

U 2

woburch ich zugleich mein Verſprechen erfüllte,
und zeigte, was es denn eigentlich mit dem wahrhaften Königszucker für eine Beſchaffenheit habe. Er war von einer blendenden Weiße, hart,
feſt, ſchwer wie Marmor, und ſo durchſichtig,
daß man unten, wo die Form an dickſten war,
die Finger unterſcheiden, und durch den Obertheil der Forme, eine gewöhnliche Schrift le-
ſen konnte.

Dieſem Zucker gab ich den Geruch nach
verſchiedenen Blumen. Hier iſt das ganze
Kunſtſtück. Man legt die Blumen auf das
eingenetzte Tuch, womit man den Zucker bedeckt,
welches man ſo oft wiederholt, und dieß ſogar
zweymal des Tags, als das Tuch verändert
wird. Das aus dem Tuche heraustropfende
Waſſer, verſchluckt die zarten Theilchen der
Blumen, worüber es lauft, und führt ſolche
mit ſich in die Luftlöcher des Zuckers, wo ſie
alsdann bleiben. Wenn man ſich aber anſtatt
eines Tuchs der Thonerde bedient, legt man die
Blumen auf das Erdreich, und zwar allezeit
friſche, ſo oft man ſieht daß ſie verwelkt ſind,
und die Erde noch Feuchtigkeit genug hat, den
Geruch davon an ſich zu nehmen, und ſolchen
mit ſich in die Zuckerporos zu führen.

Aus zwölfhundert Pfunden raffinirten Zucker, erhielt man nicht mehr als fünfhundert
und

und sechs und vierzig Pfunde Königszucker.
Diese ließ ich in Formen von verschiedener Schwere, von fünfzehen bis sieben Pfunden, gießen,
ohne die beyden Halbmittelformen (demi batardes) zu rechnen. Allen diesen Formen gab
ich den Geruch von unterschiedlichen Blumen,
welches mir auch vortrefflich gut gelang.

Wenn man den Preis des raffinirten Zuckers welcher zu diesem Königszucker genommen
wurde, der Eyer, und des Alauns rechnete,
so kam das Pfund, ohne den Arbeitslohn in
Anschlag zu bringen, auf ein und zwanzig Sous
(neun und zwanzig Kreuzer) zu stehen. Aus dieser Berechnung kann der Schluß gemacht werden, wie hoch ihn die Raffinirer und Kaufleute in Europa verkaufen mußten, wenn sie etwas
dabey gewinnen wollten.

Drey und zwanzigstes Kapitel.

Vom gestampften Zucker (sucre tappé)
und der Art ihn zu verfertigen. Schlechte
Beschaffenheit dieses Zuckers, und woraus solcher zu erkennen ist.

Dieser Zucker ist eine Erfindung deren sich
die Zuckerfabrikanten, welche nahe an
den Seehäven, oder solchen Plätzen wohnen,

U 3   wo

wo die Schiffe ankern, zu bedienen pflegen,
um ihren gewöhnlichen Zucker los zu werden,
welchen sie den Reisenden, Matrosen, und andern Leuten die wieder nach Frankreich zurück
gehen, und doch gern etwas zum Geschenke mitbringen möchten, für Königszucker verkaufen. Man wird aber um desto leichter zu
den Irrthum verleitet, ihn für Königszucker
anzusehen, wenn man die kleinen Hüte von
drey bis sieben Pfunden betrachtet, die so weiß,
glatt, schwer, und ziemlich glänzend sind: sehr
reinlich in blaues Pappier eingeschlagen, und
dergestalt umgewandelt werden, daß er für Königszucker gelten kann, ungeachtet es im Grunde
nichts anders als ein mit Thonerde gereinigter
Zucker ist.

Er wird aber auf folgende Art verfertigt.
Man reibt so fein als möglich ist, den mit
Thonerde gereinigten Zucker, noch bevor er ins
Trocknungshaus kann gesetzt werden. Mit diesem geriebenen Zucker wird allgemachs eine Zuckerform angefüllt, nachdem solche vorher ist
recht ausgewaschen, und nicht so lang damit
gewartet worden, bis ein Theil davon ausgetrocknet ist. So wie man den Zucker hineinfüllt, wird er mit einem Stämpfel gestoßen,
und wenn die Form eben voll und recht fest eingestampft oder eingedrückt ist, stürzt man solche

auf

auf ein Brett um, das darinnen formirte Zucker‚
brod deſto leichter herauszubringen.

Man feuchtet aber die Form jedesmal ſo
oft ſie angefüllt wird, und wenn das Brett
worauf dieſe Zuckerhüte in Ordnung geſetzt wer‚
den, ganz voll iſt, trägt man ſolche ins Dörr‚
haus, um ſie austrocknen zu laſſen. Hieraus
ſieht man, meines Erachtens hinlänglich, daß
dieſer Zucker nothwendig ſehr glatt, weiß, und
ſchwer ſeyn, und wenn er recht ausgetrocknet,
und in blaues Papier eingeſchlagen iſt, noch weit
beſſer ins Geſicht fallen muß. Eben deswegen
hat man ihn auch nach dem Fuße des Königs‚
zuckers, das heißt doppelt und dreyfach ſo hoch
als der Werth iſt, verkauft.

Da nun die Theile dieſes Zuckers keine
rechte natürliche Verbindung miteinander haben,
ſieht man, wie ſie ſich bey der geringſten Näſ‚
ſe welche daran kommt, trennen, und in einen
dicken Syrop verwandeln. Die Käufer hinge‚
gen, welche Königszucker zu erhalten glauben,
finden, daß ſie nichts als weißen Caſſonade‚
zucker dafür haben. Das einzige Mittel dieſe
Betrügerey zu erkennen, beſtehet darinnen, daß
man nachſieht ob die Spitze der Form durchlö‚
chert iſt: im widrigen Falle nämlich, darf man
ſicher glauben geſtampften Zucker (du ſucre
tappé) zu haben. Man darf auch nur daran

riechen,

riechen, indem sich dieser Sinn, wie ich oben bereits angezeigt habe, schwerlich hintergehen läßt.

Vier und zwanzigstes Kapitel.

Vom Kandyzucker, und wie man solchen verfertigt. Ursprung, und eigentliche Bedeutung des Wortes Caſſonade, und was hierunter für ein Zucker verstanden wird.

Weil dieser Zucker eine gröſſere Süßigkeit haben muß, so wird derselbe vielmehr aus gebleichten, als aus Raffinatzucker gemacht. Man läßt den Zucker, welchen man hierzu nehmen will, in schwachen Kalk auflößen, und nachdem er ist geläutert, abgeschäumt, durchgeseiht, in einen dicken Syrop verwandelt, und gehörig eingekocht worden, wird er vom Feuer herabgenommen. Vorher werden aber die Formen in welche er soll gefüllt werden, zubereitet, wozu man allemal die schlechteſten Zuckerformen nimmt. Man schiebt kleine Stäbe queer durch, denen man allerley selbſtbeliebige Figuren giebt, wie zum Beyspiele, Herze, Sterne, Kronen, und andere dergleichen Vorstellungen.

Diese

Diese Formen werden in der ganz heißen
Trocknungshütte aufgehenkt, und Gefäße darunter gestellt, den Syrop darein zu sammlen, welcher durch die untere Oeffnung heraustropft, die auf eine solche Art muß zugestopft
seyn, daß der Syrop Platz hat allgemachs durch
zu sickern. Sobald nun der Zucker den gehörigen Grad der Dicke, welchen er haben soll,
erhalten hat, trägt man solchen mit aller nur
möglichen Geschwindigkeit, wohl bedeckt, ins
Trocknungshaus, damit ihn die Luft nicht möchte kalt machen, worauf man solchen in die schon
hierzu bereitstehende Formen gießt, und es wird
alsdann fortgefahren die Dörrhütte (l'etuve)
stark zu heißen.

Der Zucker henkt sich sofort Brockenweise
an die Queer durch die Form gezogenen Stäb-
chens, und häuft sich wie kleine Krystallsplit-
ter. Wenn er nun ganz trocken ist, zerbricht
man die Formen, um herauszunehmen was sie
in sich halten.

Wir verfertigten aber dergleichen Zucker
auf den Inseln bloß zum Gebrauche unserer
Klöster, oder um ihn zu verschenken. Wenn
man denselben roth färben will, wirft man
in das kupferne Becken, nichts als ein wenig
Saft von Racketäpfeln. Gedenkt man hingegen, ihm irgend einen guten Geruch zu geben, so
U 5   gießt

gießt man die wohlriechenden Essenzen erst darunter wenn der Zucker soll in die Form gefüllt werden.

Aller Zucker welcher nicht in Hüten ist, wird Cassonadezucker genannt. Man heißt aber den schönen ungeläuterten Zucker, der recht trocken, und dürr ist, grauen Cassonadezucker: weißen Cassonadezucker hingegen, den mit Thonerde gebleichten, gestoßenen, und in Tonnen gefüllten Zucker. Der Namen Cassonade, kommt aber von dem Spanischen Worte, Cassa, welches so viel heißt, als eine Küste, oder Coffer, weil aller Zucker, der aus Brasilien oder Neuspanien nach Frankreich kam, ehe noch auf den Inseln selbst Zucker verfertigt wurde, in Küsten gepackt war. Diese Benennung ist dem auf den Inseln fabricirten Zucker nach der hand ebenfalls geblieben, ungeachtet man sich keiner Küsten, sondern Tonnen bedient, in welche er gefüllt, und nach Europa versendet wird.

Fünf

Fünf und zwanzigstes Kapitel.

Ertrag einer Zuckerfabrick, und was sonst noch dabey zu beobachten ist. Art den Zucker zu wiegen, und das Gewicht und den Preis zu berechnen. Aus welchen Holze die Zuckertonnen verfertiget werden, und wie solches in guten Stand zu erhalten ist. Von den Faßbindern, welche in einer Plantage nöthig sind, und ihrer Arbeit, besonders was die Faßböden anlangt. Verschiedene Arten der Liannen woraus man die Faßreife macht. Nöthige Vorsicht wegen der Tonnen zu dem ungeläuterten Zucker.

Was den Zuckervorrath anlangt, welcher eine Woche hindurch kann verfertigt werden, so muß man hierbey hauptsächlich auf die Beschaffenheit des Erdreichs, der Zuckerrohre, Jahreszeit, und der Geräthschaften einer Zuckerfabrick sehen, wo man ihn verfertigt. Ganz sicher gehet es auf einer Wassermühle viel schneller, als bey einer von Pferden getriebenen, und in einer Zuckerfabrick welche fünf oder sechs Kessel hat, wird unstrittig weit mehr Zucker gemacht, als wo nur vier Kessel vorhanden sind.

Eben so gewiß ist es, daß ein schon gebrauchtes Stück Feld, besonders in Basseterre,

wo

wo es jederzeit viel dürrer und ausgemergelter
ist, als zu Cabesterre, viel Zuckerreichere Rohs
re hervorbringt, welche leichter zu kochen sind,
und weit mehr ausgeben, denn zu Cabesterre.
Hier sind nämlich, überhaupt zu sprechen, die
Rohre jederzeit viel wasserigter, härter, und
weniger zuckerigt. Die Jahreszeit hat hierbey
ebenfalls einen großen Einfluß. Je trockener
solche nämlich ist, desto mehr gereinigten Saft,
der sich leichter in Zucker verwandelt, haben die
Rohre. Desgleichen sind sie viel ausgiebiger
wenn sie ihre vollkommene Reife erlangt haben,
als wenn dieses noch nicht geschehen ist.

Alle diese Umstände machen einen so bes
trächtlichen Unterschied, daß ich bisweilen ges
sehen habe; wie man fünf Formen aus einem
Batteriekessel schöpfte, und sechs Wochen dars
auf Mühe hatte, deren kaum zwo daraus zu
bekommen. Die oben angeführten Umstände
müssen daher ganz unfehlbar eine große Veränderung, sowohl in der Verfertigung, als in
der Güte und Menge des Zuckers nach sich ziehen: daß man also aus jenem was in der Zuckerfabrick, in einem Tage, in einer Woche,
und sogar in einem Monathe geschieht, nicht
auf die Vorfallenheiten eines ganzen Jahres
schließen kann.

Nichts-

Nichtsdestoweniger ist man durch eine rich=
tige Gegeneinanderhaltung der Zeit, und der
Zuckerröhre, in Stand ziemlich genau zu errat=
then, auf wie viel Zucker man sich mit einiger
Gewißheit Rechnung machen kann. Wenn ich
also eine Wassermühle annehme, und eine Zu=
ckersiederey, wo sich sechs eingemauerte Keſſel
befinden, welche beyderseits mit einer hinlängli=
chen Anzahl Neger versehen sind, um sie acht
Monathe lang arbeiten zu laſſen, das ist vom
December bis zu Ende des Monaths Julius:
darf man sich alle Wochen, eine in die an=
dere gerechnet, zweyhundert Formen versprechen.
Hierbey sind aber die Syrop und Schaumzu=
cker nicht mit in Rechnung gebracht, welche in
der nämlichen Zeit, und ohne die gewöhnliche
Arbeit dadurch nur in mindesten zu unterbrechen,
verfertigt werden, wenn man in der Zucker=
fabrick, oder im Trocknungshause, einen, oder
zween in dieser Absicht eingemauerte Keſſel hat.

Wenn man aber anstatt des weißen Zuckers,
ungeläuterten Zucker verfertigt, können wö=
chentlich drey bis vier und zwanzig Tonnen an=
gefüllt werden, welche eine in die andere gerech=
net, zu fünfhundert und funfzig Pfunde schwer
geschätzt, dreyzehen tausend, zweyhundert Pfun=
de Zucker, ohne den Syropzucker dabey in An=
schlag zu bringen, ausmachen. Wenn man
nun

nun annimmt, daß sie dreyßig Wochen lang,
wöchentlich zweyhundert Formen verfertigen, so
beträgt dieses sechstausend Formen, wovon jede,
eine in die andere, zu fünf und zwanzig Pfunden schwer, als welches ihr geringstes Gewicht
ist, angeschlagen wird.   Diese zusammenge-
rechnet, kommen hundert und funfzig tausend
Pfunde Zucker heraus: welche, der Centner um
zwey und zwanzig Livres und zehen Sous (zehen Gulden und neunzehen Kreuzer) verkauft,
eine Summe von drey und dreyßig tausend, siebenhundert und funfzig Livres auswerfen.

Hierauf muß man auch den feinen Syropzucker rechnen, der aus den sechstausend Formen herkommt, und ebenfalls, zehen Formen
auf das hundert gerechnet, sechshundert Formen
betragen mag.   Da aber dieser Zucker viel leichter ist, als jener aus den Rohren, und durch
die aufgelegte Erde stärker vermindert wird, so
berechne ich diese Formen nur auf achtzehen
Pfunde jede im Gewichte.   Diese belaufen sich
abermals auf acht tausend vierhundert Pfunde
Zucker, welche um den nämlichen Preis verkauft, eine Summe von achtzehen hundert und
neunzig Franken austragen können.

Wenn man nun zu diesem, noch tausend For-
men des groben Syropzuckers, und vierhundert
Formen Schaumzucker rechnet, wovon das
Stück,

Stück, nachdem sie sind gereinigt worden, we:
nigstens fünf und dreyßig Pfunde schwer seyn
mag, so wird man beynahe funfzigtausend Pfun:
de Zucker von dieser Gattung erhalten. Die:
ser Zucker kann in drey bis vier Wochen unter
den Rohrzucker gemengt, und auf solche Art
mehr als achtzig tausend Pfunde roher Zucker
verfertigt werden, welche, den Centner zu sie:
ben Livres und zehen Sous, (drey Gulden und
sechs und zwanzig Kreuzer,) angeschlagen, wie:
derum sechstausend Franken ausmachen. Die:
se Summe zu den beyden obigen Summen ge:
rechnet, beträgt alles-zusammen, ein und vier:
zig tausend, sechshundert und vierzig Franken,
ohne mehr denn drey tausend Franken zu rech:
nen, welche man aus den verkauften Brandte:
wein lösen kann, daß man solchergestalt beyna:
he fünf und vierzig tausend Touronesische Pfun:
de zusammen bringt.

Indessen habe ich den Preis dieser Zucke:
gattungen, und die Menge welche man verfer:
tigen kann, hier nur nach einem sehr mäßigen
Ueberschlage angesetzt. Nun habe ich schon be:
merkt, daß die Erhöhung des Zuckerpreises in
Friedenszeiten, den Verlust zu Kriegszeiten
um ein vieles übertrift: weil in den Jahren
1699. 1700, 1701. und 1702, der Centner
vom weißen Zucker, um sechs und dreyßig, bis

zu vier und vierzig Livres (sechszehen Gulden
und dreyßig Kreuzer, bis zwanzig Gulden und
achtzehen Kreuzer): der vom ungeläuterten Zucker, für zwölf (fünf Gulden und dreyßig Kreuzer), und vom durchgeschlagenen Zucker hingegen,
um achtzehen Livres (acht Gulden und fünfzehen Kreuzer, ist verkauft worden). Hieraus
kann leicht der Schluß gemacht werden, was
für ungeheure Einkünfte eine Zuckerfabrick um
diese Zeit abwerfen mußte.

Herr Hovel de Varennes, hat von seiner
Plantage zu Guadeloupe, wo doch nur eine einzige Wassermühle, und sieben eingemauerte Kessel vorhanden waren, diese letztern drey Jahre,
jährlich mehr als dreyßig tausend Thaler gezogen. Diese Plantage mochte ohngefähr dreymal hundert und funfzig, bis viermal hundert
tausend Franken werth seyn, mithin trug sie
über fünf und zwanzig Procent Interesse. Man
untersuche nun alle Ländereyen in Europa, und
sehe ob sich eine darunter befindt, die ihr in diesem Puncte gleich kommt. Man hat es für ein
ganz besonderes Glück zu schätzen, wenn ein
Landgut jährlich fünf bis sechs Gulden vom
hundert, abwirft: dahingegen die Ländereyen auf
den Inseln, funfzehen Procent eintragen, und
wie aus eben angezogenen Beyspiele erhellet,

bis

bis zu fünf und zwanzig Procent können getrieben werden.

Nunmehr ist es auch dienlich zu wissen, wie viele Formen, oder Tonnen voll Zucker, man von einem Zuckerrohrfelde, welches hundert Schuhe ins Viereck hält, bekommen kann. Vielfältig angestellte, und zu Basseterre auf den Inseln Martinicke und Guadeloupe wiederholte Versuche haben mich indessen überzeugt, daß, wenn die Zuckerrohre in der schönen Jahreszeit genommen werden, ihre vollkommene Reife erlangt haben, und recht sind unterhalten worden, hundert Schritte ins Quadrat, ohngefähr hundert und funfzig Formen, das heißt, bisweilen etwas mehr, bisweilen hingegen auch weniger, liefern. Die nämliche Menge von Zuckerrohren, in ungeläuterten Zucker verwandelt, giebt zwölf bis sechszehen Tonnen von dergleichen Zucker.

In Cabesterre hat es aber damit eine ganz andere Beschaffenheit, eben so wie im leimigten oder fetten Erdreiche. Die Zuckerrohre sind zwar daselbst ungleich grösser, dicker, und saftiger, dagegen auch jederzeit viel wässerigter, roher, und weniger Zuckerreich. Man braucht also noch um die Hälfte mehr Feld mit Zuckerrohren besetzt, um die nämliche Menge Zucker zu erhalten, als dort.

X   Gleich-

Gleichfalls habe ich bemerkt, daß der Felt=
schritt (pas d'arpentage) zu Martinike, viert=
halb Schuhe betragt, mithin viel größer ist als
zu Guadeloupe, wo er nur drey Fuß ausmacht.
Diese Vergrößerung darf indessen nichts in der
von mir fest gesetzten Einrichtung ändern: weil
das Erdreich zu Martinike, wie man insge=
mein sagt, weit mehr Zucker hervorbringt, als
jenes zu Guadeloupe.

Man könnte auch noch allenfalls die Frage
aufwerfen, ob es vortheilhafter sey, weißen,
oder ungeläuterten Zucker zu verfertigen? Nach
meinem angenommenen Satze, werden wöchent=
lich in der nämlichen Zuckerfabrik, zweyhun=
dert Formen weißen Zuckers, oder vier und zwan=
zig Tonnen ungeläuterter Zucker, verfertigt.
Wenn wir nun diese zweyhundert Formen, das
Stück zu fünf und zwanzig Pfunde schwer, rech=
nen, so kommen fünf tausend Pfunde Zucker
heraus: welche, den Centner zu zwey und zwan=
zig Livres zehen Sous (zehen Gulden und neun=
zehen Kreuzer) angeschlagen, tausend ein hun=
dert, und fünf und zwanzig Franken ausmachen.
Ferners machen die vier und zwanzig Tonnen
vom ungeläuterten Zucker, jede fünfhundert
und funfzig Pfunde schwer, zusammen, drey=
zehen tausend und siebenhundert Pfunde Zucker,
welche, den Centner für sieben Livres und ze=

hen

hen Sous (drey Gulden und sechs und zwanzig
Kreuzer) verkauft, abermals sieben und zwan=
zig tausend Livres und zehen Sous auswerfen.

Nun fragts sichs, ob mehr Nutzen heraus
kommt, weißen, oder ungeläuterten Zucker zu
verfertigen. Ich läugne nicht, daß es dem er=
sten Anscheine nach viel leichter zu seyn dünkt,
ungeläuterten Zucker zu verfertigen. Man ist
hierbey in Ansehung der Zuckerformen, Dörr
und Reinigungshäuser, und allen was sonst
noch dazu erfodert wird, von den nöthigen Aus=
gaben befreyet, welche gleichwohl sehr beträcht=
lich sind. Man darf keine Raffinirer mit schwe=
ren Solde unterhalten, noch ihre Dummhei=
ten, und den Schaden erdulden, welchen ihre
Nachläßigkeit oder Unwissenheit zum öftern ver=
ursachet. Alles dieses ist zwar in Anschlag zu
bringen; nichts desto weniger behaupte ich, daß
es ungleich vortheilhafter ist, seinen Zucker selbst
zu bleichen, als ihn erst durch andere bleichen
zu lassen, welche sich diese Mühe gewiß nicht
geben würden, wenn sie keinen großen Nutzen
dabey fänden.

Was aber den Schaden anlangt, welchen die
Unwissenheit oder Trägheit der Raffinirer ver=
ursachen kann, darf man sich hierbey nur mei=
nes oben gegebenen Raths erinnern, und Ge=
brauch davon machen, den Aufwand welchen

X 2   das

das zum Bleichen nöthige Geräth verursacht,
darf man nur einmal machen, es dauert immer
fort, oder kann mit geringen Unkosten unterhalten werden, und der Nutzen welcher hieraus
entspringt, ist anhaltend, und wird täglich
grösser. Ueber dieses ist der weiße Zucker leichter als der rohe Zucker abzusetzen, besonders in
Kriegszeiten, wo nur sehr wenige Schiffe an-
kommen. Man verbraucht nicht mehr Holz
zur Verfertigung der einen Zuckergattung, als
der andern, und versendet ihn auch leichter,
weil er nicht so schwer ins Gewicht fällt. Endlich siehet man aus der eben vorgelegten Rechnung, daß wöchentlich hundert Franken Nutzen
herauskommen, welches reiner Gewinn ist. Ich
behaupte nämlich, daß die zwanzig Formen fet-
ner Syrop, welche man wöchentlich verfertigt,
hinreichend sind alle Unkosten zu bestreiten, die
man des Bleichens wegen sich genöthigt sieht
aufzuwenden. Hierbey ist noch der Zucker vom
groben Syrop, und der Schaumzucker nicht
gerechnet, welche über funfzig Franken betragen, und jährlich mehr denn fünf tausend Franken, klaren Gewinn abwerfen.

Nun stelle es eines jeden eigenen Beurthei-
lung anheim, ob ich nicht Ursach habe zu be-
haupten, daß es weit vortheilhafter ist, weißen,
als ungeläuterten Zucker zu verfertigen. Diesem

sem muß ich noch hinzufügen, daß, wenn sich
die Gelegenheit darbietet, einen sehr großen
Vorrath von ungeläuterten Zucker zu verfertigen, solches gleichwohl geschehen kann: da
hingegen man nicht in Stand ist weißen Zucker
zu machen, wenn es an der hierzu erfoderlichen
Einrichtung fehlt. Ueber dieses ist verhältnißmäßig der weiße Zucker öfters weit höher in
Werth, als der ungeläuterte, welches alsdann
einen beträchtlichen Unterschied macht, wovon
der Gewinn eben nicht so schlechterdings darf
vernachläßigt werden.

Man wiegt aber die Tonnen auf der Schnell-
oder auf der gewöhnlichen Waag. Mit der
Schnellwaag (Romaine) gehet es zwar viel
geschwinder, allein sie ist auch großen Fehlern
unterworfen, und es wird schon eine ziemliche Erfahrung dazu erfodert, wenn man ihre Richtigkeit einsehen, und sich von jenen welche die
Waag regieren, nicht will hintergehen lassen. Denn
es ist eine ausgemachte Wahrheit, daß, wenn
man das Gewicht von der äußern Spitze gegen
den Mittelpunct schießen läßt, solches viel schwerer wird, als wenn es von der Mitte gegen das
Ende hin, gerückt wird.

Das sicherste also hierbey ist, sich der gewöhnlichen Waagen, und eines bleyernen, wohl
abgeaichten Gewichtes, zu bedienen. Die

X 3 eiser-

eisernen Gewichter sind der Gefahr unterworssen durch den Rost angegriffen, und folglich leichter zu werden: ja zum öftern ist man nicht einmal besorgt sie abaichen zu lassen, oder hat keine Gelegenheit solches zu thun. Die Waagschaalen müßen aber aus Bohlen von einem guten festen Holze verfertigt seyn, und eiserne Schienen mit kleinen Haken haben, um die Ringe der Ketten, oder Stricke, womit sie zu äusserst an den Waagbalken gefügt werden, daran zu befestigen.

Wenn man einen Zuckervorrath abliefert, so muß der Kaufmann welcher solchen empfängt, und jener der sie liefert, ein jeder für sich allein; die Nummer, und das Gewicht des Fasses, sobald es nur aus der Waagschaale herausgethan wird, aufschreiben. Beym weißen Zucker hingegen, muß überdieses die Thara, oder das Gewicht der Tonne bemerkt, und noch besonders oben auf den Faßboden angezeigt werden. Ist man nun mit dem Abwiegen aller Tonnen fertig, alsdann vergleichen sie das aufgeschriebene Gewicht, um zu sehen ob sie miteinander übereinkommen, und rechnen alle Tharen, und alle Gewichtsummen zusammen. Der Ganze Betrag der Thara, wird hernach vom ganzen des Gewichtes abgezogen, und man erhält auf diese Art das reine Gewicht des Zuckers.

ckers. Dieses mit dem ausgemachten Preise
des Centner Zuckers multiplicirt, gieb den ganzen Werth der Waare. Auf die Fässer in welche
man den ungeläuterten Zucker füllt, wird aber
keine Thara gesetzt. Man begnügt sich bloß
vom Centner des ganzen Gewichts des einge-
spundeten Zuckers, überhaupt für das Faßge-
wicht zehen Pfunde abzuziehen.

Mehrentheils gehen die Kaufleute die Fässer welche man ihnen liefert wieder zurück, es
müste denn anderst ausgemacht werden. Nicht
allein der weiße, sondern auch sogar der durchgeschlagene Zucker, muß jederzeit in frische,
oder doch wenigstens ausgewaschene Tonnen gefüllt werden. Wenn solche der Zuckerfabrikant
dazu giebt, überläßt er sie dem Kaufmanne um
vier Livres und zehen Sous (zween Gulden
und drey Kreuzer), oder um hundert Sous
(zween Gulden und achtzehen Kreuzer, das Stück.

Mehrentheils wird ein leichtes, etwas röth-
lichtes Holz dazu genommen, welches sich besser
spalten als sägen läßt. Die Neger pflegen es
nur Faßholz, weil es sonst zu nichts andern genommen wird, zu nennen. Sein eigentlicher
Name ist aber Zuckerbaum des Gebirgs
(sucrier de montagne). Er hat eine braune ziemlich dicke Rinde, woraus, wenn Einschnitte hineingemacht werden, ein Oel dringt,

X 4 wel-

welches man nur den Schweinbalsam (baume
a cochon) nennt. Ich werde aber diesen
Balsam erst in einem der nächstfolgenden Bän=
de beschreiben. Der Splint dieses Baums,
läßt sich vom Kerne nicht unterscheiden. Sei=
ne Blätter sind zart, länglicht schmahl, weich,
und ziemlich dünn.

Dieses Holz ist, wie alle diejenigen Holz=
gattungen, welche zart und weich sind, den
Würmern und Holzläusen unterworfen: man
muß es daher nicht bloß im Abnehmen des
Monds, sondern auch zu der Zeit wenn der
Saft noch nicht eingetretten ist, fällen. Wenn
der Baum einmal umgehauen ist, wird solcher
mit der Krummart (harpon) zerstückt, so
lang ohngefähr, als die Tonnen werden sollen.
Hierauf wird er mit Keilen von einander gespal=
ten, und wie gewöhnlich, glatt gehobelt. Man
sucht aber das Holz so schnell als es nur gesche=
hen kann, aus dem Walde, und an einen be=
deckten Platz zu bringen, indem sonst durch die
Feuchtigkeit nur Würmer darinnen könnten er=
zeugt werden, und die Holzläuse hineinkom=
men möchten.

In den Zuckerfabricken wo man weißen
Zucker verfertigt, müssen jederzeit ein bis zween
Faßbinder vorhanden seyn. Diese Leute sind
unentbehrlich. Man würde nämlich sehr stark
wider

wider die ökonomische Klugheit handeln, wenn man auf der Kaufleute ihre Tonnen warten, oder gar erst alsdann sich nach einen Faßbinder um sehen wollte, den man zur Miethe haben könn te. Es ist also viel besser dergleichen selbst bey sich im Hause zu haben: das heißt, man muß dieses Handwerk irgend einem jungen Neger ler nen lassen, bey welchem man eine Neigung hier zu bemerkt, alsdann hat es keine Noth mehr, indem man ihm andere Pursche nachmals in die Lehre geben kann.

Da nun alle diese Neger sehr stolz und ruhmredig sind, so beeifern sie sich, nicht unter jene zu gehören, welche auf den Erdboden ar beiten, sondern wieder andere Neger unter sich zu haben. Dieses nöthigt sie ihr Handwerk aus dem Grunde zu erlernen, und mit gehöri gen Fleiße zu treiben: nicht zu gedenken des Verdienstes den sie sich dadurch verschaffen, wenn sie in ihren Feyerstunden, kleine Halbtonnen, Kuffen, Wasserfässer, und andere dergleichen Arbeiten verfertigen, und des Trinkgeldes wel ches ihnen die Kaufleute geben, wenn sie eine Parthie Zucker bekommen, und finden, daß die Fässer mit guten Böden versehen, und sonst in gehörigen Stand sind.

Die Faßböden werden aus einem stärkern Holze als die Dauben gemacht, wozu alles Holz

X 5 kann

kann gebraucht werden. Ich aber, habe ge=
funden, daß es weit vortheilhafter ist, wenn,
solche durchgesägt, als gespalten werden. Auf
solche Art gehet es viel geschwinder, indem man
die gespaltenen Faßböden noch abhobeln muß,
welches ohne großen Zeitverlust nicht geschehen
kann. Nun ist, wie bekannt, nichts kostba=
rer als die Zeit, besonders auf den Inseln, und,
ein jeder Pflanzer muß sein vornehmstes Augen=
merk darauf richten, ja keine Minute unbenutzt
vorbeystreichen zu lassen, und so viel es nur
immer möglich ist besorgt zu seyn, daß alles zu
gehöriger Zeit geschehe.

Die Reife deren man sich bedient, werden
von den Liannen, welche man Hundszähne zu
nennen pflegt, verfertigt. Gemeiniglich sind
sie eines starken Daumens dick, und haben eine
braune, dünne, fest angewachsene, glatte Rin=
de. Ihre Blätter sind beynahe Herzförmig,
starr und dick. Diese Pflanze treibt in einem
gewissen Abstande, kleine Aeste, sechs bis sie=
ben Zoll lang, und so dick als ein Federkiel zum
schreiben, welche ganz mit krummen, ziemlich,
langen, steifen, starken und spißigen Stacheln
beseßt sind. Da nun diese Aeste auf allen Sei=
ten herauswachsen, und die Pflanze schon an.
und für sich selbst überaus lang und beugsam ist,
so kostet es sehr viele Mühe, sich, wenn man

unter

unter diesen Dornen henken bleibt, wieder her=
auszuwickeln.

Man schneidt aber diese Liannen so lang als
sie zu den Reifen gebraucht werden, spaltet sol=
che mitten voneinander, zieht sie unter den
Füßen durch, um ihnen die erfoderliche Krüm=
mung zu geben, und macht Päckchens daraus.
Besser indessen ist es, wenn man sich ihrer
gleich grün bedient, und die Reife lieber zusam=
men henkt, als solche mit Bindfäden, oder
Mahotschnüren bindt, weil die Haken alsdann
besser halten und der Reif fester dadurch ange=
zogen wird.

Es giebt noch eine andere Gattung von Lian=
nen, deren man sich zu diesen Reifen bedient,
welche viel schwammigter sind als der Hunds=
zahn. Das Innere ist röthlich, die Rinde
hingegen, schwarz, und ziemlich dick. Sie ist
zwar beugsamer, und leichter zu verarbeiten als
die erstere Art, daher sie auch die Handwerks=
leute lieber nehmen: allein sie sind nicht so dauer=
haft, und werden gern wurmstichig. Ueber=
dieses brechen sie leicht, wenn sie einmal aus=
getrocknet sind.

Noch bleibt in Ansehung der Fässer zu be=
merken übrig, daß man niemals weißen Zucker
in solche Tonnen füllen darf, worinnen einmal
rother Wein gewesen ist: denn man mag sie
auch

auch noch so sorgfältig auswaschen, nachdem sie
im Wasser gelegen sind, und solche zerlegen,
um alle Dauben, und ihre Fugen abzuschaben,
oder wo nur sonst noch die geringste Spur von
der Weinfarbe möchte zurückgeblieben seyn,
so ist dieses doch niemals hinreichend. Das
Holz, welches den darinnen gelegenen Wein in
sich gezogen hat, schwitzt durch die mindeste
Feuchtigkeit, wodurch der Zucker den man hin=
einfüllt, beynahe allezeit die nehmliche Farbe be=
kommt. Dieses geschiehet nun um desto leich=
ter, da nichts in der Welt die Feuchtigkeit mehr
an sich zieht, als der Zucker, wovon die natür=
liche Ursach von selbst in die Augen fällt.

Sechs und zwanzigstes Kapitel.

Von dem Brandteweine der aus den Zucker= rohren verfertigt wird, und dessen Zubereitung.

Der Brandtewein, welchen man aus den
Zuckerrohren abziehet, wird Guildive
(Killdevil, oder Mordteufel) genannt. Die
Wilden, und Neger heißen ihn Taffia. Er
ist überaus stark, hat einen unangenehmen
Geruch, und beynahe eben so viel Schärfe als
der Kornbrandtewein, welche man ihm nicht oh=
ne

ne große Schwierigkeit benehmen kann. Der
Platz wo man solchen verfertigt, wird die Weinessigsiederey genannt, und ich kann nicht sagen
warum man ihm diesen ganz ungereimten Namen beygeleget hat. Nun habe ich zwar bereits oben angemerkt, daß es schicklicher wäre,
solchen ein Distillirhaus zu nennen: allein es ist
eben so leicht nicht, dergleichen einmal herge-
brachte Benennungen abzuändern.

Dieses Distillirhaus muß an die Zuckerfabrick hingebaut seyn, oder doch wenigstens
sehr nahe dabey stehen, damit sowohl der Schaum
als der grobe Syrop, entweder in Kuffen und
Näpfen, oder vermittelst einer Rinne, bequem
kann dahin gebracht werden. In denjenigen
Plantagen hingegen, wo eine Wassermühle ist,
muß man die Weinessigsiederey solchergestalt anlegen, damit das von dem Rade abfallende
Wasser, durch Rinnen kann hineingeleitet werden, um sowohl die Canots anzufüllen, als
die Schlangen (les couleures) beständig dadurch abzukühlen.

Die Geräthschaften einer Weinessigsiederey
bestehen hauptsächlich in einigen hölzernen Canots; einen oder zween Kesseln, mit ihren Blasen (chapiteaux) und Abzugröhren (couleu-
vres); einem Schaumlöffel, einigen großen
Was-

Wasserkrügen (jarres); Töpfen und Bütten, oder kleinen Kuffen.

Die Canots sind von unterschiedlicher Größe, je nach Beschaffenheit des im Gebäue vorhandenen Raums, und des Vorrathes welchen man verfertigen kann. Man bedient sich aber lieber der aus einem ganzen Stücke Holz gehauenen Canots, als der von Mauerwerk gemachten: weil die hölzernen Canots den darinnen versauerten Saft einschlucken, und dadurch ein ziemliches dazu beytragen, den frischen hineingefüllten Saft, desto schneller in eine Säure und Gährung zu bringen.

Man füllt die Canots bis auf zwey Drittheile, und bisweilen sogar bis auf drey Viertel, mit Wasser, und macht das übrige mit groben Syrop und Schaum voll, worauf man sie mit Balisterblättern bedeckt, und noch oben darauf Bretter legt. Nach Verlauf von zween bis drey Tagen, je nachdem der Schaum oder Syrop gut ist, geräth dieser Saft in Gährung, fängt an zu brausen, und einen ziemlich dicken Schaum aufzuwerfen, woran sich alle Unreinigkeiten welche im Syrope oder Schaume befindlich waren, anhenken. Wenn er nun den erfoderlichen Grad der Stärke und Säure bekommen hat, welches man zum Theile an seiner Farbe welche gelb wird, an seinem Ge-

schmacke

schmacke der ungemein sauer ist, und an dessen
scharfen durchdringenden Geruche erkennt: alsdann wird er in die Kessel gegossen; und mit
einem Schaumlöffel aller Schaum und alle
Unreinigkeit oben herunter genommen.

Die Kessel sind von rothen Kupfer, ohngefähr dritthalb Fuß weit, und vier Schuhe hoch.
Ihr Boden ist ganz flach, und auf der einen
Seite mit einer Oeffnung versehen, in welche man eine Röhre mit einem Hahnen oder einer Krümmung (champlure) einlöthet, um
den übrig gebliebenen Saft dadurch abzulassen,
nachdem der Geist ist herausgezogen worden.
Das Obertheil des Kessels ist gewölbt, mit einer runden Oeffnung, einen Schuh im Durchschnitte, und einem Rande der ohngefähr ein
paar Zoll hoch ist. Durch diese Oeffnung wird
der Kessel geladen, das heißt mit dem Safte
der in den Canots gegohren hat, voll gefüllt.

Er stehet aber in einem aufgemauerten Ofen,
dessen Schierloch inwendig im Gebäue, die
Rauchröhre hingegen, wodurch sich der Rauch
hinauszieht, außerhalb befindlich ist. Das
Mauerwerk umgiebt den Kessel bis auf zwey
Drittheile seiner Höhe. Sobald nun der Kessel voll ist, verschließt man seine Oeffnung mit
einem Helme (chapiteau) von rothen Kupfer,
der genau in den obern Rand des Kessels passen

muß,

muß, und verkittet ihn noch mit Thonerde.
Gut ist es auch, wenn er verzinnt ist, damit
sich kein Grünspan ansetzen möchte. Dieser
Helm hat einen Schnabel, achtzehn bis zwanzig Zoll lang, den man in die äußerste Spitze
einer kupfern, oder zinnernen Schlange steckt,
welche in einem ausdrücklich hierzu verfertigten,
und mit dicken eisernen Reifen umgebenen Faß-
se ruht, welches ganz nahe bey dem Kessel
hingestellt wird. Je mehr Krümmungen nun
diese Schlange (couleuvre) hat, desto besser
geräth der Brandtewein.

Die Tonne worinnen die Schlange steht,
muß beständig mit Wasser angefüllt seyn, um
sie abzukühlen. Die Geister nämlich, welche
von der Hitze aus den Kessel in den Helm getrieben werden, circuliren in der Schlange,
wohin sie vermittelst des hineingepaßten und
wohl vermachten Schnabels des Helms, sind
geführt worden, und erhitzen dieselbe so außerordentlich stark, daß sie durch die Luftlöcher des
Metalls verrauchen müßten, wenn sie nicht von
der Kälte des Wassers zurückgehalten würden.
Eben daher ist es gut, wenn immerfort frisches
Wasser ins Faß rinnt, welches unten durch ein
im Boden angebrachtes Loch, wieder ablaufen
soll. Dieses Loch muß verhältnißmäßig nach
der Menge von Wasser welches hineinrinnt,
eine

eingerichtet werden, damit die Tonne bestän=
dig voll bleibt.

Zu Ende der Schlange, stellt man einen
Raffinerietopf, oder großen Krug, den heraus=
tropfenden Saft darinnen aufzufangen. Wenn
man nun wahrnimmt, daß durch Feuer keine
Geister mehr in die Höhe steigen, und nichts
weiter in den Krug fließt, wird der Kessel durch
den am Boden befindlichen Hahn ausgeleert,
und solcher mit frischen Safte angefüllt.

Der erste Saft welcher aus dem Kessel
kommt, wird Glattwasser genannt, und hat
auch in der That wenig Kraft. Alles dieses
Glattwasser spart man die fünf ersten Tage in
der Woche zusammen, und füllt einen oder
zween Kessel damit, um es alsdann Sonnabends
wieder frisch abzuziehen. Der Geist welchen
man hernach davon erhält, ist der eigentliche
Brandtewein, Taffia, oder Guildive (Mord=
teufel) genannt, und außerordentlich stark, und
Kopfreißend.

In den Zuckerfabricken wo man zween
Brandteweinkessel hat, können wöchentlich ohn=
gefähr hundert und sechszig Kannen Pariser
Maaß verfertigt werden. Gemeiniglich wird
die Maaß um zehen Sous (vierzehen Kreuzer),
bisweilen auch noch theurer verkauft, besonders
wenn man keinen Zucker verfertigt, oder die

Y   fran=

französischen Aquavits und Weine, selten und hoch im Preise sind.

Diese Manufactur bringt einem Plantage⸗ inhaber beträchtlichen Vortheil. Denn wofern man auch nur fünf und vierzig Wochen im Jahre darinnen arbeiten ließ, so würden doch immer sechszig Tonnen Brandtewein können verfertigt werden, wovon man wenigstens vier und funfzig Fässer zu verkaufen in Stand wä⸗ re, die übrigen hingegen selbst im Hause ver⸗ brauchen könnte. Nun müssen vier und funf⸗ zig Tonnen, jede zu hundert und zwanzig Kan⸗ nen gerechnet, wenigstens tausend Thaler ab⸗ werfen, welches hinreicht einen Haufen von hundert und zwanzig Negern, wie ich es hernach umständlicher beweisen werde, mit Kleidung, Fleisch, Handwerksgeräthe, und andern Noth⸗ wendigkeiten, zu unterhalten.

Wenn man aber diesen Brandtewein noch besser machen, und ihm seinen allzustarken Ge⸗ ruch und Schärfe benehmen will, muß man sich die Mühe geben, die Kessel und Schlangen mit größter Sorgfalt auszuwaschen, und im Helm einen Büschel Anis oder Fenchelkraut aufhenken, welches man allezeit mit einem fri⸗ schen verwechselt, so oft der Kessel von neuen angefüllt wird.

Sie⸗

Sieben und zwanzigstes Kapitel.

Verzeichniß der Anzahl von Negern welche in einer Plantage gebraucht werden.

Es ist allerdings nöthig einiges Licht über die Anzahl von Sclaven zu bekommen, welche erfodert werden, eine Plantage, wo man die oben angezeigte Menge Zucker kann verfertigen lassen, gehörig in Gang zu erhalten? Wenn wir also eine Zuckerfabrick annehmen, wo sechs Kessel, und noch besonders ein paar Kessel zum raffiniren, oder Syropkochen, eingemauert sind: so braucht man;

In der Zuckerfabrick selbst, sechs Neger.

Die Oefen zu heizen, drey Neger.

In der Mühle, fünf Neger.

Die Seihtücher zu waschen, einen Neger.

Zur Weinessigsiederey, gleichfalls einen Neger.

Die vier Karren zu führen, acht Neger.

Zween Neger zu Faßbindern.

Eben soviel in die Schmiede.

Drey Neger in das Reinigungshaus (à la purgerie).

Zu Brettschneidern und Zimmerleuten, drey Neger.

Zween Neger zu Maurern.

Einen Neger als Schreiner, und einen als Wagner,

Zum

Zum Viehhüten einen Neger, und die Kranken zu warten ebenfalls einen.

Die Zuckerrohre abzuschneiden, fünf und
zwanzig Neger.

Brennholz abzuhauen, sechs Neger.

Mehl zu machen, zween Neger.

Einen Neger zum Commandeur, oder Oberaufseher.

Vier Neger zur Bedienung im Hause.

Kranke welche sich allenfalls darunter befinden möchten, sieben Neger.

Kinder, fünf und zwanzig.

Zehen, durch hohes Alter, oder sonst zur
Arbeit untüchtige Neger.

In allen aber hundert und zwanzig Personen.

Acht und zwanzigstes Kapitel.

Von den mancherley Verrichtungen dieser eben bemerkten Anzahl von Negern.

Ich habe bereits oben angezeigt, daß in einer
Zuckersiederey eben so viele Neger seyn
sollen, als eingemauerte Kessel vorhanden sind:
welches aber nur von solchen Zuckerfabricken muß
verstanden werden, wo man weißen Zucker verfertigt. Diejenigen Zuckerfabricken, worinnen
nichts als ungeläuterter Zucker gemacht wird,

sind

sind keiner so großen Anzahl von Negern benöthigt: ein einziger Mann ist schon hinreichend
zween Kessel zu versehen. Die erstern Zuckerfabricken hingegen, müssen, wenn sie gehörig
sollen bedient werden, eben so viele Neger haben, als Kessel da sind, ohne den Raffinirer
zu rechnen.

Diese Anzahl ist auch gar nicht zu groß,
wegen der beständigen Arbeit, die man hat,
den Zucker gehörig abzuschäumen, und durch
das Tuch laufen zu lassen; die Formen auszuwaschen, und an ihren rechten Platz zu bringen,
sie aufzustellen, und anzufüllen: desgleichen
den Vesou von einem Kessel in den andern zu
schöpfen. Sobald nun der Vesou anfängt heiß
zu werden, und den Schaum in die Höhe zu
werfen, darf man nicht einen Augenblick unterlassen ihn abzuschäumen. Ja, ich habe zum
öftern gesehen, daß alle sechs Neger, nebst dem
Raffinirer, keine Minute lang Zeit zum essen
übrig hatten.

Man stellt drey Neger zu den Oefen, wenn
daselbst sechs Kessel vorhanden sind. Dieß ist
eine sehr harte Arbeit, besonders bey solchen
Kesseln, welche man mit Stroh, Bagacen,
und kleinen Holze schürt. Wenn aber nur auf
fünf Kesseln gearbeitet wird, so begnügt man
sich nicht mehr als zween Neger zu den Oefen

hin-

hinzuſtellen. Allein dieſes iſt viel zu wenig,
und ich habe jederzeit bemerkt, daß die Arbeit
für zween Mann zu übermäßig war. Denn
der Menſch mag, mit einem Worte zu ſagen,
auch noch ſo viel Stärke haben, ſo wird er
doch von der Arbeit, beſonders wenn ſie ſtreng
und anhaltend iſt, und die Kräfte durch den
Schlaf und die Nahrungsmittel nicht wieder
erſeßt werden, zuleßt überwältigt, welches gerade der Fall iſt, wovon hier die Rede war.

Im Reinigungshauſe hat man drey Perſonen nöthig, welche zwar zu gewiſſen Zeiten
daſelbſt müſſig ſind. Sobald man aber drey
Wochen lang in der Zuckerfabrick gearbeitet hat,
giebt es in Ueberfluße für ſie daſelbſt zu thun:
indem ſie nicht allein die Böden machen, das
Erdreich zubereiten, ſolches auf die Formen legen, wieder hinwegnehmen, reinigen, und
trocknen müſſen, ſondern auch den Zucker in
die Dörrhütten zu bringen, das Feuer hierinnen
zu unterhalten, die Syrops zu kochen, die Formen wieder zurecht zu richten, und anderes
mehr was in einem Reinigungshauſe vorkommen möchte, zu beſorgen haben. Wenn es
aber allenfalls von dieſen eben angeführten
Dingen, für ſie nichts zu thun giebt, können ſie nebſt den übrigen ohnehin ſchon hierzu
beſtimmten Negern, zum Brennholz hauen ge-
nom-

nommen werden, die ihnen ihrer Seits eben=
falls helfen müssen den Zucker stoßen, zugleich
nebst den Leuten welche ihr angewiesenes Tag=
werk verlassen können, ohne die Arbeit in der
Zuckerfabrick dadurch nur in mindesten zu un=
terbrechen, als worauf man hierbey vorzüglich
sein Augenmerk zu richten hat.

Man braucht fünf Negerinnen in der
Mühle. Nun stellt man zwar in vielen Zucker=
fabricken nur vier dahin, allein für eine solche
Anzahl Personen, ist die Arbeit unleugbar zu
groß, besonders, wenn sich entweder die Zucker=
rohre schnell einkochen, und man kaum einen
Augenblick Zeit erübriget, die Mühle zu wa=
schen, oder sogar die Bagacenhütten etwas zu
weit von der Mühle entfernt sind. Alsdann
geschiehet es nämlich, daß sie, weil es ihnen
an Zeit mangelt solche herauszuziehen, und
diejenigen Bagacen, welche man aufgeben soll,
um getrocknet und hernach verbrannt zu werden,
in Büschel zu binden, alles durcheinander dem
Vieh vorwerfen. Hieraus ist also leicht der
Schluß zu machen, daß man fünf Personen
hierzu haben muß, wenn eine Wassermühle ge=
hörig soll versehen werden, damit gute Arbeit
gemacht werde, welche die Kräfte der Weibs=
personen deren man sich hierzu bedient, nicht
übertrift.

Y 4 Eine

Eine Negerinn braucht man die Seihtücher zu waschen, die Zuckerfabrick auszukehren,
und andere dergleichen Verrichtungen zu besorgen. Der Raffinirer muß indessen genau darauf sehen, daß die Seihtücher recht gewaschen,
ausgespühlt, an der Luft, oder Sonne, niemals aber unter den Schirmdächern der Oesen
getrocknet werden, maßen das Feuer ihre Wolle
absengt, und man solche sobald sie nur Faden-
scheinig sind, nicht mehr brauchen kann. Ingleichen darf man sich ihrer niemals bedienen,
als wenn sie ganz ausgetrocknet sind, sonst kann
der Besou nicht durchlaufen. Diese Negerinn
hilft auch jener noch, die sich in der Weinessigsiederey befindet, den Syrop und Schaum hin
zu tragen, ingleichen die Kessel und Canots anzufüllen.

Zum Brandtewein machen nimmt man
aber viel lieber ein Weibsbild, als eine Mannsperson, weil bey jener vorausgesetzt wird, daß sie
weniger dem Saufen ergeben ist als diese. Da
indessen diese Regel nicht ohne Ausnahm ist,
so muß der Herr selbst, eine der vertrautesten
Weibspersonen hierzu erwählen, und ein sehr
wachsames Aug auf ihre Treue haben, damit
solche nicht, wenn sie so stark in Versuchung
geführt wird, zuletzt unterliege. Um sie indessen aufzumuntern ihre Arbeit mit gehörigen

Fleiße

Fleiße zu verrichten, und nicht zum Stehlen an-
gereitzt zu werden, gab ich der Negerinn welche
den Brandtewein machte, so oft der, eine Woche hindurch in erfoderlicher Güte und Menge
verfertigte Brandtewein, ins Magazin geliefert
wurde, allezeit eine Kanne voll davon. Indessen ist eines hierbey zu bemerken, daß man
nämlich den Negern, wenn sie Brandtewein
nöthig haben, solchen nicht zu geben verweigern,
dagegen aber auch keinem derselben erlauben darf,
unter welchen Vorwand es auch immerhin seyn
mag, die Weinessigsiederey zu betretten.

In einer Zuckerfabrick, wie jene, wovon hier
die Rede ist, müssen wenigstens vier Karren
(cabrouets) vorhanden seyn, wenn man eine
anhaltende Arbeit verrichten will, ohne damit
überladen zu werden, oder dem Vieh Schaden
zu thun. Drey solche Karren sind indessen
hinreichend, eine Wassermühle gehörig zu versehen. Den vierten Karren braucht man, die
übrigen drey im Nothfalle zu unterstützen, gemeiniglich aber, das für die Oefen benöthigte
Holz dahin zu schaffen, und den in Tonnen gefüllten Zucker ins Magazin zu führen, welches
jederzeit nahe bey dem Einschiffungsplatze muß
angelegt werden.

Diese vier Karren zu leiten, braucht man
acht Personen: nämlich vier erwachsene Leute,

Y 5 und

und eben so viele Kinder von zwölf bis dreyzehen Jahren, um vor den Ochsen herzugehen.
Zu jeden Karren werden acht Ochsen erfodert:
indem man jeden Anspann nur einmal des Tags
arbeiten läßt.   Dieses wären also zwey und
dreyßig Ochsen.   Außer diesen ist es gut, noch
sechs andere Ochsen zu haben, theils, um die
aufstößig gewordenen dadurch wieder zu ersetzen,
theils aber, irgend eine außerordentliche Arbeit
damit zu bestreiten.

In Ansehung der Karrenführer, sind aber
vier bis fünf Puncte zu beobachten.   Erstlich,
zu verhindern, daß sie sich nicht unterstehen
den jungen Kindern, welche man ihnen zu Gehülfen giebt, übel zu begegnen.   Zweytens,
daß sie nicht unterlassen ihre Ochsen täglich zu
putzen, im Meere abzuwaschen, ihnen die Zecken (les tiques) abzunehmen, und den Herrn
oder Commandeur zu benachrichtigen, wenn es
nöthig ist ihnen die Frösche (les barbes) herauszuschneiden, welches gewisse Fleischgewächse
sind, die sie unter der Zunge bekommen, daß
sie nicht fressen können.   Die Ochsen beißen
nämlich mit ihren Zähnen das Gras nicht wie
die Pferde entzwey, sondern drehen solches nur
um ihre Zunge, und ziehen es alsdann heraus:
wenn sie nun dergleichen Fleischwarzen bekommen, können sie ihre Zunge nicht mehr um

das

das Graß schlingen, werden daher mager und kraftlos.

Nicht weniger muß man die Karrenführer anhalten, Zuckerrohrspitzen auf ihren Karren mitzubringen, um ihre Ochsen damit zu füttern, nachdem sie solche abgespannt haben. Abends müssen sie noch einen hinreichenden Vorrath von dergleichen Zuckerrohrhäuptern, für alles Vieh, welches in Thiergärten eingeschlossen wird, herbeyschaffen. Nicht weniger ist es ihre Schuldigkeit, dem Aufseher hülfliche Hand zu leisten, die Hecken (lisieres) zu unterhalten, und den Thiergarten (parc) zu reinigen. Es ist nämlich dem Vieh nichts schädlicher als der Koth, und nichts trägt mehr zu ihrer Gesundheit und guten äußerlichen Ansehen bey, denn die Reinlichkeit des Platzes, wo man solches die Nacht über verwahrt.

Ein paar Faßbinder sind in einer Plantage etwas ganz unentbehrliches. Wenn man keinen Zucker verfertigt, und alle Neger Brennholz zu fällen beschäftigt sind, sollen sie zugleich mit den übrigen Negern sich dabey einfinden, um sofort die niedergehauenen Bäume, welche zu Faßdauben tauglich sind, benutzen zu können. Hier müssen sie solche gleich auf dem Platze spalten und abhobeln, und sobald einige fertig sind nach Haus schaffen. — Im Walde dörfen

dörfen, sie aber ihre Dauben so wenige Zeit laß=
fen, als nur immer möglich ist, indem sonst die
Würmer und Holzläufe sich gern hineinfetzen,
daß sie in Fäulniß gerathen. Dieses ist auch
eigentlich die rechte Zeit, sich auf das ganze
Jahr durch mit Faßtauben zu versehen.

Sie müssen unter Dach gebracht, und über
einander gelegt werden, welches zwar auf ihren
beyden äußern Seiten kreuzweise geschiehet.
Alsdann werden sie mit Steinen belegt, damit
sie gerade liegen bleiben müssen, aus Furcht sie
möchten sich sonst durch das Austrocknen, wer=
fen und krümmen. Was aber die Reife an=
langt, so haben die Faßbinder es gleichfalls
dem Commandeur zu melden, wenn sie von der=
gleichen etwas benöthigt sind, damit er die Ne=
ger abschicken, und ihnen Reife kann schneiden
laffen, ohne daß sie deswegen von ihrer Arbeit
laufen dörfen.

Zween Faßbinder müssen, wenn sie einmal
ihre Faßtauben abgehobelt, und die Böden zu=
geschnitten haben, täglich drey Tonnen fertig
machen können, welches dem Eigenthümer
kein geringer Vortheil ist, da er jedes Faß um
hundert Sous (zween Gulden und achtzehn
Kreuzer) verkauft. Wenn man nun für die
Kosten des Holzes und des Arbeitslohns, zwey
Drittheile abrechnet, bleibt es immerhin eine

aus=

ausgemachte Wahrheit, daß jeder Faßbinder seinem Herrn täglich hundert Sous (zween Gulden und achtzehen Kreuzer), Profit eintragen wird. Nach Abrechnung also der Festtäge, an welchen sie nicht arbeiten, und der Zeit welche sie nöthig haben, ihre Dauben zu verfertigen, oder die Faßböden, wenn man den Zucker stößt, einzusetzen, wird ein jeder Faßbinder jährlich zweyhundert Tonnen liefern, welches zusammen eine Summe von zweytausend Franken (neunhundert und sechszehen Gulden, vierzig Kreuzer) beträgt.

Dieses hier ist nun eine kleine Probe, wie viel ein Plantageinhaber, der eigene Arbeiter hat, gewinnen kann. Alsdann muß er allen seinen Zucker bereits in Fässer gefüllt, verkaufen, welches den Schiffshauptleuten, welche zum öftern Mühe haben gereinigte Fässer aufzutreiben, nicht anderst als höchst angenehm seyn muß, wobey er sich zugleich der seinigen auf eine vortheilhafte Art entlediget. Eben deswegen muß er auch auf ihr Betragen Acht geben, und jederzeit ihren Vorgesetzten genau nachsehen, ohne jemals ein grösseres Vertrauen als es sich geziemen will in sie zu setzen.

Wenn aber ein Pflanzer bequem sehen will, wie es mit seinen Sachen gehet, muß er im Gesichte der Zuckerfabrick, Hütten, in Form großer

großer Schuppen aufschlagen lassen, und alle
seine Handwerksleute hineinlogiren, damit entweder er selbst, wenn er sich in der Zuckersiederey anwesend befindet, oder der Raffinirer,
welcher sie niemals verlassen darf, ohne große
Mühe nachsehen können, ob die Arbeitsleute
fleißig sind, oder nicht.

Unmöglich kann man sich vorstellen, was
für Beschwerlichkeiten und Unkosten es verursacht, wenn man nicht selbst eine Schmiede,
und ein paar Schmiedknechte hat. Man muß
beynahe täglich zum Schmidt laufen, der auf
den Inseln Machoquet genannt wird: sowohl
wegen der Hauen, Hippen, Beile, des Be-
schlägs an den Karrenrädern, der Eyer, Platten, und anderer in einer Mühle nothwendigen
Geräthschaften. Ein verständiger Plantagebe-
sitzer darf sich also keine Mühe dauern lassen,
um einen Neger zu haben, der das Schmid-
handwerk verstehet. Man giebt ihm alsdann
einen andern jungen Neger zum Lehrling, und
überläßt ihnen, um beyde desto mehr zum Fleiße
aufzumuntern, den Ertrag einiger geringen Arbeiten welche sie für andere verfertigen.

Der Nutzen welchen man aus einer Schmiede ziehen kann, belauft sich alle Jahre auf mehr
als vierhundert Thaler, wenn anderst ein guter
Arbeiter vorhanden ist, und man Sorge trägt,

ihn

ihn sowohl für das Haus, als für die Nachbarschaft arbeiten zu lassen. Hierzu sind die Steinkohlen besser als die andern, allein es ist zum
öftern ein Mangel daran, besonders in Kriegszeiten. Indessen brennt man auch Kohlen aus
Pomeranzenholze, Paletuvier, Rothholze, Kastanienholze, und einigen andern harten Holz-
gattungen. Man nimmt davon in der That
etwas mehr, allein sie kosten ja weiter nichts
als die Mühe solche zu brennen, indem sie beynahe eben so viele Hitze von sich geben, als die
Steinkohlen.

Wegen der vielen Räder die sich abnutzen,
besonders an solchen Oertern wo die Wege stei-
nigt und schwer zu befahren sind, ist ein Wagner
ganz unentbehrlich. Dieser Professionist muß
sich aber mit Radspeichen, Radfelgen, und
Naben, zur nämlichen Zeit versehen, wenn
das Brennholz abgehauen wird, um die Wi-
pfel (carcasses) des Nadel und andern Holzes,
zu benutzen. Nachdem er das gröbste davon
abgenommen hat, muß er solche ins Haus bringen lassen, und unter die Schirmdächer trocken
legen.

Wenn nun die Plantage hinlänglich damit
versehen ist, kann ihm erlaubt werden, für die
Nachbarn um einen gewissen festgesetzten Lohn
zu arbeiten, der auf einen Tag, oder ein Monath

nach lang, niemals aber Paarweise, bestimmt
wird, indem er sonst anstatt eines Paares, zwey
Paar Räder machen könnte, ohne daß sein Herr
deswegen etwas mehr bekäme. Im Jahre,
tausend sechshundert und acht und neunzig, bezahlte man für ein Paar Räder, ohne das Holz
und die Kost des Meisters zu rechnen, sechs
Thaler Arbeitslohn, und wenn man weder Holz
noch Kost gab, das Eisenbeschläg ausgenommen, zehen Thaler. Wenn die Radefelchen
und Radespeichen einmal aus dem groben geschnitzt sind, kann ein Arbeiter wöchentlich
ein Paar Räder fertig machen.

Was Brettschneider und Zimmerleute anlangt, so wird ihre Nothwendigkeit ohnehin
deutlich genug erhellen. Man braucht ohne
Unterlaß, Dillen, Brückhölzer (bois de car-
telage), Mühlzähne, und mehr andere dergleichen Dinge, wovon jederzeit im gähen Nothfalle, ein guter Vorrath soll vorhanden seyn.
Da nun die erstern keine schwere Handthierung
haben, so ist es gut wenn man solche allen hierzu tauglichen Negern erlernen läßt: damit man
sowohl mehrere Sägen auf einmal, besonders
wenn die Arbeit dringend ist, kann gehen lassen, als auch immer frische Arbeiter zur Ab-
wechslung hat, daß sie nicht übermüthig werden können, wie solches fast allezeit zu
gesche-

geschehen pflegt, wenn sie glauben daß sie uns
entbehrlich sind.

Ich hatte beynahe allen Negern in unsern
Plantagen zu Martinicke und Guadeloupe,
das Holz sägen und beschlagen lernen lassen.
Hingegen fand ich Anfangs, als ich die Verwaltung unserer Güter übernahm, nur zween
bis drey, welche diese Arbeit verstanden, und
mir so zu sagen Trotz bieten wollten: ich
ließ mich aber hernach ebenfalls bitten, bis sie
wieder zur Säge gestellt wurden.

Zween Brettschneider müssen, wenn sie ihr
Holz einmal beschlagen haben, wöchentlich vierzig Dillen, acht Schuhe lang, und zwölf bis
funfzehn Zoll breit, fertig machen können. Da
nun dieses Bezimmern des Holzes zum Vorwand diente, mir die Anzahl von Dillen nicht zu
liefern, welche ich doch haben sollte, wenn der
Zimmermann allenfalls mit einer andern Arbeit beschäftigt war: so dachte ich auf ein Mittel welches mich von dieser Verlegenheit befreyen
könnte. Ich ließ nämlich die Holzstämme, un-
beschlagen, wie man solche im Walde gefunden
hatte, auf den Bock (hurd) legen, und damit
sie sich ihrer Rinde wegen nicht umdrehen konnten, den Platz wo sie mit ihren äußern Theilen
auflagen, etwas ausgräben. Man schnürte solche
auf beyden Seiten, und nahm mit der Säge

Z

die

die Schwarte (dorse), oder wie man sich auf
den Inseln auszudrücken pflegt, an beyden Kanten eine Kruste (une crôute) hinweg. Hierauf wurden sie auf die Fläche umgekehrt, und wie
gewöhnlich nach der Schnur abgemessen, und
zu Dillen geschnitten.

Ich bemerkte sofort daß man viel ehender
die beyden Schwarten mit der Säge abgeschnitten hatte, als man nur eine halbe Seite mit dem
Beile hätte gleich hauen können. Unsern Negern kostete es Anfangs Mühe sich hieran zu gewöhnen, allein es wurden augenblicklich alle
Schwierigkeiten von mir gehoben, indem ich
ihnen die vier Schwarten welche sie von jeden
Baumstamme herunter sägten, überließ. Dieser kleine Gewinn, als worauf sie ungemein er-
picht sind, überzeugte sie, daß ich mit ihrer alten
Art, bloß um ihres eigenen Vortheils willen eine Veränderung getroffen hatte, und waren mir
deswegen noch verbunden. Diese Schwarten
wissen sie überaus gut zu verkaufen: ich bekam
also die erfoderliche Anzahl von Dillen, und
jedermann war zufrieden.

Da es an den Wassermühlen immerhin etwas auszubessern giebt, so ist kaum zu glauben,
wie viel Kosten und Verdruß man sich erspart,
wenn man einen Neger hat, der so viel von der
Zimmerkunst verstehet, daß er den gewöhnlichen

übeln

übeln Zufällen welche den Zähnen, Aermen, und andern Theilen einer Mühle begegnen, abhelfen kann. Die weißen Handwerksleute von dieser Art, sind nämlich ganz selten, und sowohl ihrer geringen Anzahl wegen, als weil man solcher nicht wohl entrathen kann, sehr theuer, und im äußersten Grade übermüthig. Es ist also kein geringes Vergnügen, und eine große Ersparung, wenn man dergleichen Leute nicht braucht.

Nachdem die Engelländer im Jahr tausend siebenhundert und drey, unsere Zuckerfabricken zu Guadeloupe verbrannt hatten, ließ ich eine ganze Mühle, eine Zuckersiederey, ein Reinigungshaus, und eine Dörrhütte, und andere Gebäue deren wir benöthigt waren, aufführen, ohne daß ich mehr als drey bis vier von unsern Negern dazu brauchte, darunter der geschickteste nicht viel mehr verstund, als einen Mörtel anzumachen. Nun mußte ich zwar alles selbst abstecken und ausmessen, auch unaufhörlich bey ihnen seyn: allein zuletzt kam ich doch damit zu Stand. Die Handwerksleute hingegen, welche sonst für uns gearbeitet hatten, verwunderten sich, als sie sahen, daß ich ihrer Dienste nicht mehr bedürfte.

Ungeachtet ein Schreiner nicht so nothwendig gebraucht wird, ist er dennoch sehr nützlich,

Z 2

lich, und wenn er noch überdieses drechseln, oder
sonst gut arbeiten kann, so leistet er in einem
Hause unendlich viele Dienste. Sollte man
ihm allenfalls selbst keine Arbeit geben können,
so fehlt es doch niemals bey andern Einwohnern
daran, welche sich mehrentheils lieber eines Negers, als eines weißen, wenn sie beyderseits
gleiche Geschicklichkeit haben, zu bedienen pflegen. Der geringste Verdienst eines solchen
Arbeiters, ist täglich ein Thaler, ohne seine Kost
zu rechnen, und wenn er noch einen Lehrjungen,
oder Gehülfen bey sich hat, so belauft sich solcher zum öftern auf hundert Sous (zween Gulden und achtzehen Kreuzer).

Wenn man einmal Handwerksleute im
Hause hat, so ist dieses ein Schatz zu nennen den
man nicht hoch genug achten kann. Damit er nun
nicht verloren gehe, muß man auf Lehrjungen bedacht seyn, und ihnen manchesmahl ein kleines Ge-
schenk geben, nach Verhältniß ihrer Arbeit,
oder je nachdem man wahrnimmt, daß ihre
Untergebenen etwas bey ihnen lernen.

Man braucht eben nicht viel Worte zu verlieren, einen reichen Pflanzer zu überzeugen,
daß er Maurer in seinen Plantagen braucht.
Täglich zerbricht so viel an den Oefen, Kesseln,
und anderwärts, daß man sich beträchtliche Ausgaben erspart, wenn man eigene Maurer im
Hause

Haufe hat. Sollte man allenfalls nicht selbst
Arbeit für sie haben, so findet sich immerhin
Gelegenheit sie zu vermiethen. Das wenigste
was ein jeder nebst dem Unterhalte verdienen
kann, beläuft sich alle Tage auf funfzig Sous
(einen Gulden und neun Kreuzer).

Gut ist es ferner, wenn man jederzeit die
Neger Handwerksleute von den weißen Arbeitern unterscheidet, indem man ihnen entweder
eine grössere Portion Fleisch, oder sonst einige
Verehrung giebt. Dieses ist unter allen die
größte Aufmunterung für sie ein Handwerk zu
erlernen. Es mag nun seyn was es für eines
wolle, so bringt es einer Plantage doch immer
großen Vortheil. Der Nutzen welchen die Arbeiter davon haben, macht, daß sie ihrem Herrn
mit der größten Treue ergeben sind, und verschafft ihnen Mittel, ihre Familien mit einigen
Glanze zu unterhalten: außerdem befriedigt das
Vergnügen sich über andere erhoben zu sehen,
ganz außerordentlich ihre Eitelkeit, womit sie
ziemlich versehen sind. Ja, ich habe sogar einige gesehen, welche sich dermassen viel darauf
einbildeten, Maurer, oder Schreiner zu seyn,
daß sie auf eine höchst lächerliche Art, mit ihrem Richtscheide und Schurzfelle, in die Kirche zu gehen beflissen waren.

Z 3   Die

Die Aufsicht über das Vieh, muß jederzeit einem getreuen Neger, der ein Vergnügen daran findet, übergeben werden. Hierzu sind aber die Neger vom grünen Vorgebirge, von Senegal, und vom Gambiastrome, die geschicktesten, da sie selbst bey sich zu Hause eine Menge Vieh haben, und solches für ihren größten Reichthum ansehen. Der Weiße, oder Negercommandeur, muß es aber alle Morgen ehe solches auf die Weide getrieben, und Abends, wenn es wieder in ihren Bezirk verschlossen wird, abzählen. Was aber die Hämmel, Ziegen, oder Ziegenböcke anlangt, so wird unter der Aufsicht des Hirtens vom großen Viehe, die Huth darüber kleinen Kindern übergeben.

Die Wartung der Kranken übergiebt man irgend einer verständigen und erfahrnen Negerinn, welche sie sorgfältig pfleget, ihnen das benöthigte aus der Kuche herbey schafft, die Betten und das Krankenzimmer reinlich hält, und nichts anderes hineinläßt, als was der Wundarzt verordnet hat. Es ist aber höchst nöthig ein Krankenhaus in einer Plantage zu haben: denn, nicht zu gedenken, daß die Kranken viel besser und leichter daselbst gepflegt werden, als in ihren Hütten, so ist es ein unfehlbares Mittel die wahrhaften Kranken, von jenen zu unterscheiden, die sich nur entweder aus

Faul-

Faulheit, oder um irgend etwas anderes daheim
zu arbeiten, krank stellen.

Fünf und zwanzig Neger sind hinreichend,
die Rohre abzuschneiden, und eine Wassermühle, nebst sechs Kesseln, gehörig zu versehen, besonders wenn man Tags vorher ein wenig vor-
gearbeitet hat, und die Zuckerrohre, schön, rein,
und wohl unterhalten sind. Sollte man aber
allenfalls wegen eines Festtages, während desselben die Zuckerrohre nur verderben könnten,
diesen Vorsprung nicht haben, schickt man alle
diejenigen, welche in der Zuckerfabrick, dem
Reinigungshause, bey den Oefen, im Walde,
und in der Mühle arbeiten sollen, hinaus,
und läßt sie Rohre abschneiden. Man erhält
also dadurch, noch ehe ein paar Stunden ver-
gehen, einen hinlänglichen Vorrath, um die
Mühle damit versehen, und ohne Unterlaß fort-
arbeiten zu können.

Da nun dieses die leichteste Arbeit unter
allen ist, können die Weibspersonen eben so viel
ausrichten, als die Männer. Hierzu werden
sie also vorzüglich genommen, sowohl als zur
Arbeit in den Mühlen, welches die Mannspersonen nur beschimpfen würde, wenn man sich
ihrer dazu bedienen wollte. Ich habe mich
bisweilen dieses Mittels bedient, die Neger
welche faul und nachläßig waren, dadurch zu be-

Z 4

bestrafen. Sie wurden nämlich auf meinen
Befehl hingeschickt die Bagagen durch zu ziehen: eine Arbeit, die nur den schwächsten Negerinnen deren man sich in der Mühle bedient,
aufgetragen wird. Nichts konnte mit ihrer Be-
trübniß hierüber verglichen werden, und sie
ließen es weder an Bitten noch Versprechungen
fehlen, um von dieser Arbeit welche sie mit
Schande überhäufte, wieder entledigt zu werden.

Um nicht an Brennholz Mangel zu leiden,
und die Baumäste zu benutzen, welche die Zimmerleute nicht verarbeiten können, soll man immerfort fünf bis sechs Neger im Walde haben.
Ein jeder von ihnen muß täglich einen Karren
voll Holz machen. Wenn es ihrer sechs sind,
nimmt man vier zum Abhauen, und zween zum
Holzspalten. So viel es sich nur immer will
thun lassen, müssen sie nicht allzuweit von den
Brettschneidern arbeiten, damit der Zimmermann, oder der Herr, desto leichter nachsehen
kann.

Wenn man sich dieses angelegen seyn läßt,
kann sieben bis acht Monathe lang, immerfort Zucker gemacht werden, ohne daß man
einen Mangel an Holz befürchten darf, wofern
man nur einen Vorrath auf sechs Wochen lang
hat, ehe noch zu arbeiten angefangen wird, indem diese sechs Mann das verbrauchte Holz beständig

ständig wieder mit frischen ersetzen. Seit Erfindung der neuen Oefen wird aber viel weniger Holz verbrannt, als sonst, mithin können diese, sechs Arbeiter zu andern Dingen gebraucht werden. Diese nämlichen Holzhacker müssen auch die Bäume fällen und hinwegschaffen, um die Arbeit mit der Säge nicht aufzuhalten.

Ungeachtet man schon vorher, ehe noch mit Verfertigung des Zuckers der Anfang gemacht wird, einen guten Vorrath von geriebenen und fest eingestampften Maniocmehle haben soll, so ist es dennoch besser den täglichen Aufgang wieder zu ersetzen, um nicht davon entblößt zu werden. Dieserwegen muß der Commandeur alle Abend eine hinlängliche Anzahl von Maniocpflanzen, welche ein Faß Mehl geben können, ausreißen lassen. Diejenigen Neger und Negerinnen, welche die Nacht über, nicht auf der Wache, das heißt, nicht bey der Mühle, der Zuckersiederey, und den Oefen im Dienste sind, müssen den Manioc welcher den Tag darauf soll gekocht werden, abschaben und reiben.

Eine Negerinn muß mit Beyhülfe eines Kinds, oder sonst einer Kranken Person, welche den Manioc durchsieben, täglich eine Tonne voll Mehl, das ist ohngefähr dritthalb kleine Fäßchen liefern. Damit nun in diesem sehr wichtigen

Z 5   und

und anziehenden Artickel kein Betrug möchte
vorgehen können; so müssen die Küsten welche
eingepreßt werden, jederzeit bis an das gemachte Zeichen ganz voll seyn. Vorher bemerkt
man aber wie viel geriebener Manioc hineinge-
ßen muß, um eine Tonne anzufüllen.

Es giebt sehr viele Plantageninhaber welche sich lieber eines Negers, als eines weißen
Commandeurs bedienen wollen. Ohne mich
weiter in die ökonomischen Gründe dieses Ver-
fahrens einzulassen, glaube ich, daß sie sehr
wohl daran thun. Ich wenigstens, habe mich
jederzeit gut dabey befunden. Man muß aber
zu diesem Amte einen getreuen und erfahrenen
Neger erwählen, der die Arbeit gut verstehet,
und sich solche läßt angelegen seyn. Er muß
sich auch Gehorsam zu verschaffen, und die ihm
ertheilten Befehle gehörig auszuführen wissen.
Zu diesem letztern Puncte findt sich aber leicht
Rath, indem kein Volk in der Welt herrschsüch-
tiger und strenger ist, als die Neger. Um die
übrigen Eigenschaften des Commandeurs, muß
sich aber der Herr selbst bekümmern.

Der Commandeur muß jederzeit bey den
Negern seyn, und darf sie niemals verlassen.
Seine Pflicht verbindet ihn die Arbeit zu betrei-
ben, und darauf zu sehen daß alles recht gemacht
werde. Er muß auch suchen allen Unordnun-

gen

gen vorzubeugen, und die Zänkereyen schlichten,
welche allenfalls unter den Negern, besonders
aber den Weibspersonen, entstehen könnten.
Diese letztern sind nämlich, von welcher Farbe
sie auch immerhin seyn mögen, allemal sehr
jachzornig, böß, zanksüchtig, und stets bereit
einander zu schmähen, und bey den Haaren
zu nehmen. Ingleichen muß er den Arbeitern
im Walde nachsehen, um dem Herrn Bericht
erstatten zu können, wie weit sie mit ihrer Arbeit schon gekommen sind.

Seine Schuldigkeit ist es ebenfalls die Neger aufzuwecken, und dafür Sorge zu tragen,
daß sie Morgens und Abends allemal dem Gebete beywohnen, und ihnen entweder selbst nach
geendigten Gebete, den Katechismus zu erklä-
ren, oder solches durch andere Personen thun
zu lassen. Er muß sie auch alle Fest und Sonn-
tage in die Messe führen, nachsehen ob ihre
Häuser reinlich sind, und die Gärten gehörig
unterhalten werden. Es kommt ihm auch zu,
die häußlichen Streitigkeiten zu schlichten, die
Kranken in das hierzu bestimmte Haus zu führen, und zu verhindern, daß sich keine fremden
Neger weder bey Tage oder Nacht, in die Hütten der Plantage einschleichen können. Nicht
weniger soll er dem Herrn von allen was vorgehet Bericht erstatten, seine Befehle empfan-
gen,

gen, solche recht verstehen, und pünctlich voll=
ziehen lassen.

Man muß dagegen anderntheils für einen Com=
mandeur auch so viel Achtung haben, daß man
denselben in Gegenwart anderer Sclaven nie=
mals ausfilze, noch viel weniger aber schlage:
er würde dadurch nur verächtlich werden, und
sein völliges Ansehen verlieren. Sollte er al=
lenfalls ein wichtiges Versehen haben zu Schul=
den kommen lassen, welches schlechterdings eine
Züchtigung erfodert, so muß er vor allen Din=
gen seines Amtes entsetzt werden. Der Com=
mandeur erhält aber jederzeit eine stärkere Por=
tion von Lebensmitteln, und mehrere Kleidungs=
stücke, als die übrigen Neger, und bisweilen
auch einige Geschenke. Diejenigen Neger wel=
che ihm nicht gehorchen wollen, oder sich gar
widersetzen, müssen auf das strengste gezüchtigt
werden: wer aber vollends die Vermessenheit
hat ihn zu schlagen, den soll man ohne Barm=
herzigkeit bestrafen.

Ich für meine Person, habe bey Neger
Commandeurs jederzeit meine Rechnung besser
gefunden, als bey Weißen. Wenn man indes=
sen sich gezwungen siehet dergleichen Leute zu
haben, um dem Raffinirer seine nächtliche Ar=
beit zu erleichtern, muß man hierzu schlech=
terdings einen bejahrten Mann erwählen, da=
mit

mit er um desto weniger fähig ist, mit den Negerinnen einige Ausschweifungen zu begehen,
Gleichwohl muß man noch einen Negercommandeur dabey haben, vor allen aber
nicht unterlassen sich einige getreue Kundschafter
beyzulegen, welche alles was vorgehet hinter-
bringen müssen, jedoch mit Vorbehalt die nöthigen Mittel anzuwenden, sich von der Wahrheit ihrer Berichte zu überzeugen. Sobald
man aber nur gewahr wird, daß die Weißen,
welche man in seinen Diensten hat, einigen ver-
bothenen Umgang mit den Negerinnen haben,
alsdann ist das kürzeste Mittel ihnen sogleich den
Abschied zu geben.

Was aber die übrigen Hausbedienten anlangt, so hat ihnen der Commandeur auf keine
Art etwas zu befehlen, ausgenommen der Herr
müßte ihn rufen lassen, einen oder den andern
darunter, der etwas verbrochen hätte, dafür
zu züchtigen. Ungeachtet sie viel besser als die
andern Neger, sowohl in Ansehung der Kleidung, als Kost gehalten werden, wollen sie
doch größtentheils lieber im Garten arbeiten,
wie man die gewöhnlichen Plantagebeschäfti-
gungen zu nennen pflegt, denn gut gekleidet
und ernährt, im Hause, wie es ihre Schuldigkeit mit sich bringt, eingesperrt seyn.

Die

Die wohlgestaltesten und verständigsten
jungen Neger, von zwölf bis dreyzehen Jahren, erwählt man zu Lakayen. Man bedient
sich ihrer aber so lang hierzu, bis es der Eigenthümer für gut befindet, sie an die Arbeit zu
stellen, oder ihnen irgend ein Handwerk erlernen zu lassen, welches die größte Wohlthat ist
die man ihnen erzeigen kann.

Neun und zwanzigstes Kapitel.

Von dem Aufwande welcher erfodert wird,
hundert und zwanzig Neger, in Essen
und andern Nothwendigkeiten zu unterhalten, und was für Misbräuche
dabey vorgehen.

Gleich Anfangs muß vorausgesetzt werden,
daß man besorgt seyn soll, einen Ueberfluß an Manioc zu haben, und lieber Gefahr
laufen solchen im Erdboden verderben zu lassen,
als sich zuletzt genöthigt zu sehen, etwas an der
gewöhnlichen Portion der Neger abzubrechen,
oder Maniocmehl zu kaufen, welches zum öftern ungemein theuer, höchst selten, und überaus schwer anzutreffen ist, auch jederzeit mit
baaren Gelde muß bezahlt werden. Man giebt
aber

aber wöchentlich allen Negern, sie mögen erwachsen oder jung seyn, auf den Kopf drey Kannen Pariser Maas: hiervon sind die Kinder,
welche noch an der Brust gestillt werden, ausgenommen, deren Müttern noch besonders die
Hälfte einer gewöhnlichen Portion für ihre Kinder abgereicht wird.

Ich pflegte für diese Kinder wöchentlich
zwey Pfunde Waitzenmehl, nebst Milch um
ihnen Brey davon zu kochen, austheilen zu lassen. Da nun das Waitzenmehl dem Maniocmehle kann gleichgeschätzt werden, so muß man
wöchentlich auf den Kopf drey Kannen rechnen,
welches alle Wochen, dreyhundert und sechszig
Kannen, oder achthalb Fässer beträgt. Die
Tonne enthält funfzig Kannen, welche mit den
zwey und funfzig Wochen des Jahres multiplicirt, jährlich dreyhundert und neunzig Fässer
ausmachen.

Dieses wäre aber ein großer Aufwand,
wenn man so viel Mehl kaufen müßte. Nun
ist es zwar bisweilen sehr wohlfeil, daß man
die Tonne voll um fünf bis sechs Franken (zwey
Gulden und achtzehen, bis zwey Gulden und
fünf und vierzig Kreuzer) erkaufen kann. Allein ich habe es gesehen, und mußte solches öfters um achtzehen Franken (acht Gulden und
funfzehen Kreuzer) gegen baare Zahlung holen
lassen.

laſſen. Solches würde also, ohne die Be-
ſchwerlichkeiten der Fracht zu rechnen, jährlich
eine Ausgabe von beynahe ſiebentauſend Livres
verurſachen, die jederzeit, wenn man ſie auch
gleich auf das dritte Theil herabſetzen wollte,
mehr als zweyhundert Stück Piſtolen betragen
müßte. Man muß alſo beſorgt ſeyn, einen ſo
großen Vorrath von Manioc pflanzen zu laſſen,
daß man drey bis viermal mehr hat, als was
man nöthig zu haben glaubt, und man ſich
ehender in Stand befindet noch etwas davon zu
verkaufen, als in die Nothwendigkeit verſetzt ſie-
het, ſelbſt zu kaufen.

In Anſehung des Fleiſches habe ich ſchon
bemerkt, daß der König befohlen habe jedem
Sclaven wöchentlich dritthalb Pfunde geſalzenes
Fleiſch zu geben. Es iſt aber dieſem Befehle
nicht beſſer nachgelebt worden, als vielen andern königlichen Verordnungen: theils aus
Nachläßigkeit der Beamten, welchen es zuge-
ſtanden wäre darüber zu halten, theils aber aus
Geitz ihrer Herren. Dieſe verlangen nämlich
von ihren Sclaven, daß ſie ihnen, ohne großen
Aufwand für ihre Unterhaltung zu haben, ſo
viel arbeiten ſollen, als ſie nur immerhin aus-
ſtehen können. Bisweilen iſt auch die Un-
möglichkeit daran Schuld, geſalzenes Fleiſch in
Kriegszeiten zu erhalten, wo der geringe Vor-

rath den man dahin bringt, jederzeit für einen
übermäßig hohen Preis verkauft wird.

Indessen suchen billig denkende Personen diesen Abgang entweder dadurch zu ersetzen, daß
sie Patates und Ignames pflanzen, und ihnen
dieselben anstatt des Fleisches austheilen lassen,
oder durch irgend ein anderes Mittel, woran
es auch beynahe niemals fehlt, wenn man sich
nur verlangt Mühe zu geben. Doch findet
sich solcher rechtschaffenen Leute, nur immer eine sehr geringe Anzahl. Es ist aber dabey wohl
zu bemerken, daß man ihnen ihre Fleischportion
ja niemals die Sonn oder Feyertäge geben darf:
denn da sie einander an diesen Tagen zu besu-
chen pflegen, so verzehren sie, um ihre Gäste zu
bewirthen, in einer Mahlzeit alles wovon sie
eine ganze Woche lang hätten leben sollen.

Der Herr, oder Commandeur, muß also
den ersten Werktag einer Woche, in seiner Gegenwart das gesalzene Fleisch welches ihnen soll
gegeben werden, abwiegen, und in gleiche Portionen zertheilen lassen. Hierauf werden alle
Theile oder Portionen, ordentlich auf Bretter,
nebeneinander hingelegt. Wenn nun die Neger zur Mittagsmahlzeit sich einfinden, so geben unterdessen die Weibspersonen ins Mehl-
magazin, wo man ihnen solches austheilt, und
die Mannspersonen holen das Fleisch in der

Did-

Ordnung wie man sie ruft, gleich nacheinander, wobey ihnen aber keine Wahl darunter zu treffen gestattet wird.

Eine Tonne gesalzenes Ochsenfleisch, muß hundert und sechszig Pfunde schwer wiegen: um sich jedoch nicht darinnen zu irren, darf man solche nur zu hundert und funfzig Pfunden rechnen. Wenn man nun zwey Pfunde auf jeden Mann rechnet, so kommen zweyhundert und vierzig Pfunde heraus, das ist zwo Tonnen voll, weniger sechszig Pfunde, womit die Portion der Handwerksleute, und jener, welche bey den Oefen und in der Zuckerfabricke arbeiten, und die Kranken warten, kann vergrössert werden.

Diese zween Fässer welche man alle Wochen verbraucht, betragen jährlich hundert und vier Tonnen. Ihr Preis steigt und fällt, je nachdem es Kriegs oder Friedenszeit ist, und man Ueberfluß oder Mangel daran hat. Man verkauft bisweilen das Faß von diesem Fleische, im funfzig Franken (zwey und zwanzig Gulden und funfzehn Kreuzer): manchesmal aber nur für achtzehn Livres (acht Gulden und funfzehn Kreuzer). Wenn ich nun einen Mittelpreis annehme, und die Tonne um fünf und zwanzig Livres (eilf Gulden und acht und zwanzig Kreuzer rechne): so wird dieser Artickel sechs und

und zwanzig hundert Livres (siebenhundert und drey und dreyßig Gulden, und dreyßig Kreuzer) auswerfen.

Ihr Getränk bestehet zwar aus bloßen Wasser: da ihnen aber solches bey einer dermaßen beschwerlichen Arbeit als die ihrige ist, wohl keine hinreichenden Kräfte hierzu verschaffen kann, so lassen diejenigen Plantageinhaber, welche auf ihre Neger zu sehen pflegen, noch außer dem Ouicou, und der Grappe *), welche beyden Getränke sie sich mehrentheils selbst zubereiten, ihnen Morgens und Abends, allezeit einen Schluck Zuckerrohrbrandtewein reichen. Dieses geschiehet insbesondere, wenn sie irgend eine härtere Arbeit als sonst, zu verrichten hatten, oder im Regen gestanden waren. Da nun der Brandtewein selbst im Hause verfertigt wird, bringe ich diesen Aufwand gar nicht mit in Anschlag.

Hier muß ich einige Misbräuche berühren, die in Ansehung der Kost und des übrigen Unterhalts der Neger vorgehen, welche von den Statthaltern und Intendanten schlechterdings sollten abgeschaft werden.

A a 2

Der

---

*) Dieses Getränk wird im zweyten Bande von Labats Reisen Seite 463. umständlich beschrieben, wohin ich also den Leser verweise. Uebers.

Der erste Misbrauch ist, daß einige Plantageninhaber ihren Sclaven wöchentlich ein gewisses Maaß Brandtewein, anstatt des Mehls und Fleisches geben. Daher geschiehet es, daß die Neger den ganzen Sonntag herumlaufen müssen, um ihren Brandtewein zu verhandeln, und Mehl nebst andern Lebensmitteln dagegen einzutauschen, welches ihnen also zum Vorwande dient, öfters erst Montags sehr spät, und überaus abgemattet wieder nach Hause zu kommen. Ueberdieses saufen diejenigen welche zur Völlerey geneigt sind, ihren Brandtewein auf einmal, und sehen sich hernach genöthiget, um leben zu können, entweder ihren Herrn, oder ihre Nachbarn zu bestehlen, mit Gefahr darüber todtgeschossen, oder ihrer Diebereyen wegen, die ihr Herr alsdann erstatten muß, vor Gericht gefodert zu werden.

Der andere Misbrauch hat sich von den Spaniern und Portugiesen, unter den Engell- und Holländern, und von diesen auch in einige Plantagen auf unsern Inseln, wiewohl nur in sehr wenige, verbreitet. Dieser ist, wenn sie Sonnabends den Negern erlauben für eigene Rechnung zu arbeiten, und sich nebst ihren Familien, durch die Arbeit und den an diesen Tag erworbenen Gewinn, mit Kleidung und Speise zu unterhalten. Allein diejenigen Pflanzer welche

the diesen Grundsatz befolgen, sind nicht auf ihren wahren Vortheil bedacht. Denn wofern
sich ihre Sclaven durch den Gewinn dieses Tages zu unterhalten in Stand sind, können sie
dieselben gewiß eben so leicht selbst ernähren,
indem sie solche für ihre eigene Rechnung arbeiten lassen.

Wenn nun aber die Sclaven an diesen Tag
entweder krank sind, oder wegen übler Witterung nicht arbeiten können, oder sonst ein mü-
ßiges und liederliches Leben führen: so verbringen sie den Sonnabend ohne zu arbeiten, wovon sollen sie also die nächstfolgende Woche leben? liegt es nicht klar an Tag, daß sich ihre
Anzahl täglich vermindern wird, und ihr Verlust einzig und allein ihren Herrn betreffen muß!
Sollte sie aber allenfalls dieser Beweggrund
ihres eigenen Nutzens nicht rühren, so sind sie
doch als Christen verbunden, ihren Sclaven
den nothdürftigen Unterhalt zu geben, damit sie
nicht durch ihre Unbarmherzigkeit entweder im
Elende verschmachten, oder stehlen müssen ihr
Leben zu erhalten.

Die Kleidung der Neger bestehet für die
Mannspersonen bloß in einem Regenrocke (casa-
que) und in einem Paare Unterhosen (caleçon),
für die Weibsbilder hingegen, in einem Unter-
rocke und eben solchen Kittel. Diese Regen-

Aa 3 röcke

röcke erreichen sich nicht weiter als fünf bis
sechs Zolle unter den Gürtel. Man bedient
sich hierzu nur der groben Bretannischen Leinewand, gros vitré genannt *). Sie ist etwas mehr als Ehlen breit, und kostet in Frankreich die Ehle fünfzehen oder achtzehn Sous (ein
und zwanzig bis fünf und zwanzig Kreuzer),
wird aber auf den Inseln mehrentheils von den
Handelsleuten um dreyßig Sous (ein und vierzig Kreuzer), ja bisweilen sogar für einen Thaler
verkauft.

Einige Herren welche Vernunft besitzen,
geben jedem Neger jährlich zween solche Habite:
das ist, den Mannspersonen zween Regenröcke,
und zwey Paar Unterhosen, den Weibspersonen aber, zween dergleichen Kittel, und zween
Unterröcke. Vermittelst dieser Einrichtung sind
sie in Stand ihre Geräthschaften zu waschen,
und dörfen sich nicht vom Unziefer auffressen lassen, welches sich bloß an die Neger hält, die
weißen hingegen fliehet, sobald sie nur den
Wendekreis passirt haben.

Andere, nicht so vernünftige Plantageninhaber, geben ihnen nur zwey Paar Unterhosen,
und

*) Von dieser groben Leinewand, und dem Ur-
   sprunge ihrer Benennung, beliebe man im
   dritten Bande von Labats Reisen, Seite 141.
   meine Anmerkung nachzusehen. Uebers.

und einen Regenrock, oder zween Unterröcke,
und einen Kittel. Manche hingegen, die noch
weniger Billigkeit besitzen, geben ihnen weiter
nichts als einen Regenrock, und ein Paar Unterhosen, oder einen Weiberrock.

Wieder andere Herren, denen es gänzlich
an Billigkeit und Ueberlegung fehlt, geben
ihnen bloß so viel von dergleichen grober Leinewand als zu einem Regenrocke und Schlafho-
sen, oder Weiberrocke (juppe) erfodert wird,
nebst einigen Fäden Zwirn (aiguillées de fil),
ohne sich weiter darum zu bekümmern, durch
wem, oder auf welche Art, sie ihre Geräthschaften können verfertigen lassen, noch wo sie
etwas hernehmen das Macherlohn zu bezahlen.
Eben daher kommt es auch, daß sie ihre Leinewand und Faden verkaufen, und hernach das
ganze Jahr hindurch, beynahe nackend
laufen.

Vier Ehlen Leinewand, sind für Mannspersonen, und fünf Ehlen für Weibsbilder, hinreichend, jedem zween Habite zu verschaffen.
Den erst frisch nieder gekommenen Weibern,
giebt man noch überdieses drey Ehlen solche
Leinewand, sowohl ihre Kinder damit zu be-

Aa 4   decken,

decken, als sich eine Pagne *) oder Gattung
Schärpe daraus zu verfertigen, die eine halbe
Ehle, oder drey Viertelehlen breit, und eine
halbe Ehle lang ist.   Sie bedienen sich aber
dieser Schärpen, ihre Kinder damit auf den
Rücken zu binden, wenn sie so weit erwachsen
sind, daß man dieselben nicht mehr in einem
Korbe tragen darf, wie es mit den neugebohr=
nen Kindern zu geschehen pflegt.

Da sich nun unter der angenommenen Zahl
von hundert und zwanzig Negern, fünf und
zwanzig Kinder befinden, welche nicht so viel
leinewand brauchen, als die andern, und man
die Hausbedienten in schönere Leinewand kleidet,
so können durchaus auf jeden Mann vier Ehlen
gerechnet werden, welche zusammen vierhun=
dert und achtzig, oder höchstens fünfhundert
Ehlen betragen mögen.   Wenn die Plantagen=
inhaber solche für ihre eigene Rechnung in Frank=
reich wollten kaufen lassen, würde ihnen die Eh=
le nicht höher als sechszehen bis achtzehen Sous
(zwey und zwanzig, bis fünf und zwanzig Kreu=
zer) zu stehen kommen.   Da nun nicht ein je=
der

*) Dieses Kleidungsstück, Pagne genannt, des=
sen sich die Weibspersonen, sowohl unter den
Caraiben, als Negern bedienen, wird im drit=
ten Bande von Labats Reisen, Seite 176.
und folgende, ausführlich beschrieben. Uebers.

der diese Bequemlichkeit hat, oder haben kann, und man lieber etwas mehr bezahlen, als sich der Gefahr aussetzen will, seine Waaren auf der See zu verlieren, so rechne ich die Ehle um dreyßig Sous (ein und vierzig Kreuzer) welches also zusammen, siebenhundert und funfzig Livres (dreyhundert und drey und vierzig Gulden, fünf und vierzig Kreuzer) betragen würde.

Hierzu müssen noch, wenn man will, funfzig Franken (zwey und zwanzig Gulden und fünf und funfzig Kreuzer), für einige Hüte, Mützen, oder Weiberhauben, gerechnet werden, welche man unter diejenigen austheilt, die ihre Schuldigkeit wohl beobachtet haben. Dieser Artickel wird also noch besonders achthundert Franken (dreyhundert und sechs und sechszig Gulden vierzig Kreuzer) auswerfen.

Indessen ist es nicht genug wenn man für die Neger sorgt so lang sie zu arbeiten in Stand sind, es muß sich diese Sorgfalt und Aufmerksamkeit ebenfalls auf die Kranken erstrecken. Gewissen und eigener Vortheil, müssen uns hierzu in gleichen Grad verbinden. Ein guter Wundarzt ist aber das erste worauf man bedacht seyn muß. Wenn man nahe genug bey einem Flecken, oder dem Wohnplatze eines Wundarztes, sich enthält, daß er zu allen Stunden wenn man ihn nöthig hat, kommen kann, in

A a 5   diesem

diesem Falle braucht man eben keinen eigenen Wundarzt im Hause zu haben.

Man muß aber eine so geringe Anzahl weißer Bedienten im Hause zu haben suchen, als es sich nur immerhin will thun lassen: denn nicht zu gedenken, des ansehnlichen Zehrungsaufwandes, und des Zwangs welchem man unterworfen ist sie mit sich speisen zu lassen, geschiehet es zum öftern, daß sie mit den Negerinnen ein heimliches Verständniß unterhalten, wodurch große Unordnungen entstehen, welches bisweilen beyden das Leben kostet. Aus diesem Grunde ist es ungleich vortheilhafter sich eines auswärtigen Wundarztes zu bedienen, und die Abrede mit ihm zu treffen, allezeit Morgens und Abends sich in der Plantage einzufinden, es mögen nun Kranke dort vorhanden seyn, oder nicht, und so oft zu erscheinen, als man ihn noch außerdem im Nothfalle rufen läßt.

Die geschicktesten Wundärzte haben auf den Inseln im Winde, niemals mehr als vierhundert Franken (hundert und drey und achtzig Gulden und zwanzig Kreuzer), jährlich verlangt. Zu St. Domingo hingegen, stehen sie schon viel besser im Solde. Es wäre aber ein Versehen ihnen die Anschaffung der Arzneymittel zu überlassen, wenn sie sich schon dazu verbinden würden: denn man darf ihnen niemals trauen.

Man

Man muß vielmehr selbst eine wohl versehene Arzeneykiste im Hause haben, woraus der Wundarzt nach seiner Einsicht das benöthigte für die Kranken nehmen kann, und zwar allezeit in Gegenwart des Herrn, oder sonst einer vertrauten Person, damit ihm die Gelegenheit hierdurch benommen werde, sich derselben auch für seine übrige Kundschaft zu bedienen. Eine solche, mit allen nothwendigen Arzeneyen versehene Kiste, mag ohngefähr vierhundert Franken kosten, und kann viele Jahre lang dauern: nur muß man jährlich diejenigen Arzeneyen, welche durch die Zeit entweder ihre Kräften verloren haben, oder verbraucht worden sind, zu erneuern nicht unterlassen.

Unsere Wundärzte haben mehrentheils sonst nichts als Theriack und Gummigutte, nebst einigen aus Antimonium zubereiteten Arzeneyen, welches zwar, wie man sagt, ganz gute Arzeneymittel seyn sollen, jedoch nicht zu allen Krankheiten dienlich sind, wozu sie solche zum öftern in Ermanglung anderer Mittel, vielleicht aber mehrentheils aus Unwissenheit, anwenden. Diesem zufolge kann also die Ausgabe für den Wundarzt und die benöthigten Arzeneyen, jährlich auf fünf hundert Franken (zwey hundert und neun und zwanzig Gulden und zehen Kreuzer) angeschlagen werden.

Aus

Aus der sogleich hierbey folgenden Berech=
nung, kann indessen der ganze Kostenbetrag ei=
ner Plantage ersehen werden. Darunter sind
jedoch weder das Maniocmehl, noch das Brennöl,
und der Brandtewein, welcher im Hause selbst
verfertigt wird, mit begriffen.

Dreyßigstes Kapitel.

Kostenberechnung einer mit hundert und
zwanzig Negern versehenen Plantage. Vor=
schläge des Verfassers, den Platz zur An=
legung einer Plantage geschickt einzutheilen,
nebst verschiedenen andern, die Oeconomie
und Handlung betreffenden Nachrichten,
und Erinnerungen.

Man hat also anzusetzen, wie bereits im
vorhergehenden Kapitel ist angezeigt
worden:

Für gesalzenes Fleisch, zweytausend und
sechshundert Livres;

Für leinewand, achthundert Livres;

Für den Wundarzt und die benöthigten Ar=
zeneyen, fünfhundert Livres;

Für den eisernen Handwerkszeug, dreyhun=
dert Livres;

Für

Für die Besoldung des Raffinirers, zwölfhundert Livres;

Für seine Kost wenn er nicht freyen Tisch
hat, dreyhundert und funfzig Livres;

Der weiße Commandeur bekommt sechshundert Livres;

Der nämliche noch weiter für gesalzenes
Fleisch, sechszig Livres;

Für Seihtücher (blanchets), Alaun, Spießglaß, und was man sonst braucht, zweyhundert Livres;

Mithin belauft sich die ganze Summe aller
Unkosten, auf sechstausend, sechshundert und
zehen Livres.

Die Einnahm, sowohl vom weißen, als
ungeläuterten Zucker, und Brandtewein, belauft sich hingegen, auf vier und vierzigtausend,
sechshundert und vierzig Livres.

Wenn nun davon die eben erwähnten Unkosten abgezogen werden, welche ich so hoch angesetzt habe, als sie sich verschiedene Jahre hindurch, eines in das andere gerechnet, belaufen
möchten, wird man allemal noch eine Summe
von acht und dreyßigtausend und dreyßig Livres
Ueberschuß behalten. Insofern nun der Herr
von dieser Summe noch wegrechnet, was es
wann seine Familie und Tafel zu unterhalten
kosten, so müßte er besonders viel aufgeben lassen,

sen, wenn ihm nicht alle Jahre zehentausend
Thaler noch sollten überbleiben. Besonders
muß dieses geschehen, wenn er ein wenig von
der Haushaltungskunst verstehet, und man
Sorge trägt allerley Gattungen Geflügel, Hämmel, Ziegenböcke (cabrittes) und Schweine
zu ziehen, damit das Fleisch aus dem Schlacht-
hause, dem Metzger mit andern Viehe welches
er dagegen empfängt, möchte bezahlt werden
können.

Ein Land, dreytausend Schritte tief, und
tausend Schritte breit, ist hinreichend eine Plantage anzulegen, wovon man über ein Jahrhun-
dert lang, die eben beschriebenen Einkünfte ziehen kann. Ich wollte es aber auf nachfolgende
Art eintheilen. Vorausgesetzt, daß es mir frey
stünde den Platz nach eigenen Belieben zu erwählen, würde ich suchen, und zwar wo möglich auf jeder Seiten, einen Strom zur Gränz-
scheidung zwischen mir und meinem Nachbar zu
haben. Die ganze Breite des Erdreichs, vom
Seeufer bis auf dreyhundert Schritte tief, ließ
ich zur Savanne.

Wenn sich aber das Grundstück in Cabesterre befände, wo die Ostwinde für beständig wehen, und alle Savannen ausbrennen,
alsdann wollte ich am Seeufer einen starken
Rain von hohen Bäumen, vierzig bis funfzig
Schritte

Schritte breit, stehen lassen, um die Savanne dadurch zu decken, und für den Wind zu schützen, damit das Vieh während der größten Hitze könnte in Schatten seyn. Sollte sich aber hierzu, weil das Feld etwann schon umgerissen worden ist, keine rechte Gelegenheit finden, würde ich Birnbäume dahin pflanzen. Dieses sind die einzigen Bäume welche sich dort vermehren und den Wind aushalten. Nebst der Bequemlichkeit, daß sie den Savannen zur Bedeckung, und dem Viehe zu einem sichern Aufenthalte dienen, sind sie zu unendlich vielen Arbeiten zu gebrauchen, und wachsen überaus schnell. Sie müssen aber nach der Schnur gepflanzt, und Alleen daraus formirt werden, denn es kostet weiter nicht mehr Mühe, sie auf solche Art, als unordentlich und durcheinander zu setzen.

Sollte der Boden gegen die Mitte seiner Breite, und ein wenig oberhalb der dreyhundert Schritte welche man zur Savanne übergelassen hat, etwas erhaben seyn, so muß man diesen Platz vor allen andern erwählen, die Herrnwohnung dahin zu bauen. Sie muß aber folgendergestalt angelegt werden, daß die Hauptseite gegen das Meer stehet, oder doch wenigstens von daher sogleich ins Gesicht fällt, und der Wind nur überzwergs hintreffen kann, um nicht

nicht.unerträglich zu werden, welches allerdings
geschehen würde, wenn er gerade in die Fenster
bläßt, und man daher keines öffnen darf. Die,
sem Uebel könnte zwar durch Fenster von durch,
sichtiger Leinewand, in etwas abgeholfen wer,
den, maßen im Jahre tausend, siebenhundert
und fünf, die Glaßfenster auf den Inseln noch
nicht eingeführt waren: allein es ist allemal
höchst beschwehrlich wenn man in einem Hause
eingeschlossen leben muß, ohne die angenehme
Kühlung der Luft, besonders wo sie recht durch,
streichen kann, zu genießen.

Als das Holz auf den Inseln noch häufiger
anzutreffen war, wurden alle Häuser von
Holz gebauet. Man behauptete damals sie wa,
ren gesunder als die aufgemauerten Häuser.
Seitdem aber das Holz so stark abgenommen
hat, und sehr im Preise gestiegen ist, wurde
man anderer Meynung. Man hat daher an,
gefangen von Steinen zu bauen, und behauptet,
sich um vieler Ursachen willen besser dabey zu,
befinden.

Es sind auch in der That diese Häuser viel
sicherer, dauerhafter, und brauchen nicht so oft
ausgebessert zu werden. Dem Feuer sind sie
ebenfalls weniger unterworfen, und die Orkans
können nicht so stark beykommen und sie be,
schädigen. Die Mäuern sind durch ihre Dicke
besser

beſſer in Stand der gewaltigen Hitze, welche man ſowohl den Tag über, als zu Anfang der Nacht empfindet, und der heftigen Kälte die mit Anbruch des Tags geſpühret wird, zu widerſtehen, woraus nicht ſelten die gefährlichſten Krankheiten entſpringen. Man hat zwar in dieſen ſteinernen Häuſern mehr Gefahr vom Erdbeben zu befürchten, als in jenen aus Holz aufgeführten: allein ſie werden auf den Inſeln ſo ſelten empfunden, daß ihre Furcht vielmehr ein paniſcher Schrecken könnte genannt werden.

Am Hauſe muß ſo viel es ſich nur immerhin will thun laſſen, ein Garten befindlich ſeyn. Seitwärts, oder hinter dem Hauſe, müſſen die Speiſekammern, Kuchen und Magazine, das Reinigungs und Dörrhaus, eine ziemliche Strecke weiter davon, aber, die Zuckerfabrick und Mühle ſtehen, damit der Herr, ohne von dem Getöſe daſelbſt beunruhiget zu werden, alles, was dort vorgehet, mit Bequemlichkeit ſehen kann. Die Negerhütten müſſen jederzeit dem Wohnhauſe unter dem Winde ſtehen, weil ſie leicht in Brand gerathen könnten, und die Flamme durch den Wind zu den übrigen Gebäuen möchte geführt werden. Ungeachtet dieſe Hütten ſehr wenig zu bedeuten haben, darf man gleichwohl nicht unterlaſſen, ſie mit einer

Bb   gewiſ-

gewiſſen Ordnung, etwas von einander entfernt,
und durch einige Gaſſen abgeſondert, an einen
trockenen freyen Platz zu bauen, auch Sorge
zu tragen, daß ſie von den Negern jederzeit
reinlich gehalten werden.

Den Bezirk (parc) worinnen das Vieh
die Nacht über verſchloſſen wird, muß man jederzeit neben den Negerhütten anlegen. Vermittelſt dieſer Vorſicht müſſen ſie alle dafür ſtehen, ja es iſt ihnen ſelbſt daran gelegen zu
verhindern, daß während Nacht kein Stück
davon kann geſtohlen werden. Es iſt nämlich
gleichſam eine ausgemachte Wahrheit, daß
fremde Neger niemals in einer Plantage, ohne
Vorwiſſen und Bewilligung irgend einiger im
Hauſe befindlichen Neger einen Diebſtal begehen, mit welchen ſie hernach ihre Beute allezeit
zu theilen pflegen.

Die beſten Raine, oder Hecken, die Zuckerrohrfelder, Gärten, Viehbezirke und andere Plätze welche man zu erhalten gedenkt,
damit zu umzäunen, werden von den gemeinen
Pommeranzen, oder chineſiſchen Orangebäumen
angelegt. In Ermanglung derſelben wird das
ſogenannte unſterbliche Holz (bois immortel),
wie

wie ich solches bereits in einem Bande meiner
Reisen angezeigt habe, *) dazu genommen.

Ich habe schon vorhin gesagt, daß es besser wäre einen Strom neben seinem Grundstücke
als in der Mitte desselben zu haben, weil die
Ströme wenn sie austreten, große Verwüstun-
gen anrichten. Er mag nun aber laufen wo
er immer wolle, so muß ein Kanal ausgegraben
werden, um eine Wassermühle an den bequemsten Platz, in Ansehung ihrer Lage und der
Bewohnung des Herrnhauses, aufzuführen.
Man muß aber das Wasser dergestalt zu leiten
wissen, daß es von der Mühle, oder noch ehe
solches dahin kommt, neben den Gebäuen und
Negerhütten vorbeylauft, wo es unendlichen
Nutzen bringt.

Nichts ist aber in einer Plantage mehr zu
wünschen, denn die Gelegenheit des Wassers,
um sowohl das Feuer, wenn allenfalls etwas
dergleichen auskommen sollte, damit löschen zu
können, als auch, weil man solches in der Zuckerfabrick, im Reinigungshause, in der Wein-
essigbräuerey, Kuche, im Garten, den Neger-

B b 2 hüt-

*) Man beliebe von diesem Holze die Ueberse-
tzung des IVten Bandes der Reisen unsers Verfassers, Seite 265. und 273. 274. nachzusehen,
wo dieser Baum sehr ausführlich beschrieben
wird. Anm. des Ueberf.

hütten, ja für die Neger selbst, höchst nöthig braucht. Diese nämlich, sind alle durchaus große Liebhaber vom Waschen, und wofern sie es von ohngefähr vergessen sollten, muß man sie sehr ernstlich daran erinnern, indem solches unstrittig das meiste zur Erhaltung ihrer Gesundheit mit beyträgt.

Alle Gebäue, Gärten, Bezirke zum Vieh und was sonst noch dazu gehört, können einen Raum von dreyhundert Schritten ins Gevierte einnehmen. Wenn nun dieser aus der Mitte des ganzen Grundstückes erwählt wird, so werden sich die Zuckerrohrfelder auf beyden Seiten und oberhalb der Mühle befinden, welches eine große Bequemlichkeit ist, sowohl in Ansehung der Fuhren, als des Wegs den die Neger bis zu ihrem Arbeitsplatze zu machen haben.

Das mit Zuckerrohren besetzte Feld, mag ohngefähr auf jeder Seiten der Plantage, drey hundert und funfzig Schritte breit, und dreyhundert Schritte tief seyn, welches zusammen ein und vierzig Felder, jedes zu hundert Schritten gerechnet, betragen kann. Wenn wir nun oberhalb der Plantage, noch ein anderes Feld, vierhundert Schritte tief, mitten in der völligen Breite des Grundstücks, von tausend Schritten annehmen, so erhalten wir abermals vierzig

Bee-

Breter, von hundert Schritten ins Viereck, welche ein und funfzig Quadraten, jedes zu hundert Schritten, ausmachen. Dieses nun wird hinreichend seyn, jährlich mehr als hundert Zuckerformen einzutragen, wenn man die Zuckerrohre in einem Alter von funfzehen bis sechszehen Monathen hierzu nimmt.

Man irrt sich aber, wenn man glaubt, als würde durch Zertheilung der Kräfte, in zwo Zuckerfabricken mehr gearbeitet, denn in einer einzigen auf dem nämlichen Grundstücke. Diesen Entschluß darf man aber nicht ehender fassen, als bis man sich schlechterdings hierzu genöthigt siehet: da entweder die Lage des Platzes nicht erlaubt die Zuckerrohre bequem in die Mühle zu führen, oder wenn man so viel Land und eine solche Menge Sclaven hat, daß man in Stand ist, ein paar große Plantagen auf einmal gehörig versehen zu lassen, und auf beyde ein gleich wachsames Aug zu richten.

Wenn uns nun diese beyden Ursachen nicht nöthigen die Kräfte zu theilen, so ist es viel besser sie vereinigt zu lassen, und lieber eine desto grössere Anzahl Kessel in der nämlichen Zuckersiederey zu unterhalten. Wenn eine Wassermühle nicht hinreicht solche zu versehen, welches wohl ziemlich schwer halten möchte, ist es ungleich dienlicher neben der ersten eine

Pferd-

Pferdmühle zu haben, wenn das seichte Was=
ser im Strome nicht erlaubt noch eine andere
Wassermühle gehen zu lassen, damit der Zucker
in einer Zuckerfabrick möchte verfertigt werden,
und der nämliche Raffinirer über alles die Auf=
sicht führen, mithin der Herr die ganze Beschaf=
fenheit seines Hauswesens auf einmal überse=
hen könne.

Außer dem Manioc und Pataten welche in
den Gängen stehen, wodurch die Zuckerrohr=
felder von einander abgesondert werden, muß
für diese beyden Artickel, für den Hirs, die
Ignames, das Hülsenkraut (herbe à cosses)
und andere Bedürfnisse, noch viel Land über
die Zuckerrohre bestimmt werden. Das Holz
welches noch stehet, soll man so viel es nur immer
möglich ist schonen, und sich erinnern, daß man
das Ende, wenn man auch noch einen so gro=
ßen Ueberfluß daran hat, allezeit zu bald
siehet.

So wie man das Brennholz abhauet, darf
man ja nicht unterlassen den Boden welcher zu
einer Cacaopflanzung tauglich ist, hierzu anzu=
wenden. Aus dem was ich mir vorbehalte im
letzten Bande meiner Reisen, vom Cacao zu
sagen, wird man einsehen was für ein Gewinn
aus diesem Waarenartickel kann gezogen werden,
und wie leicht solcher zu verfertigen ist.

Ein

Ein Pflanzer kann also in einer solchen
Plantage wie ich hier voraussetze, wenn er seine
bereits habende Anzahl von Sclaven noch mit
funfzehen oder zwanzig Personen vermehret,
hunderttausend Cacaobäume unterhalten, und
dadurch seine Einkünfte jährlich um vierzigtau:
send Franken erhöhen. Dieses geschiehet, wenn
wir auch annehmen, daß von diesen hundert:
tausend Baumstämmen, in einander gerechnet,
ein jeder nur etwas weniges über ein Pfund tra:
gen sollte, und das Pfund Cacao nicht höher
als um sieben bis acht Sous (zehen bis eilf
Kreuzer) könnte verkauft werden.

Wenn man sich etwann darüber wundern
sollte, daß ich so viel Platz zu Savannen frey
gelassen habe, wird man sich zu erinnern be:
lieben, daß, um eine Plantage wie ich solche an:
genommen habe, gehörig zu versehen, wenig:
stens vier Karren erfodert werden, wovon ein
jeder acht Ochsen braucht: daß es ferner dienli:
cher sey, anstatt der oben erwähnten sechs Och:
sen zum ablößen, für jeden Karren noch einen
ganzen Anspann zu haben, welches zusammen
acht und vierzig Stück Ochsen austragen wür:
de. Außerdem sind ohngefähr zwanzig Stück
trächtige Kühe, nebst ihren Kälbern, kaum zu
entrathen, sowohl um Milch zu bekommen,
als die Ochsen weiche sterben, oder dem Flei:

scher

scher gegeben werden, dadurch wieder zu erse=
tzen. Man wird also hundert Stück Horn=
vieh zusammen bringen, welche man von dem
täglichen Ertrage dieser Savannen zu ernäh=
ren hat.

Bey einer Pferdmühle, hat man noch ei=
ne frische Anzahl Mäuler zu ernähren. Man
braucht aber wenigstens vier und zwanzig Pfer=
de, nebst fünf bis sechs Stücken zum abwech=
seln, einige Stuten und ihre Fohlen. Auf
solche Art wird man abermals funfzig Pferde
erhalten, welche mehr verzehren, als hundert
Stück Hornvieh, indem letztere nur einen Theil
des Tags, jene hingegen Tag und Nacht fressen.

Noch weiters muß man bedacht darauf neh=
men eine Heerde Hämmel und Ziegen zu unter=
halten, sonst hat man große Ausgaben, und
wird noch dazu übel bedient. Gleichwohl ist
hierbey zu beobachten, daß man um diese Sa=
vannen in guten Stand zu erhalten, die Häm=
mel nicht darauf weiden darf lassen: denn da
sie das Graß wie gewöhnlich bis auf die Wur=
zel abfressen, kann solches nicht mehr nach=
schieben, sondern wird noch überdieses von ihrem
Kothe verbrannt und muß verdorren. Man
muß sie also auf dem abschüßigen Seeufer wei=
den lassen, wo ein kurzes, dürres und gesalze=
nes Graß wächst. Dieses Graß ist ihnen un=
gleich

gleich dienlicher, mästet sie stärker, und macht ihr Fleisch niedlicher und saftiger im Geschmacke, als wenn sie auf die beste Savanne getrieben würden.

Endlich muß man auch besorgt seyn, die Savannen, wenn man solche anderst in guten Stand erhalten will, vom Unkraute reinigen zu lassen. Das Vieh streuet nämlich, indem es darauf weidet, allenthalben die Samenkörner der Früchte aus, welche es abfrißt, besonders aber von den Gonaven. Nicht weniger schädlich für die Savannen, sind auch die Coloquinten, eine Gattung wilder und bitterer Kürbisse, und noch viel anderes Unkraut und Gesträuch, welches das gute Gras bedeckt und erstickt, wenn man nicht dahin trachtet solches zum öftern auszujäten.

Ein Pflanzer der sein Gut gehörig benutzen will, kann sich nicht fest genug vornehmen, alles mit eigenen Augen zu sehen, ohne sich ganz allein auf seine Commandeurs oder Verwalter hierinnen zu verlassen. Er soll niemals zu vielerley unterschiedene Arbeiten auf einmal anfangen, sondern eines nach dem andern verrichten lassen. Seiner Arbeit muß er jederzeit zuvorkommen, das heißt, dieselbe lang vorher überlegen, ehe er solche ausführen läßt, sie auch nicht unvollendet liegen lassen und einem neuen

Bb 5 Ge

Geschäfte nachgehen, weil unterdeſſen die erſte
Arbeit verdorben würde, und man alſo wieder
von friſchen anfangen müßte. Dieſer Zeitver-
luſt iſt unerſetzlich und hat gefährliche Folgen.

Er ſoll auch die Arbeit niemals übertrei-
ben: indem es viel beſſer iſt ſich an einer mäßigen und gelinden, jedoch anhaltenden Arbeit
begnügen zu laſſen, als ſolche mit Gewalt er-
nöthigen zu wollen, wobey Sclaven und Vieh
abgemattet werden, und man ſich zuletzt gezwungen ſieht aufzuhören. Durch ein kluges
und regelmäßiges Verhalten, findet ſich wenn
das Jahr herum iſt, eine Menge Arbeit vol-
lendet, und ſeine Sclaven und Vieh ſind in
Stand darinnen fortzufahren. Vor allen
Dingen muß er ſich erinnern, daß er ein Vater
ſeiner Sclaven und ein Chriſt iſt. Beyde
Eigenſchaften ſollen ihm gerechte, billige, ſanft-
müthige und glimpfliche Empfindungen gegen
ſie einflößen: er ſoll alſo niemals mit Gewalt,
oder durch ſtrenge Züchtigung etwas von ihnen
zu erzwingen ſuchen, wenn es mit Sanftmuth
geſchehen kann. Ganz beſonders und unausge-
ſetzt, muß er für ihre Unterrichtung im Chriſten-
thume und für das Heil ihrer Seele ſorgen:
alsdann aber auch ihre leibliche Nahrung und
Erhaltung nicht vergeſſen, ſie mögen nun alt

oder jung, krank oder gesund seyn, und noch
arbeiten können, oder nicht.

So viel es sich nur immer will thun lassen,
muß er seine Plantage mit dem benöthigten Vor=
rathe zu rechter Zeit versehen, das heißt, wenn
viele Schiffe zugegen sind, und man diese Sa=
chen um einen billigen Preis haben kann. Was
dem Verderben auf der See nicht ausgesetzt ist,
muß er aus Frankreich kommen lassen: wie zum
Beyspiele, Mehl, Leinewand, allerley Hand=
werkszeug von Eisen, Specerey,waaren, Seih=
tücher, Schuhe, Hüte, und andere unentbehr=
liche Dinge für sein Haus und Plantage; ja
sogar Butter, Lichter, Wachs, und Arzeney=
mittel. Nachdem Kriegs oder Friedenszeit,
und die Schiffsfracht theuer oder wohlfeil ist,
soll er auch eingesalzenes Fleisch, als Rindfleisch,
Speck und anders dergleichen mehr, bringen lassen.

Was aber Wein, Brandtewein, Oel, und
andere gebrannte Wasser anlangt, setzt er sich
lieber der Gefahr aus, solche etwas theurer auf
den Inseln zu kaufen, als solche für seine eigene
Rechnung von Frankreich kommen zu lassen, es
sey denn er müsse selbst Theilhaber eines Schiffes
seyn. In diesem Falle würde man nämlich et=
was mehr versichert seyn können, daß die einge=
schifften Waaren besser erhalten werden. Die=
ses ist aber keine Sache für Plantageinhaber,
sich

sich mit Schiffsladungen einzulassen. Ich habe
deren viele gekannt, welche von ihrer unmäßigen
Begierde hierzu angetrieben wurden, und es alle
insgesammt hernach bereuet hatten: denn, anstatt etwas dabey zu gewinnen, haben sie nicht
allein ihr Capital, sondern zum öftern auch noch
etwas mehr verloren.

Es giebt sehr wenige Keller auf den Inseln,
und die geringe Anzahl welche man hat, ist noch
überdieses gar nichts nuß. Besser ist es also,
wenn man sich hierzu solcher Gewölber (cel-
liers) bedient, welche auf der Windseite kleine
Fenster haben um Kühlung darinnen zu erhalten, und der Mittagssonne nicht ausgesetzt sind.
Sollte man aber dergleichen Bequemlichkeit nicht
haben, alsdann verwahrt man lieber in einem
obern Zimmer des Hauses den Wein in Flaschen:
hier bleibt er vollkommen gut, wenn nur die
Sonne ihre Stralen nicht darauf werfen kann,
sondern Luft und Wind durchstreichen können.

Die französischen Weine wollen sich ohnehin
nicht in Fässern aufbewahren lassen. Jene hingegen aus Spanien, der Insel Madera, und
den Canarischen Eylanden, lassen sich so lang
darinnen aufheben als man nur will, wenn man
nur Sorge trägt die Tonnen jederzeit voll zu erhalten. Beyde Arten von Weinen laufen nicht die
mindeste Gefahr zu verderben, wenn man sie nur

in

in die großen, weitbauchigten, und mit Rohr
umflochtenen Provenzalerflaschen füllt, dames-
jeannes oder jaunes genannt. Diese Flaschen können sechs bis sechszehen oder achtzehen
Kannen Pariser Maaß fassen.

In Bretagne werden dergleichen Flaschen
verfertigt, welche zwar etwas weniger halten,
dagegen aber ein viel dickeres und stärkeres Glas
haben. Man bedient sich derselben die großen
Provenzalerflaschen in diese abzuziehen: indem
es keinesweges rathsam ist solche anzubrechen,
ohne sie vollkommen in kleinere Flaschen auszuleeren, welche recht voll gemacht und gut verstopft werden, und worinnen diese Getränke
niemals umschlagen. Auf solche Art verfahren
die Engelländer, welche man in allem was Getränke anlangt, als vortreffliche Muster anzusehen hat. Denn da sie sich mit einem ganz
besondern Fleiße auf diese ihnen so nahe ange-
hende Sache gelegt haben, so erlangten sie auch
hierinnen die vortrefflichsten und ausgebreitesten
Kenntnisse.

Wenn man einen Vorrath von Rindfleisch
und Speck in Fässern hat, so ist es nöthig um
sie zu erhalten eine gute Salzbrühe darüber zu
machen. Diese muß beständig aufgefüllt werden, je nachdem man wahrnimmt, daß sich die
schon daran befindliche verliert und ausdampft.

Der

Der letzte Rath endlich welchen ich einem
Pflanzer zu geben habe, bestehet darinnen, daß
er seinen Zucker und andere Waaren, für baares Geld, oder wohl versicherte Wechselbriefe
soll zu verkaufen suchen, und was er hingegen
kauft, bloß mit Zucker, oder andern in ihrer
Plantage erzeugten Artickeln bezahlen. Dieses
ist das wahre Geheimniß reich zu werden. Hierdurch nämlich wird er den Absatz seiner Waaren
sicher befördern. Er hat also offenbar mehr
Vortheil, gegen baare Zahlung etwas vom gewöhnlichen Preise nachzulassen, als zu genau
darauf zu halten, mit Gefahr die beste Ver-
kaufszeit in Hoffnung alsdann theurer zu verkaufen, vorbeystreichen zu lassen. Nicht weniger ist es besser um baar Geld, oder gegen Wechselbriefe, auf den Inseln zu verkaufen, als seine
Waaren nach Frankreich zu senden: weil Fracht-
kosten, Einfuhrzoll, Thara, Fässer, Compa-
gnieabgaben, Niederlagszins, Ankergeld und
Commissionsgebühren, den besten Theil des
Gewinnstes, und bisweilen auch sogar die Haupt-
summe wegnehmen, und den Eigenthümer lange
Zeit über das Schicksal seiner Waaren in Sorgen lassen.

Es treibt mich aber noch ein anderer Beweggrund an, einem Pflanzer zu rathen, jederzeit im Verkaufe auf baares Geld oder Wechselbriefe

briefe zu sehen, und seine Zahlungen dagegen
mit andern Waaren zu leisten. Weil er nämlich allezeit in seiner Plantage so viel Waaren
kann machen lassen, als es ihm nur beliebt, oder
doch wenigstens seine Grundstücke erlauben.
Dagegen aber stehet es nicht in seiner Gewalt
Geld zu lösen, welches doch die nützlichste Sache von der Welt ist, da man solches nach Gefallen, in Landgüter, Aemter, Capitalien,
Häuser und andere Niederlassungen verwandeln
kann, welches aber bey einem mit Zucker angefüllten Magazine nicht so leicht statt findet.

Dieses wäre ohngefähr alles was sich über
die Verfertigung des Zuckers sagen läßt, oder
ich wenigstens während meiner beynahe zehen-
jährigen Verwaltung unserer Missionsgüter,
selbst habe in Erfahrung bringen können. Da
sie nun hauptsächlich Zucker, Cacao, Baumwolle, und andere Landesproducte hervorbringen, so wie hingegen jene in den übrigen Welttheilen, aus Getrayd, Wein, Oel und Früchten bestehen, wäre es höchst unbillig uns deswegen für Kaufleute auszuschreyen, weil wir
unsern überflüssigen Vorrath, an Getrayd, Wein
und Oel veräussern, um dagegen einzukaufen
was uns abgehet. Eben so überlasse ich es dem
Urtheile vernünftiger Personen, ob es nicht die
größte Ungerechtigkeit wäre, die Religiosen zu
be-

beschuldigen als trieben sie Handlung, da sie ihren Zucker verkaufen, um sich Brod, Wein, Leinewand, Zeuge und andere Dinge welche ihre liegenden Gründe nicht hervorbringen, dafür anzuschaffen.

Ende dieser Abhandlung vom Zuckerbaue.

Anweisung für den Buchbinder wohin die Kupfertafeln zu setzen sind.

Tab. 1. kommt dem Tittelblatte gegen über zu stehen. Tab. 2. zu Seite 56. Tab. 3. zu S. 69. Tab. 4. zu Seite 65.   Tab. 5. zu S. 126. Tab. 6. zu S. 121.   Tab. 7. zu S. 112. Tab. 8. zu S. 119.   Tab. 9. zu S. 134. Tab. 10. zu S. 162.   Tab. 11. zu S. 164. Tab. 12. zu S. 235.

Der Raspische Verlagscatalogus muß abgeschnitten und zu Ende des Registers festgemacht werden.

Register

aller in diesem Buche enthaltenen Merkwürdigkeiten.

Ablieferung eines Zuckervorrathes an die Kaufleute, was hierbey zu beobachten ist. S. 326 : 327

Abschnitt, frischer, des Rohrs, kann durch die
Blätter sehr wenig für der Sonnenhitze bedeckt
werden. 38

Absteckeisen, dessen Figur und Gebrauch. 186

Abwaschung der Mühlen, durch wen, und wie
oft solche geschieht S. 111. — ist höchst nöthig, verursacht aber großen Aufenthalt. 112

Abziehung des Tharagewichts der Fässer, wie
solches beym weißen und ungeläuterten Zucker
geschiehet. 326 : 27

Alter der Zuckerrohre, hierauf soll nicht beym
Abschneiden derselben gesehen werden. S. 36
— von welcher Zeit an solches zu rechnen ist. 37

Anfang der Spanischen und Portugiesischen Zuckersiedereyen, in welches Jahr solcher zu setzen
ist. 10

Anspann von Ochsen, welcher zu vier Karren
erfodert wird. S. 391 — Von Pferden in
einer Pferdmühle. 392

Antillen, woher solche diese Benennung haben. 5

Anzahl der Zuckerplantagen wird auf den Inseln täglich grösser. 11

Ar-

Register.

Arbeit in der Mühle, wird größtentheils von Weibsbildern verrichtet. S. 359. — halten sich die Mannspersonen für eine Schande. Ebendaselbst — ist ein Mittel die faulen Neger fleißig zu machen. S. 359. 360

— in einer Zuckermühle ist außerordentlich hart und streng. S. 102. — darf mit keiner andern verglichen werden. S. 102. 3. — im Garten zu welcher Zeit solche geendigt wird. 107. 8

Arzeneykiste, eine wohl versehene muß jederzeit in einer Plantage vorhanden seyn. S. 379

— Was solche ohngefähr kostet. Ebend.

Arzeneyen, der französischen Wundärzte auf den Inseln, woraus sie mehrentheils bestehen. 379

Art, die in frisch umgerissene Felder gepflanzten Zuckerrohre zu behandeln. S. 21. 22. — beste, die Zuckerrohre einzusetzen, und zu pflanzen. 28. 30

Art des Verfassers, seine Neger und Negerinnen nebst ihren Kindern zu ernähren. 104. 5

Arten von Zucker, wie viele deren gezählt werden. 188. 190

Asche, welche zur Reinigungslauge des Zuckers kommt, von welchem Holze sie gebrannt wird. 172. 73

Auflegung der Thonerde auf den Zucker, wenn solche geschiehet. S. 250. — wiederholte, was solche nutzt. S. 253. — zu welcher Zeit solche das anderemal geschehen muß. S. 254 — wird von den Raffinirern zum Schaden des Pflanzers erneuert. 254. 56

Auf=

Register.

Aufwand welcher erfodert wird, hundert und zwanzig Neger in allen Nothwendigkeiten zu unterhalten. S. 366-371. — Was für Misbräuche dabey vorgehen. 371-75

Auszehrung, entstehet aus allzuhäufigen Genuße der Ratten, Schlangen und Eydechsen. 42

Bagacen, was hierunter verstanden wird. S. 92 — wozu solche eigentlich gebraucht werden. 94-96

Barbados Insel, um welche Zeit daselbst Zucker ist gemacht worden. 11

Basseterre, warum die Felder daselbst bessere Zuckerrohre als zu Cabesterre tragen. 315-16

Bearbeitung die letzte der Zuckerrohre, worinnen sie eigentlich bestehet. 34

Begebenheit, lustige, welche sich zu Martinicke mit den Schweinen einer gewissen Nachbarinn des Verfassers zuträgt. S. 47-50. — des Verfassers mit einem Raffinirer. 301-3

Benzo, Hieronymus, Nachricht von seiner Person und Schriften. S. 4. Anmerk.

Beschaffenheit der Jahrszeit, des Erdreichs, der Zuckerrohre, und der Geräthschaften, was solches für Einfluß auf die Verfertigung des Zuckers hat. 315-16

Beschreibung der Windmühlen deren man sich in Portugal zum Getraydtmahlen bedient. S. 65-68. — der Zuckermühlen, welche von Pferden oder Ochsen getrieben werden. S. 69-90. — der Wassermühlen und ihrer Bauart. 126-132

Cc 2   Be-

Register.

Besen womit die Zuckerkessel ausgeputzt werden, woraus sie bestehen. S. 166. — den Staub vom Zucker abzulehren wie solche beschaffen sind. S. 253

Bestrafung der Neger in Guadeloupe welche die Zuckerrohre stehlen macht großes Aufsehen. S. 52. — wird vom Statthalter übel empfunden, durch den Verfasser hingegen in einen Scherz verwandelt. 52. 53

Betrachtungen des Verfassers über die Zeit wenn die Zuckerrohre sollen abgeschnitten werden. 35. 41

Betrügerey und **Verfälschung** des ungeläuterten Zuckers, wie solche an besten kann entdeckt werden. S. 200. 203. — welche mit Einfüllung des ungeläuterten Zuckers in die Fässer vorgehet, ist schwer zu ergründen. 207. 8

Betrügerey, ungewöhnliche, welche mit dem ungeläuterten Zucker vorgehet. S. 212. 13 — wodurch solche erkannt wird. 214 — mit dem Schaumzucker. S. 285. — der Raffinirer. S. 297. 300. 302. 3. — mit dem gestampften Zucker, und Mittel solche zu erkennen. 311. 13

Bezirk worinnen das Vieh die Nacht hindurch verschlossen wird, weshalben solcher neben den Negerhütten muß angelegt werden. 386

Blätter am Zuckerrohre, wie solche aussehen. S. 13 — kommen nur oben an der Spitze des Rohrs zum Vorscheine. Ebend. — an

den

den Knoten des Rohrs und was ihr Abfallen
andeutet. S. 15. 16

Blüte des Zuckerrohres, worinn sie eigentlich
bestehet. 56

Bodenmachen der Zuckerformen, was darunter
versta den wird, und auf welche Art es geschiehet. 243

Böden der Zuckerfässer werden verwechselt.
S. 210 — was für Holz dazu genommen
wird. 210

Brandtewein wie viel wöchentlich in einer Zuk-
kerfabrick kann verfertigt werden. S. 337.
— wie hoch die Maaß davon verkauft wird.
Ebend. — womit man ihm einen bessern Geschmack geben kann. 338

Brandteweinmanufactur, wie viel solche
jährlich abwirft S. 338 — ist überaus vortheilhaft. Ebend.

Brechstänglein, eisernes, damit werden die
Zuckerformen untersucht. 242

Brettschneider und Zimmerleute, sind in einer Plantage höchstnothwendig. S. 352. —
Wie viele Dillen ihrer zween wöchentlich müssen fertig machen können. 353

Cabesterre, warum daselbst harte und wässerigte
Zuckerrohre wachsen. 95

Cacaopflanzung, was solche jährlich abwerfen
kann. 390. 391

Cailus, Verfasser der natürlichen Geschichte des
Cacao und Zuckers, wo er den Ursprung der

Ee 3 Zu-

Zuckerrohre herleitet S. 3. — Nachricht von
seinem Werke. S. 2. Anmerk.

Canots, hölzerne, ihre Form und wozu man
solche braucht.   S. 185. 186
— worinnen der Zucker gestoßen wird, wie solche beschaffen seyn müssen. S. 264. — im
Distillirhause, warum die von Holz besser als
jene von Mauerwerk sind. S. 334. 35. — wie
weit solche mit Wasser und Zuckersaft, oder
Schaum angefüllt werden.   334. 35

Cassonade, Ursprung und eigentliche Bedeutung dieses Worts S. 314. — Dieser Namen ist dem Zucker von den Inseln ebenfalls
geblieben. Ebend.

Cassonadezucker, weißer, wird für Königszucker verkauft. S. 311 — was für eine Gattung von Zucker man eigentlich darunter verstehet. S. 314 — warum, und von wem er
diese Benennung hat.   Ebend.

Commandeur muß alle Abend eine hinlängliche
Anzahl von Maniocpflanzen ausreißen lassen.
S. 361. — worinnen seine Pflichten und
Verrichtungen eigentlich bestehen. S. 362. 64
— darf in Gegenwart anderer Sclaven niemals ausgescholten werden. S. 364. — hat
den Bedienten im Hause nichts zu befehlen. 365
— weißer, soll schon bejahrt seyn. S. 364. —
muß dem Raffinirer seine nächtliche Arbeit erleichtern helfen. S. 364. — muß, sobald er
mit den Negerinnen einigen verbottenen Umgang hat, gleich verabschiedet werden.   365

Register.

Cornelius von Jerusalem, ein lutherischer Raffinirer aus Hamburg gebürtig, wird von Labat in Dienste genommen. S. 298. 299.
— machte den schönsten Zucker den man nur sehen konnte. S. 299

Distillirhaus, muß allezeit nahe bey der Zuckerfabrick stehen. S. 333. — dessen Bauart und innere Einrichtung. Ebend. — seine Geräthschaften. S. 333/34. — soll von keinem Neger dörfen betretten werden. 345

Dörrhütte, wo sie stehen soll. S. 236. — ihre äußerliche Figur und inwendige Einrichtung S. 258/62. — muß hinter dem Hause oder Seitwärts stehen. 385

Durchschlagküste, ihre Form und Gebrauch. 166/67

Durchziehen, das, der Bagacen in der Zuckermühle ist nur eine Arbeit der schwächsten Neger. S. 360. — wird bisweilen den faulen Negern zur Strafe auferlegt. Ebend.

Eigenschaften, gute, der fremden Raffinirer. S. 298/99. — schlimme, der Raffinirer, welche Franzosen, besonders aber Creollen sind. 299/300

Eigenthümer der vom Labat gezüchtigten Neger beschweren sich darüber beym Statthalter. 52

Einkünfte einer Zuckerfabrick, wie hoch solche jährlich anzusetzen sind. S. 320. — sind stär-

Cc 4 ket

ter wenn man weißen als ungeläuterten Zucker verfertigt.   S. 324

Eintheilung gewöhnliche der Neger zur Arbeit
wird verworfen. S. 108. — deren sich Labat
bedient, worinnen ihre Vorzüge bestehen.   110
— der Zuckerfelder in verschiedene Stücke ist vortheilhaft. S. 25, 28. — dieser Stücke nach
der Schnur ist zwar etwas mühsamer, dagegen aber bequemer und nützlicher.   29, 36

Eitelkeit lächerliche, der Neger, wenn sie ein
Handwerk verstehen.   357

Engelländer haben zuerst auf der Insel St.
Christoph Zucker gemacht. S. 11. — lassen
ihre entlaufenen Neger und andere Indianer
auf eine grausame Art durch die Zuckermühle
zerquetschen.   100
— dörfen ihren Zucker in Amerika nicht bleichen.
S. 275. — machen besonders schönen Zucker
zu Jamaica, und auf welche Art. Ebendas.
— haben zu Guadeloupe alle Zuckerfabricken
verbrannt. S. 355. — sind vortreffliche Muster in allen was Getränke anlangt.   397
— und Franzosen, in welchen Jahren sich solche zuerst zwischen den Wendezirkeln niedergelassen haben. S. 11. — legten sich Anfangs
bloß auf den Toback, Indigo und Baumwol-
lenbau.   Ebend.

Erdbeben ist in steinernen Häusern mehr zu befürchten. S. 385. — wird selten auf den Inseln empfunden.   Ebend.

Erd-

Register.

Erdreich, das schicklichste zu den Rohren. S. 16
— fettes und starkes, was es für Zuckerrohre hervorbringt. Ebendas. — frisches und feuchtes, bringt viel Unkraut und Liannen hervor. 33
— zu Martinicke, trägt mehr Zucker als jenes zu Guadeloupe. 322

Erhöhung des Einfuhrzolles in Frankreich vom weißen Zucker, wer solche bewirkt hat, und was darauf erfolgt ist. 220·221

Ertrag einer Zuckerfabrick, wie solcher zu berechnen ist. S. 317·20. — wird mit andern Ländereyen verglichen. 320

Faßbinder, sind in denjenigen Zuckerfabricken wo weißer Zucker verfertigt wird, höchst unentbehrlich. S. 328. — können in einer Plantage nicht entrathen werden. S. 347 — worinnen ihre übrigen Verrichtungen eigentlich bestehen. S. 347·48. — zween, was sie täglich fertig machen, und verdienen können. S. 348·49. — wie viele Tonnen einer jährlich liefern kann. 349

Faßböden, wie solche befestigt werden, damit sie vom Stoßen nicht herausfallen. S. 266·67. — werden aus einem stärkern Holze gemacht als die Dauben. S. 329. — warum man solche leichter spaltet als durchsägt. 330

Fäßchen, worinnen die Lauge angesetzt wird, wie solches muß beschaffen seyn. 169

Ee 5 Fäs-

Regiſter.

Fäſſer zum ungeläuterten Zucker, woher man ſolche bringt. S. 206. — werden erſt auf den
Inſeln, und zwar ſchlecht zuſammengeſetzt. 207
— in welche der ungeläuterte Zucker gefüllt wird,
wie ſolche bezeichnet werden. S. 264.65.
— werden von den Kaufleuten mehrentheils
wieder zuruckgegeben. S. 327. — aus welchem Holze man ſolche verfertiget. 327.28
— worinnen rother Wein geweſen iſt, theilen
den weißen Zucker ihre Farbe mit. 331.32
Felder welche keinen tiefen Grund haben, tragen
nichts als kleine Zuckerrohre mit Schloten S. 16
— niedrige und ſumpfigte was ſolche für Zuckerrohre tragen. 18
— rothe und ſtarke, tragen ſchon lange und dicke
Zuckerrohre. Ebend.
— im Holze oder auf Bergen, warum ſolche
nichts als dicke, wäſſerigte, grüne, und nicht
ſehr zuckerreiche Rohre tragen. S. 20. —
welche erſt reif ſind umgeriſſen werden, was
ſolche für Zuckerrohre hervorbringen. Ebend.
— wie ſolche müſſen zugerichtet und eingetheilt
werden ehe man Zucker hineinpflanzt. 24.30
Feldſchritt iſt zu Martinicke gröſſer als zu Guadeloupe. 322
Fenſter im Reinigungshauſe, warum ſolche müſſen zugeſchloſſen werden. S. 250.54. — wenn
man ſie wieder öffnet. 257
Fleiſchwarzen der Ochſen unter der Zunge müſſen
ausgeſchnitten werden. S. 346. — hindern
ſolche an Freſſen, daß ſie mager werden. Ebend.

Fran-

Register.

Franzosen finden bey ihrer ersten Niederlassung zu St. Christoph, Guadeloupe und Martinicke wilde Zuckerrohre. 9

— haben erst nach den Engelländern angefangen zu St. Christoph Zucker zu machen. 11

Gage, Thomas, was er von den Zuckerrohren berichtet. S. 5. — Nachricht von ihm und seinen Schriften. Ebend. Anmerk.

Garten, was hierunter in der Zuckerplantage verstanden wird. S. 103. — soll sich an jedem Wohnhause befinden. S. 385. — hat großen Nutzen von einem vorbeylaufenden Wasser. 387

Geld, kann eher in alles verwandelt werden, als ein Magazin voll Zucker. S. 399. — ist die nützlichste Sache von der Welt. Ebend.

Geräthschaften einer Zuckersiederey, worinnen solche eigentlich bestehen. 162

Geruch, brandigter, des mit Gips vermengten Zuckers. S. 202. — brandigter des Syrupzuckers kann nicht ganz vertrieben werden. 291

Gestampfter Zucker, wer solchen erfunden hat. S. 309, 10. woraus, und auf welche Art er verfertigt wird. S. 310, 11. — wird nach dem Fuße des Königszuckers verkauft. S. 311 — seine schlechte Beschaffenheit, und wie er zu erkennen ist. 311, 12.

Gewicht eisernes, warum solches dem bleiernen vorzuziehen ist. 325, 26

Ge-

Register.

Gewicht, reines des Zuckers, wie man solches findt. S. 326. — mit dem Preise des Centners multiplicirt, giebt den ganzen Betrag der Waare.   S. 327

Gewinn vom Syropzucker ist sehr ansehnlich. S. 280. — aus einer Zuckerplantage was solcher beträgt.   317-320

Gewölber deren man sich auf den Inseln anstatt der Keller bedient, wie solche müssen beschaffen seyn.   396

Gewohnheit üble der Neger welche die angespannten Pferde in der Mühle herumtreiben.   115

Gips wird von einigen unter den Zucker gemengt. S. 200. — woraus solches zu erkennen ist.
                                              201-3

Grausamkeit der Engelländer gegen die entlaufenen Neger.   100

Gruben zum einsetzen der Zuckerrohrstücke, wie solche müssen gemacht werden.   30

Gründe des Verfassers warum es vorträglicher ist, die in frische Felder gepflanzten Zuckerrohre sogleich nach sechs Monathen abzuschneiden.
                                            22-23

Guadeloupe, in welchem Jahre der erste Zucker daselbst verfertigt wurde.   11

Hämmel und Ziegen sind in einer Plantage sehr nothwendig. S. 392. — darf man auf keiner Savanne weiden lassen. S. 392. — welches Graß au besten für sie taugt.   392-93

Häu-

Register.

Häuser auf den Inseln waren ehedessen alle von Holz. S. 384. — hölzerne wurden für gesunder als jene von Stein gehalten. Ebendas. — werden jetzo von Stein gebauet. Ebend. — steinerne worinnen ihre Vorzüge bestehen.   384·85

Handel sonderbarer des Verfassers mit einem Schiffshauptmanne von Nantes, wie solcher endlich abläuft.   286·91

Handwerksleute, warum solche ein Schatz zu nennen sind. S. 356. — müssen bisweilen beschenkt werden.   356

Hebichet, oder Zuckersieb, wovon es verfertigt wird. S. 266. — davon muß auf jeder Tonne eines stehen und herumgedrehet werden.
                          Ebend.

Hecken oder Raine, aus welcher Gattung von Bäumen solche an besten angelegt werden. 386·87

Helm, kupferner, des Kessels im Distillirhause, dessen Größe, und Materie. S. 335·36. — muß verzinnt seyn.   336

Hennepin, Pater, hat Zuckerrohre beym Ausflusse des Mississipistromes angetroffen.   8

Holzhacker, wie viele man braucht das benöthigte Brennholz zu fällen. S. 360. — ihre weitere Verrichtungen, worinnen sie bestehen. 361

Hölzstämme, werden schneller durch Absägung der beyden Schwarten, als mit dem Beile abgeglichet.   353·54

Hovel, de Varennes, wie viel seine Zuckerplantage jährlich abwarf.   320

                          Hun·

Register.

Hunde auf den Inseln werden abgerichtet die Ratten zu fangen. S. 46

Jahreszeit und Witterung, die bequemste, zum Abschneiden der Zuckerrohre. 36·41

Indianer sind die Lehrer der Spanier und Portugiesen in der Kunst den Zucker zu verfertigen. 10

Instrumente, deren man sich bedient die Zuckerfässer mit Reifen zu belegen. 182

Irrthum der Einwohner wegen der Zeit wenn die Zuckerrohre sollen abgeschnitten werden. S. 35
— hat üble Folgen. Ebend.
— in Ansehung des Einkochens vom Zucker. S. 297. — woher solcher entsprungen ist. Ebend.

Kalkwasser den Vesou zu reinigen, wie solches verfertigt wird. 199

Kandyszucker wie, und woraus solcher verfertigt wird. S. 312. — womit man solchen roth färbt, und wohlriechend macht. 313·14

Karren, ihre Anzahl in einer Zuckerfabrick, und wozu man solche eigentlich gebraucht. S. 345.
— wie viele Neger und Ochsen dazu gehören. S. 345·46. — vier in einer Plantage, was für Anspann dazu erfodert wird. 301

Karrenführer, ihre Pflichten und Verrichtungen. 346·47

Katzen, werden von den Negern weggefangt und gefressen. S. 46. — macht das sanfte Klima auf den Inseln träg. Ebend.

Kauf-

Kaufleute, worauf sie bey dem ungeläuterten Zucker vorzüglich sehen. S. 200. — haben selten hinlängliche Einsichten den ächten Zucker vom verfälschten zu unterscheiden. 103. 209

Keller auf den Inseln sind von schlechter Beschaffenheit. S. 396. — was ihren Mangel ersetzt. Ebend.

Kennzeichen, woraus die Untauglichkeit des Zuckers erhellet. S. 13. 14. — von der vollkommenen Beschaffenheit des Zuckers. 15

Kennzeichen des mit Gips verfälschten Zuckers. 200. 203

Kessel im Distillirhause, dessen Materie und Beschaffenheit. S. 335. — hat unten an Boden einen Hahnen, und wird oben mit einem Helm verschlossen. 335. 336

— leere, warum solche mit Wasser müssen angefüllt werden. 109

— in der Zuckerfabrick wovon dieselben gemacht sind, und was sie kosten. S. 149. 150. — eiserne ihre Vorzüge vor den kupfernen Kesseln, und ihre Fehler. 150. 51

— in der Zuckersiederey, wie solche müssen eingemauert werden. S. 135. 138. 140. 43.

— ihre Anzahl, Größe, und verschiedene Benennungen. 143. 146. 158. 161

Kleidung der Neger und Negerinnen, ihre Beschaffenheit, und Kosten. 373. 376

Kneten der Thonerde, was die Raffinirer darunter verstehen. S. 254. — ist den Plantageinhabern schädlich. 254. 56

Kno»

Register.

Knoten am Zuckerrohre, mit Blättern besetzt, sind ein Kennzeichen von dessen Untüchtigkeit. S. 13. — am Zuckerrohre wie solche beschaffen sind. S. 14. — sind gleichsam der Ansatz der Blätter. Ebend. — ihre Anzahl vermindert den Saft. Ebend.

Königszucker, was dafür ausgegeben wird. S. 305. 309. 310. — woraus und auf welche Art man solchen verfertigt. S. 306. — dessen Beschaffenheit, und wie ihm der Blumengeruch gegeben wird. S. 307. 9. — wird nicht mit Thonerde gereinigt. 307

Kostenberechnung, einer mit hundert und zwanzig Negern versehenen Plantage. 380. 81

Kräuter welche zur Reinigungslange des Zuckersaftes genommen werden, ihre Benennung und Eigenschaft. 170. 171

Krankenhaus, warum es in einer Zuckerplantage so nothwendig ist. S. 358. Ist bisweilen ein Mittel die ächten Kranken von den verstellten zu unterscheiden. 358. 59

Kühlkessel, ihre Beschaffenheit und Gebrauch. 163

Kunst den Zucker aus den Rohren zu verfertigen, wem man solche eigentlich zu verdanken hat. 9

Kunstgriffe, betrügerische, welche mit den Zuckerfässern vorgehen, wie solche zu vermeiden sind. 210. 211

Labat läßt die Schweine seiner Nachbarinn todtschießen, weshalb solches geschiehet. S. 48. 49
Labat,

Labat, auf seinen Befehl werden Ochsen in die Cacaoplantage dieser Nachbarinn gelassen. Seite 49, 50. — läßt den Negern zu Guadeloupe welche seine Zuckerrohrfelder beschädigen, aufpassen, und solche züchtigen. S. 51, 52. — wird deshalben von ihrem Herren bey dem Statthalter verklagt. S. 52, 53. — sucht sich zu entschuldigen, und aus der ganzen Sache einen Scherz zu machen.   53

— hat zuerst eine anderst eingerichtete Mühle, zu Guadeloupe zu bauen angefangen. S. 132

— warum er solche nicht vollenden konnte.   133

— weshalben er seinen Zucker nicht stoßen, sondern durch die Neger reiben läßt. S. 268, 70 verkauft den geriebenen Zucker theurer als den gestoßenen.   270

— nimmt einen lutherischen Raffinirer in Dienste. S. 298, 99. — verabschiedet einen untüchtigen Raffinirer. S. 300, 301. — bezahlt solchen mit seinem verdorbenen Zucker.   302, 3

— findt Anfangs nur wenige Neger, welche das Holzsägen verstehen. S. 353. — läßt zu Guadeloupe und Martinicke beynahe allen Negern ihrer Plantagen das Holzsägen lernen.   Ebend.

Ländereyen auf den Inseln sind viel einträglicher als die Europäischen Landgüter.   330

Laët, Johann de, berichtet daß die Zuckerrohre von Natur auf der Insel St. Vincent wachsen. S. 19. — Nachricht von seiner Person und seinen Schriften. Ebendas. Anmerk.

Lampen in den Zuckerfabricken, wie solche müssen
beschaffen seyn.   S. 185

Lauge zur Reinigung des Zuckers, wie, und
wovon solche verfertigt wird. S. 169:174.
— ihre Zubereitung ist eines der wichtigsten
Stücke der Wissenschaft eines Raffinirers.   169

Lery, Johann de, versichert in seiner Reisebeschreibung daß der Zucker häufig in Brasilien
angetroffen werde.   3

Liannen wachsen häufig im frischen und feuch-
ten Erdreiche. S. 33. — schlingen sich um
die Zuckerrohre, und ersticken solche. S. 34.
— müssen mit sammt der Wurzel ausgerissen
werden.   Ebend.

— eine Art, die Hundszähne genannt, davon
man die Reife macht, wie solche gestaltet sind.
S. 330:31. — eine andere, weniger dauer-
hafte Gattung wovon ebenfalls Reife gemacht
werden, wird beschrieben.   334

Löcher, wie viele derselben in die Faßböden müssen gebohrt werden. S. 209. — wozu solche
eigentlich dienen.   210

Löffel, deren man sich beym Zuckersieden bedient,
ihre Form, und Materie.   164.65

Maniocpflanzen, davon müssen alle Abend
eine hinlängliche Anzahl ausgerissen werden.
S. 361. — wer solche abschaben und reiben
muß. Ebend. — hierzu muß noch mehr Land
bestimmt werden.   390

Ma-

Register.

Maniocmehl geriebenes, und in Fässer gestampftes, davon soll allmal ein hinlänglicher Vorrath in der Plantage bey Handen seyn. S. 361.
— wie viel eine Negerinn täglich liefern muß. Ebend. — muß wenn es gerieben ist fest in Küsten gepreßt werden. 362

Manufactur des weißen Zuckers, bey welcher Gelegenheit solche entstanden ist. 218/28

Martinicke bekommt spät Zuckerfabricken. 11
— daselbst werden auf Labats Angeben die Zuckerrohre der frisch angebauten Felder ebenfalls abgeschnitten. 22
— wer daselbst zuerst die Verfertigung des gebleichten Zuckers angefangen hat. 219/20

Maurer, werden in den Zuckerplantagen sehr nothwendig gebraucht. S. 356-57. — was einer täglich verdienen kann. 357

Maurollet, die Herren von, Kaufleute zu Marseille erwerben durch die Handlung nach den Inseln großen Reichthum. 222

Meynung des Verfassers vom eigentlichen Vaterlande der Zuckerrohre. 4

Meynungen, verschiedene, über das ursprüngliche Vaterland der Zuckerrohre. 3

Misbräuche welche bey Unterhaltung der Negern vorgehen. 371/75

Mittel des Verfassers die vom Durchfahren der Karren ausgerottete Zuckerrohre wieder mit frischen zu ersetzen. S. 55. — seinem ungeläuterten Zucker ein weißeres Ansehen zu verschaffen. 268/69

Mit-

Regiſter.

Mittel des Verfaſſers, ſchleuniger, die erfoderliche Menge von Dillen zu erhalten. S. 353·54
— welches man gebraucht, zu verhindern
daß kein Betrug bey Verfertigung des Manioc
mehls unterlaufe.   S. 362
— deren ſich Labat bedient die nachläßigen Raffinirer fleißiger zu machen.   301·303

Moscuade, oder ungeläuterter Zucker, woraus
und auf welche Art ſolcher verfertigt wird.
                                          190·206

Mühle für die Zuckerbrocken, oder Kruſten,
haben die Jeſuiten zu Martinicke. S. 267.
— ihre Vortheile, und Mängel.   Ebend.

Mühlen welche von Ochſen oder Pferden getrieben werden, wie ſolche beſchaffen ſind. S. 69·90
— gerade, was für eine Gattung darunter
verſtanden wird.   115

Mühlarme, wie ſolche können verſtärkt werden.   115

Mühlbrücke, bequemere, wird von Labat erfunden.   112

Mühlgeſtell, wird beſchrieben.   Ebend.

Mühlzähne, wozu ſie dienen, und von welchem
Holze ſie verfertigt werden. S. 81·84. —
ſind ſchwer wieder einzuſetzen wenn ſie zerbrochen ſind.   85·88

Nachbarn geben einander Zuckerrohrpflanzen
                                          31. 32

Re-

Neger, essen gern Eydrchsen, Ratten und Schlangen. S. 42. — fangen die Katzen um solche
hernach zu verzehren.   S. 46

— zu Guadeloupe, beschädigen die Zuckerfelder des Klosters. S. 50. — werden vom Ver-
faffer ernstlich gewarnt, endlich aber scharf
dafür gezüchtigt.   51.52

— warum ihnen vom Pater Labat die ge-
schoffenen Vögel abgenommen werden. S. 51

— suchen deswegen einen andern Weg auf
das Teufelsgebirg.   53

— sollen keinen Vesou ohne Erlaubniß des Raffinirers trinken. S. 106. — welche nicht an
den drey Plätzen sind, was sie arbeiten müssen.
S. 108. — auf welche Art solche am besten
zur Arbeit vertheilt werden, daß sie einander
ablösen.   108.110

— sind überaus stolz. S. 329. — haben gern
wieder andere Neger unter sich. Ebend. — was
sie bewegt ihr Handwerk aus dem Grunde zu
erlernen, und mit Fleiß zu treiben. Ebendaf.

— worinnen eigentlich ihr Verdienst in Neben-
stunden bestehet.   Ebend.

— ihre Anzahl richtet sich nach der Menge der
Keffel. S. 340. — ihrer sind in den Zuckermühlen wo nichts als ungeläuterter Zucker verfertigt wird, nicht so viele nöthig.   341

— welche zu den Oefen gehören, wie groß ihre
Zahl seyn muß. S. 341.42. — wie viele
man im Trocknungshause braucht. S. 262.

— ihre Anzahl im Reinigungshause.   342.43

Dd 3   Ne-

Register.

Neger, welche die Zimmerkunst verstehen, sind in einer Plantage kaum zu missen. S. 394. 55

— die Handwerksleute sind, müssen von den weißen Professionisten unterschieden werden. — S. 357. — werden dadurch ermuntert ein Handwerk zu erlernen. Ebend. — sind deswegen ihren Herren sehr getreu, Ebend. — können dadurch ihre Familien besser erhalten. — Ebend. — werden dadurch eitel und stolz. Ebend.

— ihnen wird die Aufsicht über das Vieh anvertraut. S. 358. — welche unter ihnen am besten hierin taugen. S. 358. — ihre Kinder hüten die Hämmel und Ziegenböcke. Ebend. — sind überaus herrschsüchtig und streng. 36.

— fünf und zwanzig, sind hinreichend die Zuckerrohre abzuschneiden, und eine Mühle nebst sechs Kesseln zu versehen. S. 359. — werden im Nothfalle von andern Negern unterstützt. Ebend.

— faule, werden auf Labats Befehl in die Mühle geschickt, die Bagacen durchzuziehen. S. 360. — halten sich durch diese leichte Arbeit sehr beschimpft. Ebend.

— wie viele in Wald zum Holzhacken gesendet werden. S. 360. — müssen täglich einen Karren voll Brennholz liefern. Ebend.

— sollen im Walde nicht allzuweit von den Brettschneidern arbeiten. S. 360. — welche dem Commandeur nicht gehorchen wollen, müssen auf das strengste bestraft werden. 364

Ne-

Neger im Hause, stehen nicht unter dem Commandeur. S. 365. — wollen lieber im Garten arbeiten als zu Hause eingesperrt seyn. Ebend. — werden besser als die übrigen Neger gehalten. Ebend. — die wohlgestaltesten und verständigsten darunter werden zu Lackeyen genommen. S. 366

— sind große Liebhaber vom Waschen. S. 388.
— müssen ernstlich dazu angehalten werden. 388
— sollen ihre Hütten reinlich halten. S. 386.
— müssen allezeit für das ihnen anvertraute Vieh stehen. Ebend. — fremde, stehlen niemals ohne Bewilligung der Hausneger, mit denen sie ihre Beute hernach theilen. 388

Neger und Negerinnen, wie solche mit Lebensmitteln versehen werden. S. 104. 106. — welche im Garten arbeiten nehmen ihr Frühstück mit dahin. S. 106. — um welche Zeit sie zum Essen nach Hause kommen, und wieder auf die Arbeit gehen müssen. 107 s.

— welche den Zucker stoßen, wie solche gestellt werden. S. 265. — müssen den Zucker vorher durchsiehen und in der Tonne fest stampfen. S. 266. — stoßen die Zuckerbröcken welche nicht durchlaufen nochmals. 267

Negerinn, hat die Kranken zu warten. S. 358
— was ihre weitere Verrichtung im Krankenhause ist. Ebend. — muß täglich eine Tonne voll Maniocmehl liefern. 361

Ne.

Negerinnen, ihre Anzahl in einer Zuckermühle und was jede zu verrichten hat. S. 92. 94.
— müssen sich hüten ihre Finger zwischen die Wellen zu bringen.   96
— wie viele derselben in einer Zuckermühle erfodert werden. S. 343. — welche Anzahl man zum Waschen, lehren, desgleichen zum Brandtewein machen braucht. S. 344. 345. — werden deswegen lieber dazu genommen, weil sie dem Saufen nicht so stark ergeben sind.   345

Negercommandeurs, warum solche den weißen vorgezogen werden. S. 363. 64. — müssen zugleich noch außer dem weißen Commandeur vorhanden seyn. S. 363. — haben den übrigen Negern im Hause nichts zu befehlen. Ebend.

Negerhütten, müssen dem Wohnhause unter dem Winde stehen. S. 385. — sollen etwas voneinander entfernt, in Gassen abgesondert, und an einen trockenen freyen Platz gebauet werden.   386

Nutzbarkeit, sonderbare, des Wassers bey einer Plantage.   387. 88

Oberdecke in den Zuckerfässern, was hierunter verstanden wird.   209

Ochsen, können großen Schaden in den Zuckerfeldern anrichten. S. 47. — verwüsten die Cacaoplantage einer Nachbarinn des Pater Labats.   49. 50
— wie viele man in einer Zuckerfabrick braucht die Karren zu führen. S. 345. —
                                                          müssen

müssen täglich geputzt, im Meere gewaschen, und ihnen die Zacken abgenommen werden. S. 46. — können nichts fressen, wenn man ihnen die Frösche nicht ausschneidt. Ebend. — beißen das Gras nicht ab wie die Pferde, sondern wickeln solches um die Zunge, und reißen solches damit aus den Erdboden. 346. 47.

Ofen im Distillirhause, wie solcher muß eingemäuert werden, und beschaffen seyn. 335

Oefen, in der Zuckersiederey, ihre Form und Beschaffenheit. S. 138. 142. — neue und besondere Art derselben, wie solche eingerichtet sind. S. 151. 152. — worinnen hauptsächlich ihr Vorzug bestehet, und wem man ihre Verbesserung zu danken hat. S. 158

Oefen der Zuckerfabricken, womit solche geheizt werden, und wie stark das Feuer darinnen seyn muß. S. 145. — was für Werkzeug dazu gehört. S. 187. — müssen mit Schirmdächern versehen werden. Ebend.

Pfeile der Wilden, woraus solche verfertigt werden. S. 56. — an den Zuckerrohren, wo, und zu welcher Zeit solche am Rohre zum Vorscheine kommen, und wieder abfallen, 56. 57.

Pferde, auf welche Art man solche an den Mühlarm spannt. S. 81. 114. — wie viel Paare hierzu erfodert werden. S. 114. — werden größtentheils bey Tage angespannt. S. 116. — wie oft solche abgewechselt werden. 114. 117

Pfer.

Register.

Pferde, welche Anzahl zu einer Pferdmühle erfodert wird, S. 392. — funfzig, fressen mehr als hundert Stück Hornvieh. Ebend.

Pferdgeschirr, wie solches auch beschaffen seyn.
115.16

Pflanzen, welche mit zur Reinigungslauge genommen werden, wie solche heissen. 171.172

Pflanzer, wie er sich zu verhalten hat, wenn er sein Gut gehörig benutzen will, und eine kluge Wirthschaft führen. S. 393.95. — hat keinen Vortheil dabey wenn er sich mit Schiffsladungen einläßt. 395.96
— Warum er seinen Zucker lieber wohlfeiler für baares Geld oder Wechsel verkaufen soll, als ihn nach Frankreich senden. S. 398.99. — kann zwar so viel Waaren machen lassen als er will, aber nicht allezeit Geld lösen. 399

Pfriemen, wovon sie gemacht werden, und wozu man solche in den Zuckerfabricken braucht. 174

Plantageinhaber, muß seinen Zucker nicht anderst als in Fässern verkaufen. S. 349. — soll eine Hütte im Gesichte der Zuckerfabrick haben, und seine Arbeiter hineinlogiren.
349.50

Platz worinnen der Zuckerbrandtewein verfertigt wird, hat einen ungereimten Namen. S. 339 — sollte eigentlich Distillirhaus genannt werden. Ebend. — dessen innerliche und äußerliche Einrichtung und Geräthschaften. 333.34

Pomet, Peter, ein berühmter Materialist, Nachricht von seinen Werken und Irrthümern.
189

Por.

Portugieſen, können die Zuckerrohre in Braſilien nicht gepflanzt haben.　S. 8

— was ſie zur Aufnahm der Manufactur des weißen Zuckers beygetragen haben.　221

Preis des Centners vom ungeläuterten Zucker. S. 16. 17. — wenn, und wodurch ſolcher iſt erhöhet, und wieder herabgeſetzt worden. 17. 18

— des Zuckers der jährlich kann verfertigt werden, wie ſolcher zu berechnen und anzuſetzen iſt.　17. 20

Provenzalen ſenden ihre mit einheimiſchen Waaren befrachtete Schiffe nach den Inſeln. S. 221 — gewinnen vieles an weißen Zucker, Cacao, und Indigo.　Ebend.

Provenzaler Flaſchen, große, dames-jeannes oder jaunes genannt, werden beſchrieben. 397

Rabenſchnäbel, Beſchreibung dieſes Inſtruments, und wozu es in den Zuckerfabriken gebraucht wird.　163. 64

Raffinatzucker, woraus, und wie ſolcher verfertigt wird. S. 292. 97. — worinnen deſſen Güte und Schönheit beſtehet.　297

Raffinirer, ein ſchlechter, wird vom Pater Labat verabſchiedet. S. 300. 1. — muß allen verdorbenen Zucker an Zahlungsſtatt annehmen.　302. 3

— ſoll keine Zuckerrohre nehmen ohne ſie zuvor gekoſtet zu haben. S. 39. — der die Wache hat, muß genau acht haben, daß weder die

Register.

Regen in der Mühle, noch bey den Oefen vom
Schlafe überfallen werden.   101
Raffinirer, haben einen sehr großen Gewinn.
S. 218. — verlieren ihre Kundschaft. S. 219.
— bewirken eine Erhöhung des Einfuhrzolls
vom weißen Zucker, und was sie hierzu angetrieben hat.   220
— in Frankreich, verkaufen den mit Erde gereinigten, und wieder umgeschmolzenen Zucker,
für Königszucker. S. 271.72. — rathen
den Plantageinhabern ihren Zucker nach Englischer Art zu verfertigen, und weshalben solches geschiehet. S. 272. — haben großen
Nutzen und Vortheil dabey.   272.73
— holländische und deutsche, verfertigen zuerst
den Syropzucker. S. 277.78. — wie solche dabey zu Werk gehen. S. 278.83 —
verfertigen groben Zucker aus dem Syrop der
Syrops.   283.84
— halten ihre Wissenschaften sehr geheim. S. 297
— welches die besten und fleißigsten sind.
S. 297.98. — deutsche und holländische,
wissen alles zu benutzen und suchen einander zu
übertreffen. S. 298. — französische, sind
überaus nachläßig und nicht mit den fremden
zu vergleichen. S. 299. — die schlimmsten
darunter sind die Creollen.   300
Raffinerietopf, wird unter die Schlange gesetzt.   337
Ratten, kommen lieber in die angebrochenen
als ganzen Zuckerrohrfelder. S. 40. — warum
                                               sol-

solche die zu Boden liegenden Zuckerrohre leichter anfressen. S. 40

Rattenfalle, deren man sich auf den Inseln zu bedienen pflegt. S. 43, 45. — darf auch anderwärts aufgestellt werden. 45

Rattenjäger sind in einer Zuckerplantage eine höchstnöthige Person. S. 41. — worinnen ihr Amt eigentlich bestehet. S. 42. — sollen angehalten werden die Ratten ganz zu liefern. S. 42. — wie ihren Betrügereyen vorzubeugen ist. S. 42, 43

Rathschläge, gute, des Verfassers für die Plantageninhaber. S. 393, 95. — in Ansehung des Verkaufs ihrer Waaren. 393, 99

Rauwolf, Leonhart, Nachricht von diesem berühmten Arzte und seiner Reisebeschreibung. S. 3. Anmerk.

Rechtshandel, sonderbarer, der über einen Esel und Gerichtsdiener die beyderseits einerley Namen führten entstanden ist, und dessen Entscheidung. 122, 26

Regen füllt die kleinen Zuckerrohre mit guten Safte. 17

Regenzeit, warum solche sich am besten zum pflanzen schickt. 32

Reife welche um die Zuckerformen gelegt werden, woraus solche verfertigt sind. S. 180, 81 — müssen ebenfalls um den obern Rand der Zuckertöpfe kommen. 184

— der Zuckertonnen, woraus man solche verfertigt. S. 330. — werden in Päckchen gebun-

funden. S. 441. — warum man sich ihrer
lieber grün bedient, und sie zusammen heult, als
mit Mahörschnüren bindet.   S. 331

Reinigungshaus, muß von der Zuckerfabrick
weit entfernt seyn. S. 234. — dessen Bauart und Einrichtung.   S. 235, 36, 39, 40

Reinigungs und Dörrhaus, müssen Seitwärts oder hinter dem Wohnhause stehen. 385

Religiosen werden mit Unrecht für Kaufleute
ausgeschrieen. S. 399. — müssen ihren Zucker verkaufen, um sich andere Nothwendigkeiten dafür anschaffen zu können.   400

Rindfleisch und Speck in Fässern, muß eine
gute Salzbrühe haben, wenn beydes frisch bleiben soll.   397

Rohrbündel werden auf Karren in die Mühle
geführt. S. 61. — müssen gut mit Blättern
bedeckt werden. S. 62. — werden in den
Wassermühlen selten aufgelößt.   93

Saft der kleinen Zuckerrohre ist beynahe schon
ausgekocht, ehe noch die Rohre gepreßt werden. S. 17 — kann nicht abgeschaumt werden, und was noch weiter mit ihm geschiehet
um guten Zucker daraus zu erhalten.   Ebend.
— der erste, aus dem Brandteweinkessel, wird
Glattwasser genannt. S. 337. — muß zu-
sammengespahrt und frisch abgelößen werden. 337

Savannen in einer Plantage. S. 382 —
werden in Cabesterre von den Ostwinden aus-
gebrannt. Ebend. — warum so viel Platz
                                           dazu

Register.

dazu bestimmt wird. S. 391. — werden vom Schaafskothe verdorben. S. 392. — müssen vom Unkraute fleißig gereinigt werden. S. 393

Schaumlöffel, ihre Form, und wozu solche in den Zuckerfabricken gebraucht werden. 166

Schaumzucker, wie solcher verfertigt wird. S. 284 — vollkommen weißer, ist das Meisterstück eines Raffinirers zu nennen. 285

Schichten der Zuckerformen, wie, und in welcher Anzahl solche im Reinigungshause aufgestellt werden. 239'40

Schiffscapitain will dem Pater Labat wenig für einen Centner ungeläuterten Zucker im Reinigungshause zahlen. S. 268 — kauft hernach diesen nehmlichen Zucker, nachdem er vorher auf dem Riebeisen ist gerieben worden, um einen viel höhern Preis. 270

Schlange am Helmschnabel des Brandtweinkessels im Distillirhause, ihre Form, Materie und Gebrauch S. 336 — wird in einem Raffinerietopf gesetzt. 337

Schlangen, werden zu Martinicke häufig angetroffen wo Ratten sind S. 46 — ernähren sich von Ratten, und ahmen ihr Geschrey nach. Ebend.

Schmid, wie er auf den Inseln genenut wird. S. 350 — ist in einer Zuckerplantage unentbehrlich. Ebend.

Schmiede, wie viel eine jährlich Nutzen abwirft. S. 350 — was für Kohlen hierzu gebraucht werden. 351

Schnell-

Register.

Schnellwaage ist großen Irrthümern unterworfen, und woher solches kommt. S. 325

Schönheit und Güte verschiedener Zuckergattungen, worinnen solche eigentlich bestehet. 303

Schreiner, ist in einer Zuckerplantage ebenfalls unentbehrlich, besonders wenn er drechseln kann. S. 355·56 — wie viel einer täglich zu verdienen in Stand ist. 356

Schweine, damit werden die kleinen Amerikanischen Inseln erst von den Spaniern besetzt. S. 5 — sind den Zuckerrohren sehr schädlich. S. 6 — können große Verwüstung in den Zuckerrohrfeldern anrichten. S. 47 — werden auf Labats Befehl todtgeschossen. 49

Schwere eines Fasses mit ungeläuterten Zucker angefüllt, wie viel solche betragen muß. 213

Seih, oder Filtrirtücher, wovon solche verfertigt, und wozu solche in den Zuckerfabriken gebraucht werden. S. 167·69 — Die untauglichen werden den Negern gegeben. 169

Seihtücher, dörfen weder vor die Ofenlöcher, noch unter die Schirmdächer der Oefen zum trockenen aufgehenkt werden. S. 226 — von grober und dichter Leinewand. 226·27

Spanier, haben niemals auf den Antillen etwas angebaut. S. 5 — weshalben alle kleine Inseln von ihnen mit Schweinen sind besetzt worden. Ebend.

Spanier und Portugiesen, bringen die ersten Zuckerpflanzen nach der Insel Madera, und von dort nach Amerika.

Spa-

Register.

Spanier und **Portugiesen** haben in Ostindien die Kunst den Zucker aus den Zuckerrohren herauszubringen gelernt, und diese Manufactur zu erst auf der Insel Madera und den übrigen Canarischen Inseln, hernach auch in Americka eingeführt. S. 10

— haben in Neuspanien und Brasilien, lange Zeit vor Niederlassung der übrigen Europäer auf den Antillen, Zucker verfertigt. S. 10

— waren vor dem Jahre 1581. bloß auf Eroberungen bedacht. Ebend.

Speisekammer, Küche und Magazine, sollen Seitwärts, oder hinter dem Wohnhause stehen. 385

Spuhlwasser von den Cisternen, wozu solches kann gebraucht werden. S. 278. — der Kessel und Zuckerformen, wird von den Raffinirern ebenfalls benutzt. 298

Stämpfel, deren man sich bedient den Zucker klar zu stoßen, ihre Form und Materie. 265

Strom bey einer Plantage, ist besser Seitwärts, als mitten darinnen. S. 387 — dessen mancherley Nutzbarkeit. Ebend.

Süßigkeit des Zuckers entspringt aus dem Syrop. S. 304 — wird durch das öftere umarbeiten und schmelzen vermindert. Ebend. — größere des Kandyszuckers. 312

Syrop wird im Kühlkessel mit dem ungeläuterten Zucker vermengt. S. 213 — dicker, wie solcher an sichersten kann benutzt werden. 214. 16

Ee   Sy-

Register.

Syrops, ihre mancherley Gattungen, und wozu sie gebraucht werden. S. 277-80 — wie man solche in Zucker verwandelt. S. 277-84

Syropzucker, wer solchen erfunden hat, und wie solcher verfertigt wird. S. 277-84 — aus dem Syrop der Syrops, warum er den andern Zucker verderbt.   284

Taffia, wird von den Negern der Zuckerbrandtewein genannt. S. 332. — seine Eigenschaften und Geruch. Ebend. — wie solcher verfertigt wird.   334-37
— wird eigentlich der aus dem ersten Safte oder Glattwasser abgezogene Geist genannt. S. 337
— ist außerordentlich stark und kopfreißend.
                                            Ebend.

Tharabetrag, muß beym weißen Zucker oben auf den Faßböden angezeigt werden. S. 326
— wird vom ganzen Betrage abgezogen. Ebend. — der mit ungeläuterten Zucker angefüllten Fässer, wie solcher gerechnet wird.   329

Theile, einzelne, des Zuckerkorns, wie solche beschaffen sind. S. 201. — des Kandyszuckers. S. 202. — des mit Gyps vermengten Zuckers.   Ebend.

Thonerde, wird nach Verwechselung der Faßböden zum öftern in die Zuckerfässer gefüllt, um die Schwere derselben zu vermehren.   212
— wie solche beschaffen seyn muß; womit sie verfälscht und probirt wird. S. 244-48 — was die Tonne voll kostet. S. 244 — von Ronen
                                                ist

ist jener welche man von Nantes herbringt
vorzuziehen. S. 245·46 — welche zu Guadeloupe ausgegraben wird, kann nicht so oft
gebraucht werden.   247·48
Thonerde wie sie zubereitet, und aufgelegt wird.
S. 248·50 — ihre Lucken werden mit feinem
Sande ausgefüllt. S. 251 — wie lang solche
muß auf den Zucker liegen bleiben. S. 251·52
derselben Zubereitung wenn man sich ihrer öfter als einmal bedienen will.   252
— zum andernmale aufgelegt, bleicht nur die
Spitze des Zuckerhutes. S. 253. — zu welcher Zeit die zweyte darauf kommt. S. 254.
— ihre Erneuerung ist höchst schädlich. 254·56
Tonne, wohl eingestampfte, wie viel Zucker
solche enthalten muß. S. 267. — worinnen
die Schlange des Distillirhelms ruhet, muß
mit dicken eisernen Reifen umgeben, und beständig mit frischen Wasser angefüllt seyn. 336·37
Tonnen voll ungeläuterten Zuckers, wie viele
ein Feld von hundert Schritten ins Viereck
giebt.   321

Unkraut, wächst häufig im frischen fetten Erdreiche. S. 33. — muß fleißig ausgejätet werden. 33
— wodurch es so stark auf den Savannen ausgebreitet wird. S. 393. — welche Gattungen
desselben für die Savannen am schädlichsten ist. ibid.
Ursachen des verminderten Zuckerpreises. 217·18
Untersuchung der Frage, ob es vortheilhafter
sey, weißen, oder ungeläuterten Zucker zu verfertigen.   322·25

Un-

Untersuchung, ob es nützlicher ist auf einer oder zween Zuckerfabricken, mit zertheilten Kräften zu arbeiten. S. 389·90

Verfasser läßt die Zuckerrohre der frisch umgerissenen Felder nach sechs Monathen abschneiden und Aquavit davon machen. S. 21. — bekommt aus den frisch gewachsenen Sprossen der abgeschnittenen Zuckerrohre den schönsten weißen Zucker. 21·22

— läßt seine Pflanzen mitten aus den Zuckerrohren abschneiden. S. 32. — giebt den Plantageinhabern allerley gute Rathschläge. 398

— hat die Missionsgüter beynahe zehen Jahre lang verwaltet. S. 399. — schreibt seine Nachrichten vom Zucker aus eigner Erfahrung. Ebend. — sucht seine Ordensbrüder wegen des Verkaufs ihrer Landesproducten zu entschuldigen. 399·400

Verordnung, Königliche, wegen der Löcher in den Faßböden. S. 209. — Königliche, wegen der Fleischportion welche die Neger erhalten sollen wird schlecht beobachtet. S. 368

Verrichtungen, mancherley, der Neger und Negerinnen in einer Zuckerplantage. 341·366

Verschiedenheit des Preises, der mancherley Zuckergattungen. 223

Verzeichniß der Anzahl von Negern welche in einer Zuckerplantage gebraucht werden. 339·40

Vesou, trinken die Negerkinder unter Tags. S. 105. — wird von einigen Plantageinhabern den Negern aus Geitz untersagt. 106

Ve·

Register.

Vesou von alten Zuckerrohren, ist hart zu reinigen. S. 191. — wie solcher vom Schmutze
gereinigt wird. S. 192'93

Vorrath von Brennholz welcher erfodert wird,
sieben bis acht Monathe lang Zucker sieden zu
können. S. 360. — von Maniocmehl muß
immer wiederum erneuert werden. 361

Vorschläge des Verfassers, den Platz zu Anlegung einer Plantage geschickt einzutheilen. 382'94

Vorsprung mit Abschneidung der Zuckerrohre,
wenn solcher darf genommen werden. 62.63

Waage, gewöhnliche, ist sicherer als die Schnellwaage zu gebrauchen. 325

Waagschalen, aus welchem Holze sie müssen verfertigt werden. S. 326 — sollen eiserne Schienen mit Hacken haben. Ebend.

Wagner, ist in einer Zuckerplantage unentbehrlich. S. 351 — worinnen sein Nebenverdienst
bestehet. 351'52

Wassermühlen, wie vielerley Arten derselben es
giebt, und wie solche eingerichtet sind. 126'32
— mit Schaufeln, werden auf den Inseln nicht
angetroffen. S. 132 — worinnen ihr Vorzug
eigentlich bestehet. Ebend.

Weine, kauft man lieber auf den Inseln etwas
theuerer, als daß man solche aus Frankreich
kommen läßt. S. 395. — Französische, halten sich nicht in Fässern. S. 396 — Spani-
sche, bleiben gut in Tonnen. Ebend. — müssen
in große Flaschen gefüllt werden. 397

Register.

Weineßigßederey, wird unschicklicher Weise das Haus genannt wo man den Zuckerbrandtewein verfertigt, S. 333 — ihre Geräthschaften. S. 333 . 37. — wie, und wohin solche muß gebauet werden. S. 333 — soll von keinem Neger betretten werden.   345

Werth der französischen Münzsorten nach deutschen Gelde berechnet. S. 216. Anmerk.

Widerlegung der Meynung als sollten die Spanier Zuckerrohre auf den Inseln gepflanzt haben.   617

Wilde, haben Zuckerrohre nach Guadeloupe gebracht.   5

Windmühlen, wo solche an besten können angelegt werden. S. 64 — Portugiesische zum Getrandtmahlen zu St. Christoph, wie solche gebauet sind. Ebend. — sind von jenen um Paris wenig verschieden.   65

— nach Portugiesischer Art gebauet; werden beschrieben. S. 65 . 68. — Sind schwer zu hemmen, und wie solches geschieht. S. 67 . 68.

— haben eine überaus schnelle Bewegung, und kosten wenig zu unterhalten.   68 . 69

Wissenschaft eines Raffinirers, worinnen solche eigentlich bestehet.   169. 175

Wohlthat, die größte, welche man den Negern erzeigen kann, ist, wenn man ihnen ein Handwerk erlernen läßt.   366

Wundärzte, ihre Nothwendigkeit, Kosten und Verrichtungen in einer Zuckerplantage. S. 371 . 79
— sind mehrentheils höchst unwissend.   379

Xl

Register.

Almenes, Franz, verfichert daß Zuckerrohre in Americka wachsen. S. 7

Zapfen der Formen, was darunter verstanden wird. S. 241. — wie, und zu welcher Zeit solche weggenommen werden, 243

Zeit, eigentliche, zum pflanzen und abschneiden der Zuckerrohre. 32

— wie solche in einer Zuckerplantage eingetheilt wird. 103, 108

— ist das kostbarste auf den Inseln. S. 330 — hierauf muß ein Plantageinhaber vorzüglich sein Augenmerk richten. Ebend.

Zeitpunct, rechter, wenn die Zuckerrohre sollen abgeschnitten werden, läßt sich nicht gewiß bestimmen. 35

Zubereitung der Reinigungslauge, ist ein Hauptstück der Wissenschaft eines Raffinirers. 169

Zucker, woraus solcher eigentlich bestehet. S. 1 — ist der Saft eines Rohres oder Schilfs. Ebend. — hält sich solang er für Nässe bewahrt wird. Ebend. — kann mit Recht ein süßes Salz genannt werden. Ebend.

Zucker ist leichter als der Syrop. S. 201 — mit Gyps vermengt, was er für Eigenschaften hat. S. 201, 3 — muß aus dem Geruche erkannt werden. 201

— wird mit dem Rabenschnabel in die Formen gefüllt. S. 230, 31 — wird in den Formen umgerührt, und wie oft solches geschehen muß.

Ee 4   S.

Register.

S. 237.33 — Rinde womit man solche ab-
löst. S. 231 — und zerbricht.   241.42

Zucker, wie solcher aus den Formen ledig gemacht wird. S. 237.38 — woraus seine Güte und Weiße zu erkennen ist. S. 238.39
— muß, sobald die Thonerde herabgenommen
wird mit Bürsten abgekehrt werden.   253

— wird durch öfteres Bleichen nicht weißer.
S. 253 — der nicht durchaus kann gebleicht
werden, was damit geschiehet, S. 256. —
die obere Seite wird mit einem Messer abgeschabt. S. 256.57 — wie viele Gattungen
aus dem Syrop und Schaume können verfertigt werden.   277.93

— muß gestoßen werden bevor er in die Fässer
gefüllt wird, wie, und von wem solches geschieht
S. 264.65. — gestoßener, wird ins Faß ge-
siebt und fest gestoßen. S. 266. — Brocken
werden frisch gestoßen, oder durchgemahlen.   267

— darf niemals bey Nacht in die Tonnen gefüllt
werden. S. 268. — wie viel in eine Tonne
hineingehet. S. 267. — geriebener, warum
solcher ein weißeres Ansehen hat, als der gestoßene.   268.69

— durchgelassener, woher solcher seinen Ursprung
hat. S. 271 — von den englischen Priesen,
läßt sich schöner raffiniren. S. 272. — wie
solcher verfertigt wird. S. 272.74. — was
für Betrügereyen und Misbräuche dabey vorgehen. S. 274.75. — dessen Verfertigung
bringt

Register.

bringt keinen sonderlichen Nutzen. S. 273.

— wie solchen die Engelländer verfertigen. 275

Zucker, mit Thonerde gereinigter, was hierunter verstanden wird. S. 224 — hierzu ist eine ganz besondere Reinlichkeit nöthig. S. 225.

— wie man solchen verfertigt. 225:68

— muß aus dem Geruche erkannt werden. S. 174:291. — mit Thonerde gereinigter, ist süßer als der raffinirte. S. 303:4. — hat mehr Syrop. 304

— wie viel man eine Woche hindurch verfertigen kann, und worauf es hierbey ankommt. S. 315:16. — dessen jährlicher Ertrag. 317:20

Zuckerbaum vom Gebirge und dessen Beschreibung. S. 327:28. — sein Holz ist den Würmern und Holzläusen unterworfen. S. 328. — zu welcher Zeit man ihn umfällen soll. S. 328. — muß schnell aus dem Walde an einen bedeckten Platz gebracht werden. Ebend.

Zuckerfabricken, wo, und von wem solche zuerst sind errichtet worden. 10

Zuckerfabricken und Zuckermühlen sollen eine ziemliche Strecke vom Wohnhause entfernt stehen. 385

Zuckerformen, wenn solche ins Reinigungshaus müssen getragen werden. 108:9

— wo sie gemacht werden. S. 177. — ihre äußerliche Gestalt und Materie. 178:79

— müssen mit Reifen umgeben werden. S. 181:82

— weshalben man solche vorher in Wasser weichen muß. 182:83

Ee 5

Zu-

Register.

Zuckerformen, wie lang solche im Wasser welchen müssen. S. 228. — sollen vor der Hand vom Raffinirer untersucht werden. S. 229. — womit man solche oben verstopft. S. 229.30 — wie dieselben hingestellt und mit den Rabenschnäbeln angefüllt werden. S. 230.31

— wenn solche geöffnet und durchstochen werden. S. 233.34. — dürfen nicht öfter als zweymal umgerührt werden. S. 231.32

— wie lang solche stehen bleiben bis sie ins Reinigungshaus kommen. S. 234. — auf welche Art solche im Reinigungshause geschlichtet werden. 239.40

— wie solche in der Dörrhütte aufgestellt werden. S. 260.62 — wie lang sie in der Dörrhütte stehen müssen. S. 257.63. — womit solche zerstoßen werden. 263

Zuckerfabricke zu Guadeloupe, wenn sie von den Engelländern sind abgebrennt worden. S. 355. — werden vom Pater Labat ohne Beyhülfe der Handwerksleute wieder aufgebaut. Ebend.

Zuckermühle eines Schreiners zu Grandeterre auf Guadeloupe, die er selbst gebauet hat, wie solche beschaffen war. 122

Zuckermühlen, wie viele Arten derselben es giebt. S. 63.64. — welche von Pferden oder Ochsen herumgetrieben werden. 69

— auf welche Art solche mit Röhren versehen werden. S. 90.92. — wie viele Personen dazu gehören. S. 92.93. — müssen öfters gewaschen werden. 111

— deren man sich in Brasilien bedient, wie solche gebauet sind. S. 118.120. — liegende, und ihre Einrichtung. 120.122

Zu

Register.

Zuckerplantage, was eine jährlich abwerfen kann. S. 320. — ist viel einträglicher als andere Europäische Ländereyen. S. 320.21.

Zuckerprobe, wie solche angestellt wird. S. 175.77. — hierinnen bestehet die ganze Wissenschaft des Raffinirers. 175

Zuckerraffinerien, wie viel Kessel solche haben. 242.293

Zuckerrohre sind auf den Inseln und festen Lande von America eben sowohl einheimisch als in Ostindien. 4

— worinnen sie von den übrigen Schilfrohren unterschieden sind. S. 12. — worauf es in Ansehung ihre Höhe, Dicke, Güte u. s. w. hauptsächlich ankommt. 12.13

— die guten, haben oben an Gipfel nur einen kleinen Busch. S. 14. — werden durch Knoten abgetheilt. Ebend. — haben mehr Saft je weniger Knoten vorhanden sind. Ebend.

— welche nach abgeschnittener Spitze noch vier und zwanzig Pfunde wogen, sind eine große Seltenheit. 15

— ihre Schwere ist eben kein Kennzeichen der Güte. S. 15. — wie solche beschaffen seyn müssen, wenn sie vollkommen seyn sollen. 15

— von den niedrigen sumpfigten Feldern, wie solche beschaffen sind, und warum sie keinen schönen Zucker geben. S. 18. — welche auf rothen und starken Feldern gewachsen sind, was solche für Zucker geben. 18.19

— von rothen und starken Feldern, wie lang solche b. ern ohne frisch gepflanzt zu werden. S.

Register.

S. 19. — ihre Sproſſen ſind nach zwanzig
bis dreyßig Jahren noch gut;   S. 19

Zuckerrohre, welche auf bergigten und waldig-
ten Gegenden wachſen, wie ſolche beſchaffen
ſind. S. 20. — der neuen Felder wie ihr
Saft beſchaffen iſt.   20

— müſſen nach der Schnur gepflanzt werden.
S. 29. — wie weit ihre Reihen voneinander
ſtehen ſollen. Ebend. — wie ſolche eingeſenkt
werden.   30·31

— wie alt ſolche ſeyn müſſen, bis ſie können
abgeſchnitten werden. S. 35·36. — treiben
ſo bald ſie abgeſchnitten ſind friſche Knoſpen
und Reiſer. S. 37. — welche zu Ende der
trockenen Jahrszeit ſind abgeſchnitten worden,
worinn eigentlich ihr Vorzug beſtehet.   38·39

— ſollen vorher gekoſtet werden, und zwar aus
der Mitte des Feldes. S. 39·40. — welche
zu Boden liegen, werden leichter von den Ratten angefreſſen.   40

— welche von den Ratten ſind angefreſſen worden, werden ſauer. S. 47. — ihr Bau erfodert großen Fleiß und eine beſondere Aufmerk-
ſamkeit. Ebend. — wofür ſolche zu bewahren
ſind.   Ebend.

— wie lang ſolche dauern bis ſie friſch müſſen
gepflanzt werden. S. 54. — dauern in einem
friſchen fetten Lande fünfzehen bis zwanzig
Jahre. S. 54·55 — je älter ſolche werden,
deſto länger pflegen ſie zu dauern. S. 55 —
ihre Wurzeln müſſen mit friſcher Erde aufgefüllt, und was daran verfault iſt abgeſchnitten werden.   Ebend.

Zu-

Register.

Zuckerrohre, um welche Zeit solche verpfeilt
haben. S. 56. — woraus ihre Blüte eigentlich bestehet, Ebend. — blühen jährlich zweymal. Ebend. — zu welcher Jahrszeit sie niedersinken und Fasern treiben, welche einwurzeln. Ebend. — sind ein Monath nach ihrer Verpfeilung mit wenig Saft angefüllt,
und zu gar nichts zu brauchen. S. 57 · 58

— wenn, und auf welche Art solche abgeschnitten und in Büschel gebunden werden. S. 58 · 61
— davon darf man niemals einen Vorrath
auf etliche Tage lang abschneiden lassen. S. 62.
— müssen Sonnabends, oder noch besser Montags frühe abgeschnitten werden. 62 · 63
— wie oft solche durch die Mühlen sollen geschoben werden. S. 90 · 92. — die ausgepreß-
ten werden Bagacen genannt. S. 92. — werden Büschelweise auseinander gebunden. S. 93
— dürfen nicht in ganzen Büscheln hineingeschoben werden. 93 · 94
— sind zu Cabesterre viel härter und wasserrei-
cher. 95
— abschneiden, wie viele Neger dazu gebraucht
werden. S. 359. — ist die leichteste Arbeit,
welche mehrentheils von Weibsbildern verrichtet wird. Ebend.

Zuckerrohrbrandtewein, wird von den Negern Taffia genannt. S. 332. — ist sehr stark,
und hat einen unangenehmen Geruch. Ebend.
hat eben so viel Schärfe als der Kornbrandtewein. S. 332. — wird auch Guildive genannt.
S. 333. — wie solcher muß verfertigt werden,
und was für Geräthschaften dazu gehören.
333 · 37

Zu

Register.

Zuckerrohrfeld von hundert Schuhen ins Viereck, wie viele Formen, oder Tonnen voll, man davon erhält. 321

Zuckerrohrfelder zu Cabesterre, tragen zwar dickere und grössere Rohre, welche hingegen wässerichter und nicht so Zuckerreich sind. 321

Zuckerrohrsaft, fließt an den Walzen der Mühle hinunter, und wird hernach in die Mühle geleitet. 92

Zuckerrohrspitzen, weshalben man solche in die Böden der Zuckerfässer stecken muß. S. 209.
— müssen vor Einsetzung der Faßböden wieder herausgezogen werden. 210

— welche man im Erdboden legt, wie solche beschaffen seyn sollen. 31

Zuckerschaum, aus den ersten drey Kesseln, was daraus gemacht wird. S. 276. aus dem Syrop und Batteriekessel, wozu man solchen braucht. 276·77

Zuckerschilf, oder Rohr, soll aus Ostindien ursprünglich herstammen. S. 2. — wird von den Portugiesen und Spaniern zuerst nach Madera, und von da weiter nach Amerika gebracht. Ebend.

Zuckersiederey, nach ihrer Bauart und innern Einrichtung, Oefen und Kesseln beschrieben. S. 133·161. — muß nahe an die Mühlen gebaut werden. 133

Zuckerspathen oder Messer, seine Form und Gebrauch. 174·75

Zuckertöpfe, ihre Größe, und wozu solche gebraucht werden. S. 179. — wie solche beschaffen

schaffen seyn müssen, und was sie kosten. S.
179.80. — müssen vorher eingeweicht und
ausgewaschen werden. S. 183. — wie viel
solche faffen können.   S. 134

Zuckervorrath, wie viel eine Woche hindurch
kann verfertigt werden, und worauf man dabey zu sehen hat. S. 315.18. — wie solcher
in Preis soll berechnet werden.   317.20

Zufälle, traurige, welche sich in den Zuckerfabricken zu eräugen pflegen, und wie solche
an besten können vermieden werden.   96.101

Verbesserungen einiger Fehler.

Seite 13 Zeile 25 fehlt nach hat, das Wort herauskommen.

S. 90 Z. 14 lies Engelländer, anstatt Engländer.

S. 133 Z. 13 lies mancherley, anstatt macher-
ley.

S. 222 Z. 11 lies dahinzusenden anfiengen.
Ebendaselbst, Z. 10 lies den, anstatt dem.

S. 323 Z. 2. lies tausend und sieben und zwanzig
Livres, anstatt sieben und zwanzig tausend
Livres.

In dem Vorberichte, auf der letzten Seite Z. 15
lies wir, anstatt wie.

Ende

Endlich muß hier noch erinnert werden, daß
die Kupfertafeln ebenfalls oben mit dem
Wurm V. Th. sind bezeichnet worden, weil
der Verleger Anfangs dieses besondere Werk
unsers Verfassers, als den fünften Band
der Reisen hat ausgeben wollen: man beliebe also solche Zeilen zu durchstreichen, und
sich dadurch nicht irre machen zu lassen.

Die Anweisung für den Buchbinder wegen der
Kupfertafeln, befindet sich zu Ende des
Buchs, vor dem Register.

Finis coronat opus.